新零售时代
营销人员
培训宝典

郭 胜 ◎ 著

化学工业出版社

· 北京 ·

内容简介

本书以新零售为背景，根据新零售转型企业的需求，以营销新人成长为关键线索，以传统营销原理及理论体系发展为内容基础，保留和发扬传统营销的精髓，把传统营销和新营销技能进行融合，相互促进、相得益彰，对新营销思维、理论及技能进行了创新和发展，破解了新零售与传统零售相互碰撞带给营销人员的不适与困扰。

本书对营销岗位的技能进行了剖析，对营销岗位的操作流程进行了阐述，对常见的各种营销场景进行了复盘，对常见疑难问题进行了解读。本书主要内容包括：社群运营、公众号运营、网络推广、社交电商、体验营销、电话销售、客户管理、营销策划等方面的知识，书中以案例的形式介绍了相关的知识点，案例式教学能吸引读者更好地阅读本书，使读者在故事情节中学到新的营销知识。

本书适合企业营销人员培训选用，也可作为各高校营销类专业学生的教材，还可作为从事营销工作的人员学习新零售知识的参考书。

图书在版编目（CIP）数据

新零售时代营销人员培训宝典 / 郭胜著. —北京：化学工业出版社，2022.8
ISBN 978-7-122-41420-5

Ⅰ.①新⋯　Ⅱ.①郭⋯　Ⅲ.①零售业 - 市场营销 - 业务培训
Ⅳ.① F713.32

中国版本图书馆 CIP 数据核字（2022）第 090905 号

责任编辑：蔡洪伟　　　　　　　　　装帧设计：王晓宇
责任校对：宋　夏

出版发行：化学工业出版社（北京市东城区青年湖南街13号　邮政编码100011）
印　　装：大厂聚鑫印刷有限责任公司
710mm×1000mm　1/16　印张15　字数244千字　2022年10月北京第1版第1次印刷

购书咨询：010-64518888　　　　　　　　售后服务：010-64518899
网　　址：http://www.cip.com.cn
凡购买本书，如有缺损质量问题，本社销售中心负责调换。

定　　价：58.00元

前 言

　　本书是主编郭胜参与教育部基地重大项目《互联网经济视阈下中国流通企业商业模式创新及竞争力提升研究》（课题编号：16JJD790055）研究，完成的阶段性研究成果。

　　"新零售"时代，呼唤着无数运筹帷幄、征战市场的"营"雄。社会在发展，市场在发展，营销理论也在不断发展。"新零售"时代，更需要一本以"新零售"为背景，具有"新零售"思维、更具"新零售"实战的著作。

　　本书通过对新营销业务的流程进行分析，对"新零售"时代营销人员成长的规律进行研究，有助于读者从易到难，循序渐进地提高"新零售"职场素养，学习并掌握新营销的各种技能，最终提升自己的销售业绩，让客户获得更好的体验。

　　本书内容共分为九个项目：项目一阐述在当今"新零售"时代，营销环境不断发生变化，企业在转型，营销人员也应该积极拥抱这些变化。拥有"新零售"思维，把自己打造成为"T"型人才，这就是"新零售"时代对营销人员的要求。项目二指出如果营销人员要在"新零售"环境中大有作为，就需要苦练"内"功，加强修炼，打造提升业绩的"MQA"动力系统。项目三提醒"新零售"职场的营销人员，需要掌握更多的商务礼仪知识。要理解仪表礼仪"TPO"三原则；掌握线上线下交谈礼仪、仪态礼仪、餐饮礼仪、电销礼仪的注意事项。项目四提到了营销人员在开拓市场前的"三板斧"，即了解公司、熟悉产品、确定人设，打造CPP的完美组合。项目五告诉读者如何利用一些自媒体工具打造私域流量池；讲解了微信"聊"客、抖音"逗"客、微博"吸"客的玩法。其中很多玩法系主编亲自实践的总结，成效卓著。项目六详细解读了"冰山"需求结构模型，"三点一线成交"原理，以及成交客户的原则、策略、方法和工具。这些内容定会让你茅塞顿开。项目七以主编亲身经历的例子进行说明，"新零售"客服应以人为本，无论是线上线下，都要根据售前、售中、售后服务的不同特点，建立客户服务标准，完善和重构客户服务流程，以提升客户的完美体验。项目八介绍了社群的运营，通过建构社群，来维护和裂变客户。项目九分析了职场的规则，提醒营销人员需要遵守的职场规则。另外，营销人员要想获得事业的发展，就需要循序渐进地提升自己的营销技能以及管理和决策的能力。既要脚踏实地，也要眼疾手快，要善于抓住稍纵即逝的职场机遇，大步踏上由营销人晋升为营销主管、营销总监的旅途，让自己的人生更加出彩。

本书具有以下三大特点：

1. 富于创新，提出了一些新的、实用的营销观点

作者在本书中率先提出一些非常重要的新营销理论，如新零售爽品思维理论，是爆品思维理论的继承与发展；"冰山"需求结构模型，是对需求理论的延伸与升华；"三点一线成交"原理，是对卖点、买点理论的突破和创新。这些研究都具有一定的学术、商业价值。

2. 案例大多来自主编营销经历，有助于把线上、线下营销更好地融合

作者曾在多家企业从事业务工作，有十多年线下、线上营销经验，本书大多数营销案例，均来自作者营销经历。因此，作者在营销实践与理论研究的基础上，能把线上、线下营销更好地融合，丰富了新营销的理论及体系，符合新零售发展趋势。

3. 以营销新人成长为主线，具可读性、趣味性、操作性

本书以刚毕业的大学生张晓、李晓倩等人的成长为主线，这些营销新人在职场中经历了很多挫折，她们有过灰心、有过失望，也曾想放弃，但凭着对自己职场素质、心态的修炼，对新零售思维的领悟、对新营销技能的不断学习，终于成就了一番事业，实现了自己的价值。因此，本书相对于其他营销书籍而言，既有营销理论和实践操作，也有人物励志与故事悬念，集可读性、趣味性、操作性于一体。

作者于 2017 年开始策划、设计、编写这本书。在创作过程中，因日常事务繁忙多次被搁置。在妻子李玉芝的大力支持下，才得以抽出身来，潜心完成了本书的编写。在此，向她表示深深的感谢。另

外，还要感谢戴茹子、胡瑞铭两人在 2018 年协助作者对部分素材进行整理，以及华东地区企业家社群"匠群会"众多伙伴们的支持，如"匠群会"创始人、畅销书《爆品思维 2》的作者徐荣华，原"匠群会"CEO 老 P，杭州"匠群会"原会长老徐，全网小程序姜总，抖音云探店张总，时奥医疗汪总，阿里巴巴技术工程师刘工，世界名糕点工厂"曲奇大叔"陈总，生财无量创始人冯总，梨膏哥方总，云播汇商学院徐总，箐青竹盐马总，狮爱茶叶俞总，瑞鹰健康林总，杭州众创空间玉婷，菘味道子萱，杭州博行人力资源总经理巢中梁，浙江久熙财务总经理兰钰，社群资源对接平台"慧对接"万强团队，杭州三只牛小程序盛煜聪等人，特此一并表示感谢。

谨以此书献给所有在市场奋战的营销员、创业者！本书内容根据主编经历的真实故事、实践案例改编，人物均为化名，如有雷同，纯属巧合。

由于编者水平有限、时间比较紧迫，本书存在诸多不足之处，敬请各位同行、读者批评指正。在新营销的路上，让我们携手前行。今天的梦想，也许承载了我们未来的成就！

著者

2022 年 3 月

写给读者朋友的话

读者朋友：

你知道吗？

每个人都可以成为营销高手，你也可以！如果还没有成为营销高手，那说明你的潜力还没有完全挖掘出来！其实，每个人都是一座宝藏！每个人都是一座金矿！！每个人都是一个营销天才！！！

当你打开这本书的时候，你就迈进了"新零售"时代的营销之门。请你把本书逐字逐句认真看完，而非走马观花，一知半解。这本书的每句话都经过十几遍的锤炼！如果你能领悟本书内容，你的营销之旅将会变得更加快乐而且游刃有余！

阅读完这本书，你将不但懂得营销，掌握营销的各种技能，提升业绩，还将学会感恩，懂得如何感恩家人、朋友和老板。你会读懂亲情、友情与义情！你更知道如何为人处世，理解他人，知道"己所不欲，勿施于人""海纳百川，有容乃大。壁立千仞，无欲则刚"。

营销从来都不是孤立存在的，而是存在于我们的生活当中！生活即营销，营销即生活。这本书宣扬的营销之道，就潜藏着生活的道理！

找到真正的你，激发巨大的潜力，创造卓越的业绩！朋友，相信自己！步步为"营"，"销"无止境，从现在开始！

郭胜

2021 年 11 月

目录

项目一
"新零售"来了，营销的环境变了

张晓和李晓倩都来自湖南湘潭，她们在高中时就是同班同学。张晓来自一个偏僻的农村，有个弟弟，爸妈以种田为业，家境比较贫困。李晓倩来自县城，是独生女，爸爸在老家开了一个公司，收入颇丰，生活富足。2015 年她们同时考入湖南长沙的一所普通高校就读营销专业，2018 年 3 月开始实习，7 月实习结束，就正式毕业了。她们在校期间学了不少营销类课程，主要包括一些传统营销和互联网营销课程，如《市场营销》《消费者行为分析》《电商平台实训》《网络促销技巧》等。她们学校的专业老师一致认为，学生们通过学习这些课程掌握的营销知识及技能，实现顺利实习和成功就业是没有问题的。现实的确是这样吗？

近年来，"新零售"像一个不速之客，闯进了人们的视线。与此同时，营销也已经由传统营销、传统互联网营销、移动互联网营销驶入 O2O 营销的快车道。众多企业行驶在这条快车道上，直道超车、弯道超车、改道超车者屡见不鲜。正因为诸多企业家有着史无前例的"超车"精神，我们才得以进入一个全新的"新零售"时代。

"新零售"时代，在大数据、云计算、人工智能的驱动下，消费者需求不断升级，企业营销模式也发生了日新月异的变化，"新零售"企业对营销人员的要求也越来越高。

和张晓、李晓倩一样的营销专业毕业生，你们准备好了吗？

培训（学习）目标

1. 了解"新零售"的四次变革。
2. 探寻"新零售"的内在本质。
3. 学习"新零售"的四大思维。
4. 分析"新零售"企业的变革。
5. 思考"新零售"人员的蜕变。

在"新零售"时代，营销人员犹如一叶激流勇进的扁舟，而营销环境就是一片波涛汹涌的大海。"水能载舟，亦能覆舟"，营销人员要想做好营销，首先就要能读懂当今时代的营销环境！

2016年以来，"新零售"这个概念被众多知名企业家提出以后，迅速在市场升温发酵。很多专家在研究"新零售"，众多企业在转型"新零售"，不少学校在教授"新零售"，更多商家在摸索"新零售"，甚至街边小贩也在讨论"新零售"。现在市面上有很多关于"新零售"的书籍，给"新零售"下了各种各样的定义。给"新零售"下的定义越多，就会让读者变得越糊涂。因此，编者不敢给"新零售"妄下定义。另外，编者认为给"新零售"下定义是比较困难的事情。因为"新"和"旧"是相对而言的，毕竟任何时候的零售都可以叫"新零售"，而之前的零售都可以叫旧零售，零售总在更新换代，优化升级。

也许，讨论"新零售"的本质比"新零售"更有意义。

如果你不能理解"新零售"的本质，不能拥有"新零售"思维，不能拥抱"新零售"带来的变化，而是对传统零售念念不忘，那么最终你会对客户感到越来越陌生，对市场感到越来越迷茫。你会觉得这个世界变化太快，不可理喻。实际上，不是外面的世界变化太快，而是你的思想进步太慢。在大润发被杭州一知名电商企业收购时，其原董事长黄明瑞说过一句令人辛酸的话："我赢了所有对手，却输给了时代。"这句话也许能给我们很多启发。

任务 1
揭示"新零售"的本质

张晓等同学在专业老师的指导下，学习了"新零售"的相关知识，但是对于"新零售"的本质理解还不深刻。仿如众星捧月般的"新零售"在华丽的镁光灯下，到底掩藏了什么样不为人知的本质？

"新零售"披着再"潮"的外衣，也掩饰不住其"真"的本质。毕竟"新零售"不是新鲜事物，历史上至少有四次意义深远的"新零售"。就让我们一起踏进历史的长河，探寻"新零售"的四次变革！

1.1 "新零售"的四次变革

第一次"新零售"变革以百货商场诞生为标志。19 世纪 80 年代，美国商人理查德·沃伦·西尔斯利用铁轨交通的兴起，从事邮购业务，出售手表、表链、表针、珠宝以及钻石等小件商品，满足了消费者"如饥似渴"的需求，催生了当时的"饥饿经济"。在捞到第一桶金之后，西尔斯成立了西尔斯百货，提供的商品种类丰富、价格实惠，而且便于挑选，吸引了广大的消费者。他们可以按照自己的需求和喜好，在西尔斯百货选购货物。这对于以前"作坊"式的零售来说，是一场伟大的变革。西尔斯百货成立后，迅速风靡美国，大获成功。西尔斯百货最辉煌的时候，曾经在全球拥有 30 多万名员工，门店总面积约 2600 万平方米。在美国甚至全世界，西尔斯百货都算是最大的私人零售企业。

第二次"新零售"变革以超级市场诞生为标志。1930 年 8 月，美国人迈克尔·库仑（Michael Cullen）在美国纽约州开设了第一家超市 King Kullen。当时其他商场的规模一般在 250 平方米左右，陈列的商品种类较少。而 King Kullen 的面积却达到 2000 多平方米，商品以食品及其他生活必需品为主，且陈列更加多样化，给消费者带来很强的视觉冲击力，因此被称为 Supermarket，即超级市场。

第三次"新零售"变革以连锁商店诞生为标志。1859 年诞生的美国大西洋与太平洋茶叶公司是世界上第一家连锁商店。其开业初期以经营进口茶叶为主，曾从中国和日本大量进口茶叶，开业就大获成功。1865 年旗下已经拥有 25 家连锁店，1869 年更名为"大西洋与太平洋茶叶公司"（Great Atlantic Pacific Tea Co，A&P）。之后迅速扩张，并增加经营业务，包括食品、杂货、药品等。到 19 世纪 30 年代，已经拥有 16000 家连锁分店。

连锁超市通过商业模式的复制、标准化的作业，让消费者在很多城市都可以买到相同款式、质量、价格的商品。另外，由于其提供了丰富的便利性商品，如纸巾、零食、早餐、饮品等，以及 24 小时零售服务，提升了消费者的购物体验。

第四次"新零售"变革以信息技术孵化的"新零售"诞生为标志。20 世纪 90 年代是全球电子商务时代，国内知名电商如雨后春笋般涌现，开创了中国乃至世界电子商务的新纪元。在"新零售"时代，用户足不出户就可以购买自己想要的商品；后来，由于电商的飞速发展，很多实体零售店铺受到冲击，从而引发了多年的线上、线下零售之争。线上零售有效率优势，线下零售有体验优势，线上、线下竞争愈演愈烈。在2016年杭州举办G20峰会的时候，中国一些知名电商企业受到众多外国领袖的关注，他们都希望能学习中国电商的新思维、新理念，并希望能把中国电商的模式搬进他们的国家，以推动本国电商行业的发展。2016年，随着大数据及人工智能技术的兴起，以线上、线下融合为特征的O2O"新零售"时代到来。这时开始实行"线上下单，线下提货"，或者"线下下单，线上发货"的零售模式，极大地提升了消费者的购物体验。线上、线下零售开始握手言和，零售市场终于迎来了一片"祥和"。

1.2 探寻"新零售"的本质

要了解"新零售"的本质，就要先了解零售的本质。我们都知道，零售的三大维度是人、货、场。人主要指消费者，其次指售货员；货指流通中的商品；场指连接人与货的空间，包括线上购物空间与线下购物场景。下面我们通过零售的三大维度人、货、场对"新零售"的四次变革进行分析，探索其本质，具体如表1-1所示。

通过上述分析，我们发现对人、货、场的重组，提升了商流、物流、信息流、资金流的效率。

表1-1 "新零售"的四次变革人、货、场的变化

"新零售"的四次变革	人、货、场的变化		
	人的变化	货的变化	场的变化
1.百货商场	消费者可自选购物。商品选择更多，可一次性购齐所需商品，购物体验提升。店员服务水平提升，对顾客一视同仁	陈列商品繁多；款式新颖；明码标价；商品可退换	店内装饰豪华，商场面积扩大；顾客进出自由；商品绝大多数开架出售
2.超级市场	满足消费者生活的基本需求；购物时间大大节省；购物效率提高；自选购物方式体验更佳	商品由以百货商店的日用工业品为主转向以大众化日用品和食品为主；商品种类更为齐全，可满足顾客各类生活场景需要；商品包装更美观、轻便	超市最初大多选址于城乡接合处；完全开架销售，让顾客自选购物；设有停车场；购物环境更为舒适

"新零售"的四次变革	人、货、场的变化		
	人的变化	货的变化	场的变化
3. 连锁商店	零售企业对员工标准化管理、专业化分工；顾客无论在哪个城市的连锁店购物，均能买到同款式、同价格、同质量的商品和享受同水平的服务	各个连锁店集中进货，降低物流成本；严格的选品流程；产品包装、质量、价格统一	统一店名、装修；员工统一服饰；统一营业时间、店铺促销、服务；进行标准化运营和管理
4. 新零售	由人找货变为货找人；线上线下均可购物；线上下单，线下体验成为可能；消费者购物效率更高，体验更好	商品分为线上虚拟商品及线下实际商品，两者相互融合；利用大数据选品提供个性化商品、超爽商品；产品按需生产	线上与线下的信息、流量、支付、促销、服务均被打通，进行融合；选购商品、支付货款、物流配送更为智能和高效

商流：企业生产、销售产品的效率提升。消费者由很难买到商品转变为可轻松买到商品，甚至在"新零售"时代，由人找货转变为货找人。

物流：由传统的消费者承担变为商家配送或者合作的第三方物流限时配送。

信息流：获得商品信息不局限于线下，还可通过线上快速获得海量商品信息。

资金流：由传统的排队现金支付变为无须排队的扫码支付、刷脸支付等。

对人、货、场的重组，使商流、物流、信息流、资金流的效率大大提升，消费者的购物选择更多、成交率更高，购物体验也更佳。因此，在"新零售"时代，无论零售的环境、技术、工具如何变化，无论人、货、场如何重组，其"提升消费者体验"的本质都永远不变。

营销法则一

新零售的核心是人，
人的核心是消费者。

训练
问答　　请问线上零售和实体零售的商流、物流、信息流、资金流有什么区别？

任务 2
"新零售"的四大思维

脑袋决定口袋，思维决定成败，这是很多人都明白的道理。了解"新零售"的本质，最多只能叫"知"，还不能叫"行"。要做到"知行合一"，唯有通过"思"进行连接。也就是说，思维是"知"的深化，是"行"的缘起。"知"的多少，决定"思"的质量（深度和广度）；"思"的质量，决定"行"的效果。因此，不转变思维，"新零售"只能是停留于嘴巴，终止于行动。而且就算付出行动，也可能会无功而返。

2.1 "新零售"的大数据思维

2.1.1 认识大数据

编者第一次认识到大数据的价值是在经营淘宝店铺"智帮家"时，狠心花了一笔钱订购了一个大数据工具，叫作生意参谋。使用后发现，这个工具的确非常好。通过"生意参谋"，商家可以对每天进店的人数有多少、是通过什么渠道进店的、进店的人群来自哪个城市、是什么时候进的店、进店后浏览了哪些商品、浏览的时间有多久等这些数据一览无遗，有助于淘宝店家更好地进行选品和开展促销活动。比如可以选择买家最感兴趣的商品，下架没有流量的商品；做直通车的时候设置合适的关键词，针对精准的目标客户群体做活动。当时"智帮家"的客户群体主要来自广东和江苏，所以，编者在做直通车选择客户区域的时候，主要勾选了广东和江苏区域。

可以说，大数据是现代营销的必备利器之一。那么什么是"大数据"？"大数据"是有着许多来源的庞大数据组，往往具有实时性。在企业实施产品销售的情况下，这些数据可能来自社交网络、电子商务网站、顾客来访记录等，并非企业顾客关系管理数据库的常态数据组。❶ 从技术上看，大数据与云计算的关系就像一枚硬币的正反面一样密不可分。大数据必然无法用单台的计算机进行处理，而必须采用分布式计算架构。它的特色在于对海量数据的挖掘，但必须

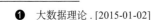 大数据理论 . [2015-01-02]

依托云计算的分布式处理、分布式数据库、云存储或虚拟化技术。❶

大数据具有以下四大特点。

（1）数据的丰富。包括数据的数量和类别；各种电商平台、社交平台、各类 App、各类小程序等平台和工具都会产生大量的数据。

（2）数据的关联。很多数据都是相互联系、相互作用的。要想对数据进行应用，必须对数据进行挖掘、整合和加工。比如客户数据、产品数据等。

（3）数据的高效。数据运算速度之快、效率之高超乎人的想象。

（4）数据的价值。数据在分析客户需求、描绘客户画像、研究客户心理等方面具有无可比拟的价值。

2020 年，全球数据总量达到 40ZB，中国数据量约占全球数据总量的 20%，大数据发展呈井喷之势，市场规模将超过 8000 亿元。

大数据技术孕育了"新零售"，"新零售"又推动了大数据的发展。当今社会已经大步踏入大数据时代，我们坐一次公交车、去外地旅游一回、在淘宝买一件商品、在饭店吃一次饭，甚至到操场跑一圈等行为都会产生数据。数据给我们的生活带来了很大的便利，给企业带来了很大的帮助。疫情期间，我们的出行无不依靠大数据的贡献：有了绿码，畅行无阻；没有绿码，寸步难行。就连学校的复学、企业的复工都必须以大数据作为支撑。大数据对企业发展影响巨大，已经成为企业营销不可或缺的关键要素。那么大数据如何赋能企业？

2.1.2 大数据如何赋能企业

（1）给精准用户画像

企业可通过电商平台、微信公众号、抖音等自媒体获知客户的各类数据信息，包括个人信息、消费信息等。这些数据信息，有助于企业分析客户的购买特征、行为和心理，形成完整的客户画像。

个人信息：姓名、年龄、身高、性别、爱好等。

消费信息：购买的商品；购买时间、金额、价格、数量等。

行为信息：购买行为的特征、方式、频率等。

企业通过对用户各类信息的获取、分析，来对客户进行精准的细分，以便设计精准化的营销模式。

---

❶　大数据究竟是什么？一篇文章让你认识并读懂大数据.中国大数据.2013-11-04.[2014-01-12]

（2）实施精准化营销

企业针对符合客户画像的客户群体，分析其在特定时间、特定场景下的需求。根据数据分析向客户推荐合适的商品，大大提升了营销概率。另外，抓取客户的个性化需求并进行分类。如团购网站采取 C2B 模式，把获取的客户需求数据信息向供应链系统传导；供应链系统进行数据分析及管理，并向企业生产系统传递；企业生产系统按照客户需求生成加工单、包装单和出货单，把客户需求的商品快速送达其手中。另外，大数据还可以预测客户购买行为，提前做出订单处理、生产、包装和配送。客户无论在线上还是线下下单，最近的配送中心都能把客户所需要的商品快速送达。这样大大提升了营销、物流配送的效率，降低了库存风险。举例来说，你以前经常在淘宝买球鞋，后来当你再打开淘宝的时候，平台会自动向你推送你可能喜欢的各类球鞋，最后有一双让你最为心动。于是，你的手指点了点，淘宝就多了一个订单，你也买到了一件称心如意的宝贝。下单后虽然会感觉到花钱的心痛，但同时购物的快乐又会充溢身心，让你心痛并快乐着。

但是，现在精准化营销的最大弊端就是"不精准"，由此给客户带来了很多困扰。比如你是一个未成家的小伙子，有一次在一个电商平台上给亲戚家的小孩买了一套衣服，然后你会发现，电商平台没完没了地把不同款童装推荐给你，让你烦心不已！所以现在的大数据技术还需要不断提升，以提高精准化营销的效果，让用户获得更好的体验。

（3）提升客户体验

大家有没有发现，每当使用电脑的时候，总会有一段文字跳出来，"你用电脑很久了，注意休息哦"；每当使用 QQ 的时候，可爱的企鹅也总会提醒"你已经连续上网三个小时，还是多陪陪家人吧"。这样暖心的提醒让人倍感温馨。这只是大数据提升客户体验的一个简单场景。那么大数据提升客户体验有哪些通用的步骤呢？

首先，通过客户数据来分析客户的个性特点。客户属于什么性格、个性倾向如何、言行有什么特点等。

其次，分析客户的兴趣偏好。客户有什么爱好；喜欢什么颜色、功能、款式、性能、包装的商品；喜欢什么样的体验方式，是单独体验、家庭体验还是大众体验；客户对体验的环境有何要求，包括店铺布局设计、装修风格、商品摆放、灯光音响等。

最后，通过对客户的个性、偏好等因素的分析，以客户为中心，以个性化产品为载体，以优质的人员服务、优雅的环境来营造氛围，让客户体验其偏好的产品，并获得愉悦感，最终喜欢上你的产品、离不开你的产品。这就是体验营销。

企业通过大数据的挖掘与利用，抓取更为精准的客户，获得更为个性的客户需求，采取更为科学的产品定位，整合更为高效的供应链资源，砍掉不必要的运营成本，缩短既有的生产周期，大幅度提升产品的品质，做到接近于零的库存，提供人性化的售后服务等。

2.2 "新零售"的爽品思维

爽品思维是强调企业、用户、产品互动的思维，让用户获得超级体验。爽品思维强调体验、个性与共享，如图1-1所示。

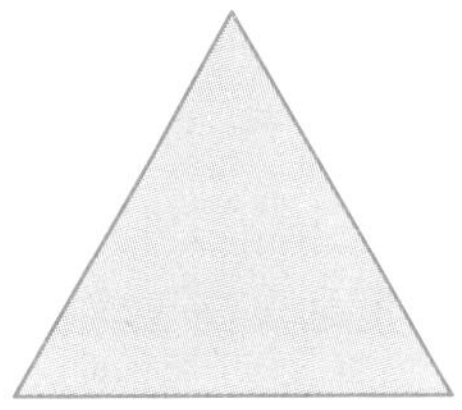

爽品思维的第一个特征是体验。这里说的体验不是"切片式"体验，而是"立体式"体验。也就是说客户的体验不仅包括购物体验，还包括产品设计、原料选择、功能开发、包装设计等体验。从产品开发到产品包装的整个生产过程都需要核心用户参与，真正做到让企业的产品与用户互动。

图 1-1　爽品思维

爽品思维的第二个特征是个性。不同的用户，在体验产品的时候，其感觉是不同的，毕竟众口难调。为了给用户提供更好的体验，企业要对用户进行细分和选择，即必须根据大数据的分析选取用户，要有精准的用户画像，然后根据画像对用户需求进行细化，为精准的用户提供更具个性化的产品。通过打造特定场景、满足用户个性化需求，让用户获得全身心的超爽体验。

爽品思维的第三个特征是共享。以爽品为载体，企业与用户共同成长、共享盈利、共享资源、共享快乐。这时，不仅用户与产品互动，而且企业与用户、产品一一互动，融合成"三位一体"，这是"新零售"追求的 境界。

爽品思维和爆品思维既有共同点，又有差异点。其共同点是重视产品的品质及用户的体验，那么差异点在哪呢？

对于企业来说，爆品思维是战术，而爽品思维是战略。爽品思维以爆品思维为基础，同时又促进爆品思维的发展。爆品的"爆"点为爽品的体验与个性化打下了基础；爆品的销量又为爽品的共享打下了基础。而爽品思维为爆品在技术升级、利润持续、销量稳定等方面的瓶颈问题提供了解决思路。

有品质、有体验、有个性的好产品，就应该有特定的客户群体，而不是卖给所有人；就应该有溢价，而不应该被贱卖。这样才符合消费者多元化的本质，才符合人性的本质，才符合"新零售"的本质。

"新零售"一定不是对零售本质的改变，而是基于零售本质内涵的延伸和外延的拓展。

2.3 "新零售"的个人 IP 思维

"新零售"时代，是自媒体时代，也是私域流量时代，更是个人 IP 时代。"用心"的产品 IP，更需要与"暖心"的个人 IP 协同作战、共同发力。再好的产品，再大的品牌，如果没有流量，销量也会大打折扣。因此，一个个人 IP，可能拥有成百上千万粉丝；一个网红，一天的销售业绩可能超过十几个门店。

"口红一哥"李佳琦，专注于口红产品的直播带货，曾经和国内一知名企业创始人比赛卖口红，比赛规则是谁在五分钟内卖得多谁就赢。该企业创始人的知名度远远高于李佳琦，按常理其直播销量应该也会超过李佳琦，但没想到的是，五分钟之内他仅仅卖出了十来支口红，而李佳琦却惊人地卖出了一千多支口红。

俗话说："三百六十行，行行出状元。"在口红直播销售领域，李佳琦拥有众多的女性粉丝，并且都是精准的铁杆粉丝。因此，李佳琦拥有更多、更精准的流量。所以，其销售口红的效率更高，销售的产品也就更多。可见，营销人员应该有匠人精神，要瞄准一个点，着力打造自己的 IP，吸引众多精准流量。

2.4 "新零售"的社交思维

在"新零售"时代，社交是一个风口。所以，很多企业都在摸索"社交新零售"的玩法。如何践行社交新思维呢？

编者关注雷军的微博、今日头条、抖音等账号后发现，每当有新的产品、重大事情甚至生活感悟时，雷军都会发布出来和他的粉丝进行互动。这在知名企业家群体中是不多见的。可以说，雷军是一个真正懂得经营用户的互联网家。

所以，按照"弱管理，强社交"的逻辑，客户不是用来管理的，而是用来经营的。我们发现，有的企业会使用管理系统来管理客户，而有些企业会通过社群来经营客户，两者有什么区别呢？

首先，分析管理客户和经营客户的本质：前者是管理关系，后者是社交关系；前者是交易关系，后者是社群关系；前者是弱关系、弱链接，后者是强关系、强链接。

其次，分析管理客户和经营客户的结果：前者的客户忠诚度不高，今天是你的客户，明天可能就成了别人的客户。而后者的客户忠诚度高，不但会长期使用你的产品，而且还会长期帮你宣传产品。因此，让客户与企业一起成长，是经营客户的关键。

张晓就读学校的专业负责人为了让学生能更好地了解"新零售"背景下的企业状况，从而对"新零售"企业有更深入的了解，给学生布置了一个任务，要求对"新零售"时代的企业变革情况做一个调查。张晓接到老师的任务后，花了近一个月的时间，通过调查走访、阅读资料，对"新零售"时代企业如何变革进行了调查研究。

营销法则二

了解消费者需求，才能造出好产品。
提升消费者体验，才能用出好产品。
加强消费者互动，才能卖出好产品。

训练

判断对错

1. 爆品思维就是让产品在短时间内获取较大流量，成交更多客户。 （　　）

2. 爽品思维更重视用户体验和个性化需求。 （　　）

3. 互联网思维比传统营销思维更有优越性。 （　　）

4. 大数据现在没有完全成熟，还有待于提升数据的准确性和应用性。 （　　）

5. 销售产品时，给用户打折，让用户满意，这属于用户思维。 （　　）

6. 个人IP是针对明星、大咖的，和普通人没有关系。 （　　）

任务 3
"新零售"对企业而言是"危"还是"机"

为了完成老师布置的任务，张晓对"新零售"环境下的企业变革做了调查，以下是她调查的要点。

近年来，"新零售"驶入发展的快车道，市场潜力非常大。"新零售"给市场带来的变化主要表现在两个方面：一方面是产品大规模化定制、零售集单柔性化定制的供应变化；另一方面是用户追求个性、娱乐、体验、社交等的需求变化。

随着"新零售"的到来，有的企业难以适应，濒临倒闭；有的企业脱胎换骨，获得新生。但令人诧异的是，在"新零售"号角中倒下的企业并不都是按部就班、墨守成规的企业，有些企业已经在摸索转型"新零售"了，但还是出现了问题，以失败告终。在"新零售"时代，企业到底该何去何从？

3.1　盒马鲜生为何有高于同行 3 ~ 5 倍的坪效

在"新零售"风起云涌之时，无论是生产型还是商贸型企业，都感受到了营销环境的变化，因此许多企业都开始积极探索"新零售"的转型。要想转型成功，企业必须大刀阔斧地进行变革，其中顶层设计尤为重要。

顶层设计，就是企业的战略规划设计，是企业以目标为导向，对目标任务进行细分和管控，利用战略的眼光、全局的视野、科学系统的方法和工具，对运营要素、资源进行挖掘、整合、分配、管理，从而快速实现企业的既定目标。一个企业是否愿意从头部进行改革，取决于其是否对行业进行预测分析、对市场进行把控、有卓越的远见及坚定的决心。

2016 年，盒马鲜生上海金桥店全年营业额约 2.5 亿元，坪效约 5.6 万元。当时，传统生鲜超市的坪效只有 1.5 万元。坪效是门店一年内每平方米的销售额，其计算公式为：坪效 = 年销售总收入 ÷ 单店总面积。所以，坪效反映了零售的效率。

那么问题来了，为何盒马鲜生有如此高的坪效？

2015 年，时任京东物流负责人的侯毅担任盒马鲜生项目负责人，提出了建设生鲜电商的想法：通过数据将线上线下打通，解决生鲜行业痛点。在创办盒马鲜生时，企业高层提出了以下四个要点。

（1）线上销售收入必须高于线下销售收入。

（2）线上每天的订单必须超过 5000 单。

（3）在冷链物流低成本可控的前提下，实现门店 3 公里以内 30 分钟配送。

（4）实现门店线下往线上引流，App 独立生存。

这四点可以说就是盒马鲜生的"顶层设计"。正是这个顶层设计，大大提高了盒马鲜生的运营效率。据侯毅介绍，盒马鲜生已实现用户月购买次数达 4.5 次，线上转化率达 35%，远远超过了其他电商；线上订单占比超过 50%，有的甚至可以达到 70%，坪效高出同行 3 ～ 5 倍。

3.2 "新零售"变革的顶层设计

顶层设计，就是企业的头部设计，需要进行"新零售"资源的整合、运营机制的创新、商业系统的变革、组织结构的完善、人才团队的建设。如果把企业比作人体，那么"新零售"资源就是血液，运营机制就是神经中枢，商业系统就是生理系统，组织结构就是肢体骨架，人才团队当然就是负责执行的手脚。

3.2.1 "新零售"资源的整合

我们先看这样一个故事：

一个智者对一个名校毕业因创业失败而落魄潦倒的年轻人说："我给你介绍一门好亲事，再帮你找一份好工作，事成后你给我 100 万如何？"年轻人生气地说："去你的，我忙得很，没工夫听你忽悠。"智者又来到一个富豪跟前说："我给你女儿介绍一门亲事，你给我 100 万怎么样？"富豪恼怒地说："多管闲事，我家女儿还愁嫁吗，还想要 100 万？"智者说："如果对方是一家大银行的副总呢？以后你的公司有资金困难，就有人雪中送炭了。"富豪说："那倒可以考虑。"智者又来到一家大银行，对银行总裁说："我希望你可以任命某个年轻人为副总，并且给我 100 万猎头费。"总裁咆哮着说："那不可能！"智者说："如果对方是某富豪的女婿呢？"总裁说："如果能力强，可以考虑。"后来，年轻人成了富豪的女婿、大银行的副总，而智者得到了 300 万。

现在已不再是单枪匹马"闯"天下的年代，而是跨界联合、整合资源"享"

天下的年代。如何整合资源？你得有自己的 IP，有自己的价值输出。一般而言，要玩转"新零售"，需要如下资源。

人脉资源。比如"新零售"专家、导师、培训师、营销人才等，通过这些人脉关系，企业可以获取重要的资讯和机会，实现业绩的提升。

社群资源。质量高的社群，本身就是一个资源库，拥有用户资源、产品资源、资金资源、合伙人资源等。所以，选择或者组建高质量的社群尤为重要。当然，玩社群也有很多技巧，相关内容在后续的章节中会讲到。

平台资源。要做"新零售"，必须借助一些平台的力量。通俗地说，就是"借鸡生蛋"。无论是线上还是线下的平台资源，都值得去挖掘，为我所用。通过资源的整合，能够为企业运营机制的创新提供能源。

3.2.2 运营机制的创新

一个集团公司下属的分公司，其运营效率可能完全不同。有的分公司有计划、有执行、有沟通；而有的分公司却制度缺失、有令不行、秩序混乱。这和分公司的运营机制有着很大的关系。

企业的运营机制是影响企业正常运营的各要素及其关系的总和，主要涉及企业的决策、管理、执行、激励、约束等机制。"新零售"体系的构建，是以大数据等技术为驱动的。这也意味着，企业的运营机制必须以大数据技术为支撑。这就需要借助数据信息技术，利用互联网平台及工具，加强团队内部管理；构建与供应商信息互联、数据互通、利益共享、风险共担的新型零供关系，提高供应链整合、运行、协调、管控能力；驱动商业流通创新、变革和改造，实现供应链智能、效能化发展；依托互联网、移动网络技术，提升执行的透明度、便利性和高效性；依托社交自媒体技术及工具，提升员工激励及约束的效果。企业运营机制的创新，为企业商业系统变革提供了良好的实施环境。

3.2.3 商业系统的变革

商业系统包括商业模式、盈利模式、业务模式等，其中商业模式位于系统之首，商业模式决定盈利模式，盈利模式决定业务模式，业务模式决定服务体系。由于"新零售"强调的是人、货、场的重构，所以势必会影响到商业模式的重构。

某实体服装店商业系统变革前后的区别如表 1-2 所示。

表 1-2　某实体服装店商业系统变革前后的区别

商业系统	变革前	变革后
商业模式	品牌代理	直播带货
盈利模式	获取代理佣金	分成
业务模式	店铺销售	自媒体矩阵运营

由表 1-2 可知，这家服装店之前的商业模式很简单，只作为代理销售产品。在转型"新零售"之后，由原来简单的"品牌代理"商业模式转变成"直播带货"商业模式；盈利模式则由原来的"获取代理佣金"转变为"分成"。这两种盈利模式的根本区别是：前者以销售产品盈利，后者以变现粉丝盈利。盈利模式的变革也促使业务模式发生变革。前者就是简单的"店铺销售"，而后者是"自媒体矩阵运营"，包括自媒体运营、视频直播、社群管理等。企业商业系统的变革，促进了企业组织结构的完善。

3.2.4　组织结构的完善

海尔董事局主席张瑞敏初到海尔任职的时候，有些员工服务意识淡薄，工作绩效低，以致产品质量难以保证，企业利润微薄。后来，在张瑞敏的"铁锤"领导下，即对企业班子进行重组，对每个部门、每个岗位的权责进行明确，海尔的干部和员工很快就改变了观念，开始重视质量、提高效率，并成为集团的中流砥柱，也使海尔成为一个国际化集团公司。

组织结构是企业贯彻商业理念，执行商业战略和策略的重要主体。随着企业理念的变革，战略、策略的重新梳理，商业模式、盈利模式、业务模式的重构，毫无疑问，企业的组织结构也必须进行相应调整，以完成整个商业系统的任务。企业的组织结构要如何完善？主要考虑以下五个问题。

一是组织的目标任务，按时间阶段如何细分？

二是按照这些计划及任务，如何划分业务部门及细分岗位？

三是根据部门及岗位任务要求，安排什么样的人来完成任务？

四是如何把人和事通过部门和岗位进行科学的匹配，使得合适的人被安排在合适的部门，负责相应的岗位，以提高工作绩效？

五是如何设计制度，以维持、提高员工做事的热情和效率？

企业应从解决以上五个问题着手，来完善企业的组织变革，推进人才团队的建设。

3.2.5　人才团队的建设

现在企业最缺的是人才，最重要的也是人才！人才不仅是生产力，更是营销力！2015年侯毅来到盒马鲜生，把O2O零售做得得心应手；2010年沈晨熹加盟南极人，把电商做得风生水起！

因此，要根据企业的组织变革来搭建人才团队。人才团队的建设主要包括以下几个方面。

一是企业"新零售"人才培训和职业规划。

二是人才缺口的填补。是培训员工上岗，还是引进合伙人？是对外招聘，还是业务众包？这些都要按照具体的情况进行考虑。

三是人才激励制度的建立。是靠公司愿景、目标、文化、制度，还是靠股权、分红、奖金、待遇？

企业人才团队的建设，为企业的顶层设计提供了保障。

张晓通过调查，了解到"新零售"时代企业的变革状况，有了一些成就感，内心也觉得很踏实。但是，最迫切的问题又来了：随着企业的变革，初出茅庐的营销新人应该如何蜕变？

训练	小米"新零售"模式是如何运作的？

思维拓展

任务 4
"新零售"时代营销人员自我蜕变

"新零售"时代的企业变革，对营销人员提出了新的要求。如果营销人员不进行自我蜕变以适应这种变化，迟早会被时代淘汰。那么，"新零售"时代的营销人员应该如何蜕变？张晓的老师对学生们提出了以下几点要求，你认同吗？你认为还有哪些需要补充的呢？

4.1　从否定自己开始

"新零售"时代是一个快速更新的时代，日臻成熟的大数据、云计算、人工智能、移动互联网技术改变了营销环境，创新了营销方法，提供了营销工具，提升了营销效率。而有些传统营销方法和工具已经逐渐失灵，这意味着传统营销的没落，新营销时代的崛起。作为营销人员，要有否定自己、自我革命的勇气，敢于找到自己的缺陷和不足，敢于摒弃效率低下的营销方法和工具，尝试新的营销方法和工具。

自满，意味着保守，保守的结果就是温水煮青蛙——舒服地死亡。否定，意味着蜕变，蜕变的结果就是破茧成蝶——浴火重生。

4.2　成为"T"型人才

什么是"T"型人才？"T"型人才既有知识的宽度，通晓广博的知识；也有知识的深度，精通专业的知识。

谈到成为"T"型人才，张晓总觉得底气不足，因为还有很多东西需要学习，还有专业知识与技能需要拓展。在知识爆炸的"新零售"时代，营销人员唯有学习、学习、再学习，才能不断自我成长！

学习能力是营销人员最大的能力。营销人员要善于通过学习开拓自己的思维，包括互联网思维、大数据思维、社群思维等；也要善于通过学习提升自己的专业能力，包括市场调查能力、消费者行为分析能力、互联网推广能力、社群营销能力、体验营销能力等。另外，还要学习各种平台及工具的使用。平台如京东、天猫等各类电商平台；工具如抖音、快手、今日头条等。这些都是营销人员需要学习和掌握的。

当然，这只是冰山一角。在平时的工作中，营销人员会发现有更多的东西需要去学习、去探索、去验证。但最重要的是，针对自己的特长和兴趣，针对自己从事的行业，要有一颗匠人之心、一种匠人精神，认准一件事就死磕到底，把自己的专业知识应用到极致，相信这样一定会有成功的机会。

比如你很会玩社群，你图片做得很好，你视频制作得不错，这些都是很重要的专业能力，可以不断深挖，让自己成为行家。正所谓"立业不如敬业，敬业不如专业"。

4.3　学会经营"人"

"新零售"的核心是什么？产品、价格、大数据、人工智能？都不是。"新零售"的核心是人，即一切以经营"人"为主要内容。

首先，要经营自己。你在互联网的一举一动、一言一语，都是在给自己画像，在给自己贴标签。你在朋友圈的每一次动态、微信群的每一次发言，无不体现着你的三观、素质、人品。当你的三观、素质、人品得到他人的认可和欣赏，你在社交中就会获得信任；否则，别人就会对你敬而远之，退避三舍。作为营销人员，要学会管理自己，获取别人的资源；也要学会整合自己，交换别人的资源。

其次，要经营别人。要和其他成员有良好的互动，比如为别人的业绩点赞、在别人的朋友圈评论、对别人的作品转发等。这些行为都是在为自己积攒人脉，相信有一天会转化为业绩。

另外，还要胸怀宽广，愿意接纳他人。营销人员要有团队意识，更好地与他人协作。最关键的是，要具有利他价值，能够帮助到他人。"新零售"时代也是社交时代，社交时代讲究的是物以类聚，人以群分。当你开始被一个群体信任、认可、接纳时，你就推开了提升业绩的大门。

总之，乘风破浪，才能扬帆远航；逆风而行，必将困难重重。营销人员只有借助"新零售"这个市场发展趋势，顺势而为，借力打力，才能做出更好的营销业绩。

 经营人是不是仅仅为了获得他人的资源？

 ——————— 单元测试

一、问答题（每小题10分，共30分）

1.你认为诸多企业家提出"新零售"概念的意义何在？

2."新零售"的本质是什么？

3. 如何理解"新零售"的人、货、场？

二、连线题（每小题 6 分，共 30 分）

1. "新零售"本质   强调"爆"点引爆市场

2. 爆品思维   了解用户需求、动机

3. 个人 IP 思维   重视用户体验、共享和个性

4. 以用户为中心   效率和体验

5. 爽品思维   吸引流量，精准营销

三、思维拓展（第 1、2 小题每小题 12 分，第 3 小题 16 分，共 40 分）

1. 你认为"T"型营销人才具有哪些优势？

2. 从"新零售"思维角度思考，拼多多为什么在短短几年内就能上市？

3. 从消费者角度考虑，沃尔玛与盒马鲜生的差异体现在哪里？

项目二
打造让你提升业绩的
"MQA" 动力系统

张晓和李晓倩是多年的同班同学，两人关系一直不错。张晓为人实在，懂得体贴关心人，是李晓倩的一个服务型闺蜜。她们学习努力，成绩在班级都名列前茅。论营销成绩、综合成绩，张晓更为优秀。她甚至在进入大学时就开始自学外贸英语和英语口语，并拿到了英语六级证书。李晓倩公共课程学得不错，并且对图片编辑、视频拍摄比较有兴趣。原本这些只是她的兴趣爱好而已，但没想到在这个自媒体时代，这些兴趣爱好给她未来的事业带来了意想不到的契机。

大学生活就像新婚蜜月期，很快乐，也很短暂。还没体验够大学生活的她们，很快就在学院的安排下进入校企合作企业实习。这是一个日资跨国企业，总部在日本，中国总公司设在香港，广东分公司位于广东省东莞市长安镇。该企业主营业务是商标印刷，附带销售小型彩色印刷机。两人实习的部门是广东分公司的营销部。营销部设营销总监、营销副总各一名；共50多名员工，下设五个业务组，第一、二、三、四组负责线下业务，第五组负责电商业务，包括网络推广、网络商城建设和运营等，也叫电商组；每个业务组设业务主管一名。张晓和李晓倩都被分配在营销部的业务一组。

公司为了更好地培养这些新员工，帮助他们快速成长，安排人事部与营销部全力协作，开展了为期两周的新员工岗前培训，培训主题是"MQA"动力系统，培训内容包括营销人员的心态、素质和技能等。这次培训让大多数新员工耳目一新，内心感到震撼，由此对公司多了一份归属感和一份责任感，还有一份"撸起袖子，大干一场"的冲动感。接下来，她们的故事会更加精彩。

培训（学习）目标

1. 具备良好的营销心态。
2. 提升营销素质。
3. 营销"五力"训练。

在营销领域有一个"二八定律"，即 20% 的营销人员能为公司创造 80% 的业绩，80% 的营销人员只能为公司创造 20% 的业绩。这是什么原因呢？"MQA"动力系统为你揭晓答案！

"MQA"系统指的是"新零售"时代营销人员必备的心态（mentality）、素质（quality）和能力（ability）相结合的系统，也是一个知行合一的动力系统。张晓她们一进入公司，公司马上就安排了包括以下内容的培训。

任务 1　营销人员必须具备的五大心态（mentality）

心态，就是一个人的心理状态，它影响着人的行为。在"新零售"时代，营销人员从事的营销工作更为复杂，他们经常与客户、供应商、竞争对手、媒体等不同人群打交道，需要掌握自媒体运营、数据搜索分析、内容营销、视频传播等多种"新零售"技能，所以工作时间长、学习任务重、工作压力大，而如果没有很好的心态，就会影响到工作效率以及生活的幸福指数。良好的心态是激活"MQA"动力系统的因素，影响着动力系统的爆发性和持续性。一个优秀的营销人员，必须具备以下五大心态。

1.1　学会感恩他人

在"新零售"时代，要想做好营销工作，首先需要以人为核心。这里的人，指的是他人，而不是自己。因此"新零售"时代的营销人员，要始终怀有一颗对他人的感恩之心，要学会感恩家人、老板、客户，感恩一切值得感恩的人。

有一次，编者受杭州建德市一家房产公司之邀，前往洽谈企业内训业务。该公司郑总告诉编者，近年来进入白银时代的房地产行业面临重重困境：市场竞争加剧；土地价格、媒体宣传费、中间商与第三方互联网平台（如房产电商）合作成本等不断攀升；以前主要采用的渠道战、资源战、人海战等广撒网的拓客方式，在"新零售"的冲击下营销效率已经越来越低。公司销售业绩持续下滑，利润空间不断萎缩，导致员工工作积极性不高、稳定性降低，因此希望能通过一系列培训解决这些问题。该公司的培训计划是三个月内做三个主题培训，分别是员工心态、新零售技能、巅峰团队打造，每个主题培训时间为半天。按培训计划，第一个月就要做"员工心态"主题培训。但是仅靠做半天培训就想要调整员工心态、提升他们的工作积极性，这的确要求甚高。因为要调整员工心态，就需要改变员工思想。而人的思想改变需要一个过程，只有持续的教育才能达成。按照信息论假说：思想就是一种存在于人脑中的信息。经过一段时间的信息储备，大脑中的某些分子互动碰撞，引起某些信息分子的有序排列，促进脑细胞的互动，便产生了思想。因此，人的思想改变就是一个学习、否定、再学习、再否定的周而复始的过程。因此，通过半天的培训就想达到较好的效果的确非常难。但望着郑总殷切的目光，编者决定全力以赴。结果这次培训的效果好到连编者都没有想到，在培训现场，很多员工都被深深打动，流下了热泪。他们喊口号，下决心，情绪非常高昂，氛围非常热烈。这次培训之所以能让员工的心态快速调整过来，就是以感恩之心拨动了员工的心弦，引起了员工内心的共鸣，打开了员工的心门！打开心门，就是思想改变的开始，也是心态调整的开始！因此，我们要始终保持一颗感恩之心，打开我们的心门，向那些关心过、支持过我们的人表达我们的感激之情。当我们表达了感激之情，就会引起他人内心的共鸣。如果大家都处于同频的心灵磁场，就会有更多的认可、信任、支持与合作。所以，我们要学会感恩。

首先，我们要感恩爸妈，是他们给了我们第一次生命；其次，我们要感恩老板，是他们给了我们第二次生命，即事业的生命。讲到老板，有人曾这样调侃：老板老板，就是老板着一张脸的人，他们每天无非就是喝喝茶、训训话，有什么值得感恩的？这种想法可是大错特错了。试想，如果没有老板提供就业机会，我们可能还处于失业的窘境；作为员工，下班之后的工作就叫加班，而作为老板，从来就没有真正的下班；如果公司遇到危机，其他人可以一走了之，老板却只能留下来独自一人扛着；如果公司破产了，受损失的一定是老板，而员工的工资却要照发；如果公司做大了，很多人理所当然地享受福利，又有多少人会对幕后的老板心怀感激。只有我们理解了老板建团队的困难重重，做产品的熬夜伤神，寻投资的望穿秋水，跑市场的身心俱疲……我们才知道什么是创业！只有我们经历了产品不被认可，客户屡屡拒绝，公司连连亏损，我们才知道老板不是谁都能做的。所以，如果换一个角度，你就会发现，看似风光无限的老板也曾受尽磨难打击，看似若无其事的老板实则在为公司呕心沥血，看似待人严苛的老板其实也有一颗对员工的柔软爱心！

从心理学角度来看，"新零售"时代的营销人员一般压力比较大，如能做到心怀感恩，还可降低压力荷尔蒙（皮质醇）的释放，刺激大脑分泌多巴胺，有益于身心健康。这样不仅能够提高机体免疫力，还能让人感到愉悦，增加工作的动力，提高工作的幸福感。心怀感恩的人，能经常体会到生活中的小美好，感觉到他人的关怀和爱心，情绪更积极，心态更乐观，做业务时更自信，营销效率自然更高。心怀感恩，才能善待他人；善待他人，才能广结人脉；广结人脉，做业务才能左右逢源，得心应手。

1.2　不要惧怕挫折

"新零售"时代的营销人员，既要开发市场、推广产品、获取客户反馈，还要收集客户数据、分析客户需求、描绘客户画像、建立客户社群、加强客户互动。随着营销环境的不断变化，面对有些工作并无经验，摸着石头过河自然会遇到许多挫折。当然，挫折也并不全是坏事，正确对待挫折，不断总结经验教训，就能提高成功的概率。

有个营销人员在一家广告公司工作，他非常勤奋，几乎跑遍了市区所有写字楼，三个月下来却依旧没有客户下订单。一分钱没赚到，交通费、业务费倒花了不少，一度穷得连基本生活都成问题。后来，好不容易联系到一个客户，计划做一万份挂历，总金额达十多万元，业务提成就有一万多元。拿到订单后，这个营销人员乐不可支，觉得所有的付出终于得到了回报。但没多久，这笔交易就宣告失败了，因为客户所在公司因资金问题已经倒闭。

也许这样的挫折对营销人员来说是常态：辛辛苦苦跑一个月没有任何销售业绩，有意向的客户突然拒绝签单，已经成交的客户换掉供应商连一声再见都不跟你说。面对这些挫折，你是选择自怨自艾、自暴自弃，做挫折的奴隶，还是选择振作精神，战胜困难，把挫折变成动力？承受挫折的心理素质即挫商，也叫逆商，是由著名教育大师保罗·斯托茨提出的。挫商和智商、情商一样，已经成为影响个人成长和发展的重要因素，逐渐被越来越多的人所重视。有时候，挫折也是一种财富：挫折可以提升一个人的挫商，使其越挫越勇；挫折可以提升一个人的情商，使其能更好地理解客户；挫折还可以提升一个人的智商，正所谓"吃一堑，长一智"。所以，营销人员千万不要被失败和挫折击倒，而要从失败和挫折中站起来，吸取教训，总结经验，以便在下次业务洽谈中提高成功的概率。

有一句话说得好：销售就是零存整取的游戏，每一次客户的拒绝，都是在为自己存钱。那么你还怕挫折和失败吗？销售成功是有概率的，尤其是某些固定的销售模式，如地推、电销、网销等成交也是有概率的，遭遇的失败越多，就离成功越近！假设成功的概率为 $1/n$，如果失败次数不断增加，由第 1 次到第 2 次、第 3 次，直至第 n 次时，则就有可能成交了，如图 2-1 所示。

图 2-1　成交的概率

张晓刚入职的那段时间，每天的工作就是先通过电话、网络联系客户，对有意向的客户进行标签化存档；然后给意向较强的客户快递样品；待拿到样品的客户表达了满意之后，她就上门洽谈。这也是一种常见的漏斗式营销。当时，张晓一天能打 100 通电话。其中，90% 的人会挂断她的电话，大概有 9% 的人会听她讲完，可能只有 1% 的人对产品有兴趣。注意，只是有兴趣，并不是成交。但就是通过每天这 99% 的拒绝，两个月后，她把业绩从月销售额为零做到了五位数。所以说，被客户拒绝并不可怕，可怕的是遭遇多次拒绝后，你的心态由怕客户拒绝变为怕联系客户！

"新零售"时代的营销人员任重而道远，既要有不怕挫折、勇于进取的心态，更要有"舍我其谁""道之所在，虽千万人，吾往矣"的英勇豪气！"新零售"时代的营销人员，逆风而上方显英雄本色。

1.3　要变得自信

不惧怕挫折，充满激情，才会保持自信。而自信，是营销人员成交客户的基本心态。

这是一个营销场景：咖啡厅里，一个入职不久的营销人员与他朋友圈的一个潜在客户洽谈业务。这个营销人员面对客户非常紧张。客户计划购买 2000 个产品，在不断地询问一些产品的细节问题。营销人员拿着样品的手都出汗了，结结巴巴地回答着客户的问题。客户对营销人员的表现非常不满意，他认为这个营销人员对他们的产品都不自信，自己也就不可能信任他们的产品。最后客户甩出一句"没兴趣"，就头也不回地走了。

自信对营销人员特别重要，但是究竟在哪些方面应该自信，有些营销人员可能还一头雾水。对营销人员来讲，自信至少应包括以下三个方面。

第一，对自己的信心，相信自己是最优秀的，最能胜任这个岗位。

第二，对企业的信心，相信企业是最有实力的，一定可以给客户创造价值。

第三，对产品的信心，相信自己的产品是最棒的，一定可以满足客户的需求，解决客户的问题，让客户满意。

作为营销人员，有了自信，才会在销售的时候充满热情。有了热情，才会感染客户。感染了客户，客户才会心动。客户心动了，才会付出行动。

可能有人会说：道理谁不会讲？但是，实际中，往往很难做到。比如和客户见面的时候不自信，总感觉自己不够优秀；介绍公司的时候不自信，总觉得公司没什么名气；介绍产品的时候更不自信，总想象着客户拒绝自己的倒霉场景。

这样看来，真的是有问题。这个问题就是认为自己、公司、产品都有问题，所以不出问题才怪呢！

如何变得自信呢？有一个小技巧可以尝试，那就是利用心理暗示的力量。可以想象一下，自信的时候是什么样子的？比如你的眼神很坚定、表情很自然、声音很洪亮等，然后尽量将它们展示出来。你会发现，你的确变得自信多了。这就是利用心理暗示，让意识控制行为，再让行为影响意识。

参加"自信的心态训练"，让张晓受益匪浅。因为以前在一些大众场合演讲，或者和陌生人讲话，她总会紧张，没自信，也不知道用什么方法来避免。在掌握了心理暗示的技巧后，她发现，通过深呼吸，有意识地告诉自己放松，并把对方假想为自己的老朋友，或者把注意力聚焦到自己交流的内容上，多微笑，多用动作来表达自己的想法，让意识来控制行为，再让行为来影响意识，这样紧张感就逐渐消失了。

1.4 拥有好胜心

自信心，是开展业务的基本心态。而好胜心，是提高业绩的重要心态。"新零售"时代的营销环境变化很快：这个月的爆品可能在下个月就成为滞销品；

这个月的客户可能在下个月就流失了；这个月的合作伙伴可能在下个月就成为竞争对手。因此，营销人员要想获得很好的业绩，就需要加倍努力。而好胜心，就是让营销人员自动自发努力工作的翅膀。好胜心是人性的本能，每个人都希望能超越别人，实现自己的价值。因此要提升营销人员的营销绩效，与其利用发奖金、涨工资等物质手段，还不如利用激发他们的好胜心这种精神手段。

有一个卫校毕业的护士，每日在医院过着平凡而开心的日子。后来突遇一场大病，她不得不重新思考人生。而这正应了那句话，"生于忧患，死于安乐"。她决定从生活的舒适区走出来，去开创一番不一样的事业，以不负自己的青春，告慰自己的人生！为了让自己的人生获得新的开始，她决定自学英语。拿到英语文凭后，她很快在 IBM 中国分公司找到一份行政专员的工作，这让她的朋友艳羡不已。不过她的岗位美其名曰行政专员，其实就相当于一个勤杂工，每天都是抹桌子、拖地板、买东西等，根本就没有其他的工作安排，这让她一度感到很压抑。甚至有一次，一个资格较老的女职员对她咆哮着说，没有她的允许，不能动她桌上的咖啡。当时这个可怜的行政专员还没听明白她要表达什么意思，后来才终于明白她以为自己偷喝了咖啡。这真是一种人格侮辱，她内心的火山终于爆发了，长时间的压抑彻底被释放。她暗暗发誓，一定要成为这里最能干的人，成为这里的最高领导，可以管理公司任何人。经过十三年的努力，她终于如愿以偿，成了微软中国公司的总经理。好胜心，让她实现了梦想。这个人就是中国"打工女皇"——吴士宏！

她曾回忆自己的工作经历："我每天比别人多花 6 个小时用于工作和学习，于是，在同一批聘用者中，我第一个做了业务代表。接着，同样的付出又使我成为第一批本土经理，然后又成为第一批去美国本部作战略研究的人。最后，我又第一个成为 IBM 华南区的总经理。"

好胜心，就是永不服输的心，就是超越别人的心。作为营销人员，要永不服输，战胜自己；要不断熟悉产品、提升技能、开发客户、提高业绩，努力成为营销团队的第一名。

1.5 以"老板"心态去做销售

如果说，感恩的心态能体现营销人员的善良、不怕挫折的心态能体现营销人员的坚强、自信的心态能体现营销人员的阅历、好胜的心态能体现营销人员的动机，那么"老板"的心态就能体现营销人员的格局。

在传统营销时代，营销人员满脑子想的都是卖产品。而在"新零售"时代，如果还是抱着"卖产品"的观念去销售，就非常落伍了。因为消费者需求一直在升级迭代，他们可能会对大卖场的产品无动于衷，但却会在某视频账号的直播间购买同价格、同质量、同款式的产品。这是为什么？因为现在很多消费者，不仅为了功能因素去购买产品，而可能是为了文化、品牌、娱乐、潮流、互动、信任等因素去购买产品。所以他们在直播间买的不仅是产品，更是主播的IP，以及和主播互动的快乐。如此一来，"新零售"时代的营销人员就不能以"打工"的心态去销售产品，而首先要以"老板"的心态去宣传公司文化、突出产品品牌、强调产品IP、分享产品体验，其次要销售自己，这样产品销售问题就迎刃而解了。

阿基勃特是美国标准石油公司的一个普通得不能再普通的营销人员，他有一个很奇怪的习惯，就是无论在什么场景，只要需要签名，比如签收单据、给客户回信等，他都不忘在签名后面加上一句公司产品宣传语"每桶4美元的标准石油"。

一开始大家无法理解他的做法，认为是画蛇添足。但没想到他之后的业绩的确做得很好，连洛克菲勒都知道了他。后来，同事们都给他取了个"每桶4美元"的外号，他的真名反而没人叫了。

五年后，阿基勃特因业绩突出被洛克菲勒任命为下一任董事长。

当然，阿基勃特被洛克菲勒任命为董事长可能和签署公司宣传语"每桶4美元的标准石油"无关，但一定和以"老板"的心态去做销售有关。

那么，在销售产品时，如何把"打工"心态转变为"老板"心态呢？

"老板"的心态，就是主人翁的心态，即愿意更多地去关注公司的战略和目标、公司的文化和愿景、公司的品牌和技术、公司的产品和IP，愿意主动地去学习新营销平台的运营和新营销工具的使用，愿意积极地去工作，把公司的事当作自己的事来做。当面临更多的工作时，愿意主动加班；当面临艰巨的任务时，愿意扛起担子。处处为公司利益着想，尽力为公司节省不必要的营销成本，奋力开发潜在的客户市场，努力提升自己的营销业绩。这些，你能做到吗？

俗话说："不想当将军的士兵不是好士兵。"很多知名企业的老总都是从营销人员做起的，如格力总裁董明珠、富士康创始人郭台铭等。相信作为营销人员的你，一定有自己的梦想。有了"老板"的心态，就会离实现自己的梦想更近一步。

以下是张晓和李晓倩的三个对话情景，请分析对话情景后的三个问题。

情景一　该不该感恩公司

李晓倩：张晓，在忙啥？今天培训结束得早，下午领导们也都不在，要不我们提前下班去附近的三只松鼠连锁店买点零食？上班太乏味了，我需要通过排遣式进食打发时间。

张晓：晓倩，这样不好吧。公司付出很大成本来培训我们，还包吃包住。我们应该对公司怀有感恩之心，为公司利益着想，多学一点东西，提升自己的技能，好为公司做出更多的业绩。

李晓倩：包吃包住，很多公司不都是这样的嘛？不包吃包住，谁来这里上班呀？现在领导都不在，干吗还要干活儿？你呀，真是太老实了。

情景二　要不要拿第一

（培训一周后）

李晓倩：张晓，你行呀！这周"职场心态"培训考核你获得了优秀。

张晓：呵呵，那得谢谢同事的帮助了。我最近向方哥他们学习了很多心态训练方法，比如在拜访客户时保持微笑和自信、在介绍产品时充满热情等。我认为在以后拓展市场的时候，这些技巧都很管用。

李晓倩：既然你得了优秀，周日我们就出去好好玩玩吧，别再想那些枯燥乏味、无聊至极的培训方面的事了。

张晓：我还有一些培训总结没写好，计划周日再忙一天完成这个任务呢。

李晓倩：你都很优秀了，干吗还要这么努力呢？

张晓：培训结束后还要考核呢，我希望可以拿第一。

李晓倩：我觉得还是没必要花太多精力。逢场作戏，及格万岁。要知道，过几个月实习结束，我们是要走人的。你呀，真是入戏太深了。

情景三　谁有老板的心态

李晓倩：张晓，你最近是不是成工作狂了？这么认真干吗？我们现在只是公司的实习生，又不是公司的老板。

张晓：我既然已经在这个岗位了，就想把本阶段的任务完成好，以"老板的心态"去工作又未尝不可？

李晓倩：不是我打击你，你学得再好，就一定能保证出业绩吗？再说了，出业绩又能怎样？受益的都是老板和领导，和我们普通打工仔有多大关系呢？

张晓：话可不能这么说，我干得好，公司赚钱了，肯定不会亏待我呀。记得老师说过这么一句话："不要老问国家给了你多少，而要多问你为国家贡献了多少。"

李晓倩：我觉得意义不大，以后我就想去创业，赚了钱都是自己的。现在就是做一天和尚撞一天钟，完成学校布置的打工任务而已。如果你想在这里获得什么发展前景，那真是痴心妄想。

请分析：

1. 在以上三个对话情景中，李晓倩对张晓进行了三次不同的评价，这分别反映了张晓和李晓倩什么样的心态？

2. 通过以上对话情景，你知道张晓为什么会得到公司的表扬吗？

3. 李晓倩的心态存在哪些问题？

任务 2　没有素质（quality），销售寸步难行

素质是一个人在社会生活中思想与行为的综合体现，是在人的先天生理的基础之上，经过后天的教育和社会环境的影响，由知识内化而形成的相对稳定的心理品质、行为素养和各种能力的总称。作为营销人员，必须具备较强的综合素质。

2.1　客户看重产品，更看重素质

在"新零售"时代，无论是线上还是线下产品都非常多，且同质化非常严重。客户在购买过程中不仅重视产品，更重视产品营销人员的素质。营销人员的素质已经成为产品的附加价值，影响着客户购买产品后所获得的增值价值。

有一个汽车营销人员，在一家汽车4S店上班。有一天，一个五十多岁的客户来看车。他很热情地上前介绍，把不同车型的功能、特点、价格和使用事项都说得很清楚，让客户非常满意。后来，客户表示自己想去其他车行看看，比较之后再做决定。这个营销人员表示自己愿意开车带他去其他车行看车。看过

其他车行的汽车之后，客户说还是他们的车好，尤其是服务好，表示可以考虑签协议，这让他非常开心。在返回4S店的途中，客户与营销人员开始攀谈起来，其间还聊到了自己的儿子，"他马上就要大学毕业了，正在找工作"，然后询问营销人员："关于找工作，你有什么好的建议？"而营销人员一直在想着签协议的事情，对客户的问题置若罔闻。突然，客户停住了讲话，说了一句："我觉得签协议的事情还是要缓一缓，我再考虑一下吧！"一般而言，当客户说到"再考虑一下"的时候，基本上表示他不会再考虑了。听到这句话，营销人员心里咯噔一下，知道事情不妙了。后虽尽力解释并沟通，但客户还是拒绝下单。

这个营销人员赢了服务，却输了素质！

总体来说，作为一个合格的营销人员，必须具备以下六大基本素质。

（1）对客户：表达关心，解决问题，多点真心，少点算计。

（2）对领导：不卑不亢，富有见解，领会意图，高效执行。

（3）对同事：少点闲话，少点分歧，多点帮助，多点协作。

（4）对工作：做事专心，工作专注，提升专业，发挥专长。

（5）对压力：藐视困难，敢于承受，挑战自我，超越自我。

（6）对任务：敢于挑担，勇于担责，制定目标，立即执行。

上述内容，哪些你做到了、哪些你没有做到，请勾选出来，并写出以后将如何做到。

2.2　心存善意，关怀客户

素质，不仅是做人的准则，也是"新零售"时代对营销人员的基本要求。在"新零售"时代，尽管营销技术、手段、工具、环境都变了，但唯一不变的就是对客户的关怀。对营销人员来讲，心存善意，关怀客户，是最基本的人性关怀，也是最基本的职业素质。"新零售"时代的营销人员，要关注消费者内心需要，满足消费者购物需求，提升消费者购物体验。这与中国优秀的文化传统是一脉相承的。张晓对传统文化很感兴趣，一次偶然的机会，她通过"伏羲讲堂"学习了伏羲文化传承人的课程，掌握了伏羲文化中关于做人的重要素质：日行三善，大家好才是真的好。伏羲文化是伏羲时代产生的所有文化的总称，是中华民族优秀文化之源。

三善分别指的是眼善、语善和行善。眼善：看世间万物，心存感恩、心存善念。语善：和别人沟通，说好听的话，不要恶语相向。行善：多做善事，关心他人，帮助他人。在商业中，三善也具有非常重要的意义。

眼善：可以理解为以正确的眼光看待客户，把客户看作朋友，而不仅仅是给自己带来提成的人。如果只想着客户给自己带来金钱利益，看待客户的眼光一定会变得贪婪，客户怎么会把成交的机会给予一个只重视自己利益的贪婪的营销人员呢？

语善：在与客户交流的过程中，始终保持一种把客户当朋友的态度和语气，让客户感觉到你对他的真心关怀。而不要为了一点利益上的分歧，言辞激烈，甚至恶语伤人，最终让客户失望。

行善：在与客户谈判的过程中，真心重视客户的利益，而非只顾及自己的利益。要在行为上体现共赢的原则，该让步且让步，该让利且让利。不要为了一点皮毛利益，与客户较劲、抬杠，这样最终只会让你成为杠精，而不是精干！请记住这句话：过于看重当前的小利益，最终失去的将是未来的大利益！

眼善、语善、行善的核心就是心善，以一颗善人之心，来对待客户的需求，毕竟大家赢才是真的赢。这也是符合能量守恒定律的，你的付出就是他的获得，他的付出就是你的获得。只有大家的付出和获得达到一致，才能维持一种利益的永恒。

入职几个月后，张晓因一次偶然的善行，既挽救了一个潜在客户，也给自己带来了成交机会。这到底是怎么回事呢？

张晓前几天出差受了风寒，回来就感冒了。因难受睡不着，她就打开抖音，准备看几分钟就睡。但有时人就是这样，走着走着就忘记了自己的方向。她先是看了看抖音，然后又去看微信。突然，朋友圈一个人的信息吸引了她的注意力。这是一个同镇的潜在女客户，姓向，是一家大公司的采购总监。前几个月张晓还给她打过几款样品，但是一直没有下单。张晓发现，这个客户的朋友圈在一刻钟前更新过，显示的是几张非常黑暗的照片。这让她觉得有些异样。一般人发朋友圈基本上都是晒美食、美景、美照，很少有晒黑夜的。

她赶紧看了看向女士朋友圈照片上的配文，尽是些"感到极度窒息，无法呼吸……""内心的黑暗，就如同这黑夜。他只知道有爸妈，有孩子，不知道有老婆。每次争吵都是我错了，对一切已经感到厌倦。想离开了……"之类悲凉的话，这让张晓大吃一惊。于是，她尝试着给向女士发信息，没想到对方竟然回复了。于是，张晓就和对方聊起来，开始是文字聊，后来是语音聊。通过交流，张晓知道她是一个三岁小女孩的妈妈，最近又刚生了一个小女孩，正在家坐月子。在政府担任公职的公公和在家赋闲的婆婆对媳妇不是很满意，觉得她没有帮他们实现抱孙子的夙愿。所以对她毫不关心，有时候还故意找碴儿。向女士的心烦还不止于此：经常出差的丈夫对自己很漠视，只要自己和公婆发生矛盾，就喋喋不休地责怪自己不会做人，让他两边受气，这导致向女士情绪崩溃，难以自拔，不久就患上了产后抑郁症，时有轻生念头。在与张晓聊天的过程中，她还一度失控抽泣。

尽管张晓还没有结婚，但是她深知产后抑郁症的危害。于是，张晓充分利用自己的沟通天赋，和对方聊到了她年迈的父母，也聊到了她两个小孩的成长，并建议她让身在外地的妈妈来照顾她。聊着聊着，对方的情绪逐渐稳定了下来，语气也变得轻松起来，并且表达了对未来的憧憬和期待。这下张晓悬着的心终于放下了，一看整整聊了两个小时，便赶紧躺下睡觉了。

在休息日，张晓提了一些营养品，前去看望这个客户。她住在一个豪华别墅区，张晓的到来给这个气氛紧张的家增添了许多快乐和温馨。她和客户聊了很多，聊到自己既心酸又快乐的童年，聊到自己做业务的压力和艰辛，聊到上大学时的青春和快乐，聊到自己未来的追求和梦想。情到之处，客户时而擦拭眼眶，时而哈哈大笑。几个月后，她和客户成了很好的朋友，甚至可以说是闺密了。试想，当客户都与你成了朋友，甚至闺密，你还愁没有订单吗？

2.3　不同素质营销人员的表现差异

表 2-1 所示是不同素质营销人员的表现差异，请分析比较。

表 2-1　不同素质营销人员的表现差异

对待问题	低素质营销人员	高素质营销人员
关于入职	一切向"钱"看，期待"钱"程似锦。他们问得最多的就是"多少钱一个月呀？""年终奖多少钱呀？""加班多少钱呀？"	一切向前看，期待前程似锦。他们更看重行业的发展前景、公司的前进方向，把工作当作自己前进的动力
团队意识	个人利益至上，在个人利益与集体利益产生冲突时，会不惜牺牲集体利益；在工作中，独来独往。遇到问题总想逃避，不善于运用团队智慧和力量去解决问题	集体利益第一，为了集体的利益，个人利益可以做出一定牺牲；能很好地处理团队成员间的人际关系，有很强的协作意识。遇到棘手问题，能通过群体智慧解决
工作态度	工作为了赚钱，赚钱为了生活，所以工作就是为了谋生	工作体现价值，价值成就事业，所以工作就是为了创造事业

对待问题	低素质营销人员	高素质营销人员
工作规划	做人不要有梦想，万一实现不了呢？缺乏职业规划；做到哪算到哪；如水中浮萍，随波逐流	做人一定要有梦想，万一实现了呢？有长远的职业规划；选择一家公司，就是人生职业的开始
工作执行	对领导布置的任务，能拖则拖，经常在前一天赶工。平时不上香，急时抱佛脚	有不折不扣的执行力，对于自己的工作任务会第一时间去执行；并且还会主动请缨，敢于挑担
开发客户	开发客户不积极、不主动，也缺乏技巧，导致每个月业绩很糟糕；业绩不好，经常归咎于自己运气不好，或者公司产品不好	凭着熟练的业务技巧和广泛的人脉关系，业务做得如鱼得水，业绩不断提升；并能不断学习，不断总结经验，不断提升业绩
对待加班	觉得工作太多太累；每天准时上下班，绝不在公司多待一刻；带薪的加班勉强认可，没薪水的加班总感觉亏大了，连连吐槽，抱怨连天	勤勤恳恳，在上班时间不干个人事情，工作繁忙时乐意加班；愿意在假日花大量时间去加班；加班虽然累，但很快乐，毫无怨言
公司评价	不合格	优秀

训练

营销素质测试（多选题）

1. 你认为以下哪些岗位属于营销人员岗位？（　　）

A. 淘宝客服 　　　　　　　B. 文案人员

C. 公众号运营 　　　　　　D. 业务员

2. 要想成为一个成功的营销员，必须具备一定的职业素质。下列关于营销素质说法错误的是（　　）。

A. 领导安排的任务，必须不折不扣完成

B. 用户线上下单了，但没有货，可以从其他地方调货，并告诉客户"我们货还是有的"

C. 要熟悉公司产品的缺点，介绍产品时，需向客户说明

D. 要熟练利用自媒体，宣传公司产品的特色

3. 营销人员要如何对待用户呢？下列说法错误的是（　　）。

A. 很多客户都是网上可以成交的，所以一般都无须见面

B. 客户至上，说什么都得听

C. 经常在节假日通过微信、微博、手机群发祝福信息

D. 为了成交，要和客户多联系，比如寻找共同爱好

项目二　打造让你提升业绩的「MQA」动力系统

4. 拜访客户需要提前打扮吗？你的做法是（　　）。

A. 通过大数据寻找客户个人信息，根据客户特点提前打扮

B. 和平时一样，没必要那么假，让客户知道自己是真实的

C. 一般会提前半个小时化妆，挑衣服

D. 会提前一周买好衣服

5. 约好了和客户见面，你一般会选择什么时候到达约定的地点？（　　）

A. 准点　　　　　　　　　　　B. 提前 10 分钟左右

C. 提前半小时　　　　　　　　D. 不一定，要看交通情况

6. 当客户对你的产品不满意，你会（　　）。

A. 立刻帮客户退换产品

B. 询问原因，问客户需要如何解决

C. 询问原因，然后说要请示领导

D. 觉得客户在找碴儿，然后用充分的事实来证明

7. 还有一周就月底了，业绩离目标还差很多，你怎么办？（　　）

A. 坐等挨批，没办法，反正一周也做不了什么

B. 利用社群资源，再挖掘一下，说不定就有新客户了

C. 将"万能"的朋友圈利用起来，在恰当时机发布信息

D. 找同事帮忙，把他们的业绩写成自己的，下次再还给他们

8. 工作中遇到一个难题，有个视频的画面转场处理不好，你的做法是（　　）。

A. 请教同事

B. 先努力思考，寻找资料，分析问题，实在不行再请教老同事

C. 请教领导

D. 我是键盘手，肯定是百度呀，一键搞定

9. 当你在外面跑业务累了，回到家还愿意看看书吗？（　　）

A. 不愿意，最多看看电视、玩玩手机

B. 我会看电子书呢，小说、游戏类的

C. 我总觉得自己能力不够，会找专业点的资料看看

D. 开卷有益，很多文学书我都读的，不一定是营销类

10. 如果发现自己直播首秀时表现不好，你会如何做？（　　）

A. 我对自己要求很高，我会很懊恼

B. 把表现不好的地方记录下来，分析原因，以求下次纠正

C. 认为以后要加强锻炼，多练习，多总结

D. 没什么呀，人不是绝对完美的，重在参与

任务 3　营销人员的核心能力（ability）

　　"新零售"时代，在互联网、大数据、信息化等新兴技术的推动下，营销观念、方法、手段、工具更新非常快，这就要求营销人员能够与时俱进，掌握核心的营销能力。营销人员至少应该具备五对核心能力，这五对"力"相互作用、相互影响、相互促进。每一对"力"都需合在一起才能发力，一旦分开就孤掌难鸣。

3.1　忍耐力和持续力

　　在五对"力"当中，忍耐力和持续力是营销人员最基本的能力。

　　张晓有一个客户，在她公司打了六次样品，都忍着没有下订单，简直创造了她公司客户的样品打造纪录。直到第七次，张晓才看到了姗姗而来的订单。所以，做营销一开始并没有掌声和鲜花送给你，等候你的是此起彼伏的拒绝、接连不断的打击。你将承受很大压力，因此需要一定的忍耐力与之抗衡。"压力像弹簧，你弱它就强。"另外，营销人员刚进公司是没有客户、没有销售业绩的，一切都要从零开始。关于业绩，不是一两天就能做好的，有时候需要几个月，甚至半年，或许更久，这就是一场持久战，需要营销人员有较强的持续力。

　　如果用汽车来比喻，忍耐力相当于汽车的性能；持续力相当于汽车的发动机。没有良好的性能，汽车随时会出故障；要想汽车纵横驰骋，必须维持发动机的正常运转。有了忍耐力，车子才能披荆斩棘，越过一个又一个障碍；有了持续力，车子才能风驰电掣，上演"速度与激情"。

3.2　沟通力和协作力

　　在"新零售"时代，零售领域分工越来越细，呈现出专业化、技术化、信

息化的特点。一个公司的营销部门，承担着市场调查、数据分析、需求分析、市场定位、目标市场、市场细分、电商运营、视频拍摄、图片编辑、O2O营销等职责。可以说，营销人员要想成为全才是很难的。在营销团队中，营销人员不仅仅要相互竞争比拼业绩，还要相互协作提高业绩。所以，营销人员的沟通和协作是很重要的。

沟通是一种非常重要的营销能力。营销人员的工作其实就是沟通的工作，包括和领导沟通、知会领导意图；和团队沟通，随时发起协作；和客户沟通，提供解决方案。通过沟通，减少分歧、求同存异、达成一致。

协作是营销团队的灵魂，是营销团队精神的体现。没有良好的协作意识，就不会有优秀的营销团队，更不会有优秀的营销人员。营销人员需要通过协作，共同发力、达成目标。

如果没有沟通力，做人就会很憋屈。如果没有协作力，做事就会老碰壁。

案例 "双十一"的协作

在张晓入职公司的第一个"双十一"期间，营销部的电商组忙不过来，需要张晓所在的业务一组来帮忙做详情页、视频和客服。由于"双十一"业务非常繁忙，很多营销人员不愿意参与协作。但张晓不一样，她放下自己手头所有的工作，任劳任怨、夜以继日地帮忙，完成了多个产品的详情页设计，还参与了多个视频的设计和拍摄。最后，"双十一"电商组大获全胜，销售额达上千万元。在业务一组组长的努力下，公司同意给帮忙的业务一组的几个员工发放奖金。张晓因为任务完成得很好，分到了一笔金额不菲的奖金。这让其他没有参与的同事后悔不已。最关键的是，在张晓后来开展业务的过程中，电商组也尽其所能给她提供帮助。

没有团队协作，就没有营销人员的个人成长。有的营销人员爱搞小炉灶，自以为是，领导说话他不听，同事建议他不理，总觉得自己"有一把刷子"，到处去表现，完全脱离了团队，这样能做出什么业绩呢？

中国"打工女皇"吴士宏曾经说过："没有完美的个人，只有完美的团队。"也有人说："一滴水，离开了大海就会干涸。"你如何理解这两句话？

一个营销人员的业绩离不开营销部的英明决策，离不开电商部的推广导流，离不开样品部的精心设计，更离不开生产部的辛勤制造。简单来说，你的业绩，和公司里的每一个人都有关系。唯有和大家加强协作，你才会做出更好的业绩！

3.3 学习力和记忆力

张晓在大学期间学过社群营销，后来正是她的社群营销知识使她成交了一个客户。

有一次，张晓被公司安排去参加一个商业活动，邻座是一个中年男人，他是做服装的赵总。他特意从外地来到东莞，想在这个活动中介绍他们的服装产品。张晓看了一些他们的产品图片、视频及样品，了解到他们的产品亮点和优势，并从市场细分等角度提了一些自己的看法，认为他们的服装非常适合一些网红，很张扬、有个性，建议把她们作为一个小众目标群体。赵总惊讶于她独到的营销思维，便告诉她，他们主要是通过社群、直播等渠道来做营销，每年产品销量还是不错的。当然，他们在服装吊牌、印唛等商标印制方面的需求也不小。张晓喜出望外，"原来是潜在客户呀，得来全不费工夫"，并赶紧加了赵总的微信。

加了微信后，张晓并未经常给赵总发产品信息，而是在赵总的朋友圈进行互动，比如点赞、评论和讨论问题等。她在社群管理方面给赵总提了很多建议，并帮助赵总解决了一些社群运营中的难题。后来，赵总成了张晓的忠实客户。

所以，学习力就是营销力。

看看下面这些场景，你是否有似曾相识燕归来的感觉呢？

1. 客户问到产品的工艺、技术、竞品的情况，营销人员顿时呆住了，脑袋一片空白。

2. 和客户吃饭，客户聊到"新零售"的变化、产品的升级，营销人员一脸懵相。

3. 客户是国外的，讲的英语让营销人员抓耳挠腮，真想回到大学好好补习下英语。

4. 老板要求写一篇软文，营销人员连个请假条都写不好，这可如何是好？

5. 营销部要提拔一个主管，公布的条件如下：要求在管理方面有一套体系，有带团队的能力，有独到的营销技巧。想要获得晋升的营销人员傻眼了，看来自己的能力和公司对主管的要求还相差甚远呀！

如果在这些场景中你都可以应对自如，如鱼得水，那么恭喜你，你具有较强的学习力。否则，还是狠狠地充下电吧！学习力，对营销人员来讲就是最大的营销力。现在的职场环境对营销人员的知识、素质、能力提出了越来越高的要求。一个优秀的营销人员，既要稳坐谈判桌，又要常坐小书桌。

作为营销人员，既需要了解如何调查市场、收集竞品信息、策划产品定位、了解用户反馈、打通线上线下等重要的营销操作，也需要了解一些短视频拍摄、导流工具应用、网络软文写作等小技巧，甚至还需要懂得阅读库存报表、财务报表等财务知识。另外，营销人员还要与各行各业、各种层次的人接触，走进不同商业圈子，参加各类商业活动，以开拓视野，增长见识，这样做起业务来才会胸有成竹。

那么学习力包括哪些要素？一般而言，学习力包括学习潜质、学习动力、学习毅力、学习能力、学习内容、记忆能力及学习转化（学习的知识转化为实践运用知识及能力）等要素。学习力转化成实践能力的流程如图 2-2 所示。首先，要有营销目标，有了目标就有了学习动力。其次，根据个人的学习潜质、学习动力、学习毅力、学习能力等情况，进入学习过程，积极学习知识。学习的内容经过记忆的环节后，有一部分知识被遗忘掉，有一部分知识被储存起来。被储存的一部分知识，在营销实践中就转化为实践能力。

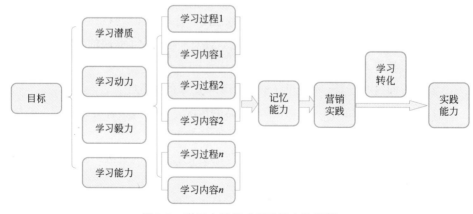

图 2-2　学习力转化成实践能力的流程

记忆力是营销人员的基本能力，影响着其营销工作的方方面面。比如在某个社交场合，有张总、李总、刘总等很多潜在客户，如果你能把每个人的姓名和相关信息都记住，在以后交流的时候可以很轻松地说出对方的一些信息，对方就会因为你记得他（她）而对你产生好感。

另外，记忆力对学习力有很强的制约性，有助于学习过程的连续和强化，不仅影响着学习内容的储存及加工，也影响着学习内容的转化和应用。

学习力和记忆力，影响着营销人员观察力和分析力的提高，推动着营销人员的成长。

训练
判断对错

以下是一些书单，作为一个营销人员，的确需要抽空去学习。如果你学习了请打"√"，没学习请打"×"，并制订以后的学习计划。

(1)《爆品思维2：社交时代的创业法则》，徐荣华著。（　　）

(2)《新零售：低价高效的数据赋能之路 》，刘润著。（　　）

(3)《大数据时代》，[英]迈尔-舍恩伯格，[英]库克耶著。（　　）

(4)《互联网思维独孤九剑》，赵大伟著。（　　）

(5)《控脑：营销就是思维布局》，陈辰著。（　　）

(6)《体验式营销世界上伟大品牌的成功秘诀及营销策略》，[美]克里·史密斯（Kerry Smith），丹·哈努福（Dan Hanover）著。（　　）

3.4　观察力和分析力

营销人员小王去拜访一个生产电器设备公司的采购部陈经理。在小王介绍产品的时候，陈经理听着听着就低下了头，然后不断地起身拿报纸、倒开水。小王通过观察和分析，认为客户对其产品不太感兴趣。后来，小王观察到他们有新造的厂房，于是开始赞美他们公司的厂房很漂亮、公司发展很快。这时候，陈经理恍如换了个人，开始兴奋起来，滔滔不绝地说着公司的发展变化、历数着公司近年来的业绩。很快，他们后面的交流就十分投机了。

作为一个营销人员，要眼观六路耳听八方，通过观察客户的动作、神态、表情来揣摩客户的心理，也要通过阅读客户对自己的阅读来推测客户的想法。

比如当你介绍产品的时候，客户开始听得认真，后面变得不耐烦，开始做出晃动双腿、摸头、起身倒水、目光朝下等很多小动作，这表明他对你说的不感兴趣。你现在要做的就是调整介绍的方式及内容，或者采取一些沟通技巧，来吸引客户的注意力。

在网上和客户交流也是如此，尽管不能目视对方，但通过对方使用的文字、表达的语气、回复的速度、热情的程度等往往也能分析出客户的想法。观察力和分析力是营销人员获得第一手数据的重要能力，能为其后面的思考力和执行力提供支持。

营销法则四

用眼睛观察能了解客户，

用心观察才能懂得客户。

3.5　思考力和执行力

业务一组的秦主管给营销人员安排了任务：要求通过渠道寻找客户。营销人员的表现如下。

其他人：都开始用微信、QQ、电话等工具去联系客户。

张晓：除了使用以上工具，还通过一些创新的、卓有成效的渠道，比如百度问答、头条号问答等来寻找客户。她有时候会发布一些"印刷商标如何印三个颜色""印刷商标如何选择油墨"之类的问题，然后上传答案。有些客户看到这些信息会和她沟通联系，这就为后续成交打下了基础。另外，她还利用社群营销的技巧，通过供应商、竞争对手来拓展人脉，找到自己的潜在客户。

思考力就是思考问题、创新方法、解决问题的能力。作为一个营销人员，吃苦耐劳、工作勤奋只能算是合格，善于思考、敢于创新才算是优秀。

当然，有了思考力而不去执行则一切都等于零。执行力是公司任务能否得以完成的重要环节。思考力是知，执行力就是行，只有知行合一，才能事半功倍。

以上五对"力"，你做得怎么样？做得好的，请和大家一起来分享。做得不好的，请写出整改的方案。

张晓在学习五"力"之后，重新制订了学习计划，并根据五"力"的性质对自己提出了要求。

忍耐力和持续力：在开发市场遇到失败时，要能忍耐、能坚持，并分析失败的原因，确保下次不犯同样的错误。

沟通力和协作力：要和同事、客户、合作伙伴等加强沟通、协作。尤其是对以前自己抱有成见的客户、伙伴，要抛弃分歧，敞开心扉，加强协作。

学习力和记忆力：加强专业学习、文化学习；培养更好的记忆方法，使用科学的记忆工具。

观察力和分析力：要学会观察客户言行，分析客户消费心理。

思考力和执行力：要创新营销的方法和手段，善于思考，并做到知行合一。

培训结束后，公司对员工进行了考核，张晓获得公司新员工岗前培训第一名。会议休息时，主管老秦以及业务一组的新员工都过来表示祝贺，只有李晓倩没有过来，她由于表现不好被领导批评了，一个人灰溜溜地坐在最后的角落里。营销总监刘总在会议结束时说了一段话，让大家印象深刻："大家一定在想，张晓为什么可以获得培训考核的第一名。心态和素质决定一切！营销知识不足可以学习，营销能力不行可以提升，人际关系不广可以拓展，客户缺少可以开发。但是，缺乏良好的心态、素质，就是制约自我发展的脚镣手铐，让你原地踏步，寸步难行！"刘总的这几句话，句句敲打在李晓倩的心上……

训练
问题分析

1. 如果你是这个公司的营销总监，有人就这次培训期间张晓被奖励、李晓倩被批评的原因对你进行采访，你会怎么回答？

2. 你认为张晓的 MQA 动力系统打造得如何？

————— 单元测试

一、多选题（每小题 5 分，共 50 分）

1. 下列关于营销人员的说法正确的是（　　）。

A. 营销人员要吃苦耐劳，这是影响业绩好坏的重要因素

B. 营销人员口才很重要，口才好就能把东西卖给任何客户

C. 客服也算是营销人员

D. 营销人员一般都是单独作业，如果多人一起操作，不好算业绩

2. 要想成为一个成功的营销人员，必须具备一定的能力。下列关于能力表

述错误的是（   ）。

A. 执行力很重要

B. 记忆力不好会在社交场合忘记重要信息，最好尽力提升记忆力

C. 要善于分析客户消费心理

D. 开发市场，创新很重要，哪怕付出试错成本，也比循规蹈矩强

3. 对于营销人员而言，如何开发客户是重点。下列做法正确的是（   ）。

A. 通过黄页收集客户第一手资料

B. 浏览招聘广告，分析招聘单位，挖掘需求

C. 浏览网站搜寻客户电话号码

D. 通过电商购买客户资料

4. 如果你拜访客户时，遭遇对方的拒绝，你一般会（   ）。

A. 立刻放弃

B. 找时间再拜访一次，遭到拒绝后就不再去了

C. 分析客户拒绝的原因，调整策略，再试一次

D. 放长线钓大鱼，了解客户问题及需求，保持联系

5. 约好了和客户第一次见面洽谈，以下地点你愿意选择哪个？（   ）

A. 客户办公室　　　　B. 自己公司　　　　C. 咖啡馆　　　　D. 自己家里

6. 在公司的时候，若没有什么业务上的事，你一般会选择（   ）。

A. 坐在位置上刷刷手机，看看视频

B. 和老业务员交流，记录一些心得

C. 多去生产部走走，了解产品生产流程

D. 谢天谢地，终于有空玩把游戏了，但职业素质告诉我，领导来了就要立刻关掉，然后认真干活

7. 月底拼业绩的时候，你会选择做些什么？（   ）

A. 如果业绩完成了，会选择和家人、朋友出去旅游，放松自己

B. 继续冲刺，多开拓几个客户

C. 打电话联系业务

D. 选择和老客户互动，了解新的需求

8. 你拜访客户时，主要聊什么？（   ）

A. 与客户见面时间不多，当然是以产品为主

B. 聊聊生活上的事，先交朋友，以后再谈业务

C. 对方愿意聊什么我就聊什么，兵来将挡水来土掩。我经常看书，知识渊

博得很

D. 观察环境和客户的反应，寻找合适的话题，再导入业务

9. 当你在业务场合说错了话，犯了常识性的错误，你的应对措施是什么？（　）

A. 太丢脸了，其他的都不管，先撤了再说

B. 发现对方没有发现自己的错误，继续下一个话题

C. 表现得从容淡定，用自己的幽默遮盖尴尬，之后暗暗自喜

D. 很诚恳地表达自己说错了，请对方原谅

10. 当你第一次坐在潜在客户的办公室洽谈，你认为哪种行为不妥当？（　）

A. 询问是否可以得到他（她）的微信号，便于以后联系

B. 对方说话时，一直注视着对方的眼睛，表示听得很认真

C. 客户问"能否私下给一个交易折扣"，你答应了，很快成交

D. 对方让你进去后在旁边坐会，然后忙着打电脑，你一直耐心等待

二、请判断以下行为是否正确。正确的打"√"，错误的打"×"。（每小题 6分，共 30 分）

1. 和客户约好八点半见面，你在八点一刻到了他的办公室。　　　　　　（　）

2. 营销员郭志强在会谈结束后，主动和客户李艳热情握手。　　　　　　（　）

3. 小李从某公司瞥见很多企业经理的电话，独自拍了照片，然后回去给他们打电话，打电话的时候非常礼貌客气。　　　　　　　　　　　　　（　）

4. 某公司营销员和客户交流的时候，习惯性跷起二郎腿。　　　　　　　（　）

5. 小李是某外贸公司的业务员，主要客户来自美国。为了和客户套近乎，他穿了一件印有美国国旗图案的衣服。　　　　　　　　　　　　　　（　）

三、分析题（本题共 20 分）

有一天，公司培训结束得比较早，张晓闲来无事，便打开电脑，开始制订详细的计划，包括工作计划、学习计划。她在工作计划中写到了如何提升营销技能，如何拓展人际关系，如何开拓市场等，甚至把计划的时间写到了三年后。恰巧在写计划的过程中被李晓倩瞥到，她笑起了张晓：你傻呀，还写三年计划，三年后在哪里都不知道呢！呵呵，积极的废人！张晓有些不好意思，然后也笑着说：三年之后还能去哪里？你还能上月球升天不成。有目标就有动力嘛！请分析张晓傻吗？

在单元测试中，如果你的总分在 90 ~ 100 分，恭喜你，你的营销能力很优秀；70 ~ 89 分表示良好、60 ~ 69 分勉强及格、低于 60 分属于不及格。不过一切都不是绝对的，如果以后努力，也许你就是那个不及格的营销天才呢！

项目三
商务礼仪知多少

案例引入

学习了"MQA"动力系统课程，张晓感觉到自己有了很大的提升，尤其是学习力大大增强。她认为，作为营销人员，尽管很多情况下使用互联网工具，无须与客户见面，但在关键时刻，比如调研、谈判、回访等时，与客户见面还是很重要的。那么在线下与客户商谈时，应该注意哪些礼仪？在线下不同的场景中，应该掌握哪些不同的礼仪？如何通过礼仪给客户留下良好的第一印象？礼仪会如何影响成交？在线上与客户交流也有一些需要注意的礼仪吗？对于这些礼仪知识，张晓迫切地想要了解。于是，她就自学了礼仪课程。而李晓倩根本没有心思去学，她后面的表现也令人大跌眼镜！接下来会发生一些什么故事呢？让我们一起来了解吧！

培训（学习）目标

1. 掌握仪表礼仪"TPO"三原则。
2. 了解仪态礼仪的注意事项。
3. 掌握称呼他人的方法。
4. 了解餐饮礼仪。
5. 了解电销礼仪规范。

有"礼"走遍天下，无"礼"寸步难行。在中国这个礼仪之邦，要想谈业务、拿订单，不懂礼仪就是小屋里耍扁担——处处碰壁。

在传统营销时代，礼仪很重要。虽然客户买的是产品，但礼仪始终贯穿于整个购买过程，营销人员的礼仪展现了其个人形象，体现了其职场素质，影响了客户购买的决定。在"新零售"时代，礼仪更为重要。因为客户买的不仅是产品，更是营销人员的素质、礼仪、服务；客户买的不仅是产品本身的价值，更是人员形象、公司文化、产品品牌、产品 IP、互动娱乐的增值价值。所以"新零售"时代的营销人员，要想做出业绩，礼仪很重要，是成交的必经关口，但也处处有风险，犹如险象环生的"虎门关"。很多时候，可能我们的产品价值打动了客户，然而一句不妥当的话、一个不雅的动作，都将贬低营销人员自身的价值，也将贬低产品的价值，使得交易最终竹篮打水——一场空。

商业礼仪涵盖的内容很多，主要有仪表礼仪、仪态礼仪、身体礼仪、交谈礼仪、餐饮礼仪、电话礼仪等。

> **营销法则五**
>
> 产品只影响客户成交的想法，
> 而礼仪影响客户成交的行为。

任务 1　仪表礼仪"TPO"三原则

仪表礼仪指的是一个人的仪表要与他的年龄、职业、职务、场合等因素吻合，体现出一种和谐的美感。

1.1　"TPO"三原则

仪表礼仪主要遵循国际通行的"TPO"三原则。

T（time）表示时间、时效，即要应时。应时不仅指仪表要考虑到时间、季节、节气、气候、温度等的变化，而且要注意文化主流、时尚元素、流行色调。

P（place）表示地点、场合，即要应地。应地指的是仪表要按照社交场合要求，规范着装，形象得体。不同场合，对着装有不同要求。比如到公司上班穿工装或者休闲装；拜访客户穿西装；参加商业活动穿时装等。

O（object）表示目标、对象，即要应己。应己指的是仪表要根据自己的社交目标、谈判任务以及对方的职业特点、工作岗位、部门职务等情况来选择服装、整理仪容。

以下从男、女职员角度对仪表礼仪的一些要点进行介绍。

1.2　男职员仪表礼仪要点

1.2.1　做好礼仪，从头开始

虽然营销人员可以根据自己的兴趣和爱好来做发型，但盲目追求个性就不妥。发型很重要，在某些场合还意味着一种价值观。有些营销人员喜欢频繁变换各种搞怪的发型，以引起他人注意，体现自己的价值，其实这样做会适得其反。一个营销人员的价值往往是通过素质、能力、业绩体现出来的，而不是发型。另外，从健康的角度来讲，最好不要经常染头发，因为染发剂中的一些芳香胺类化合物等成分有可能会引起过敏性反应。重要的是要经常保持头发的清爽整洁，要勤洗头、勤理发。

1.2.2　经常刮胡须

千万别总是留着乱七八糟的胡须，给人以邋遢的感觉，这无形中就把自己与客户的心理距离拉开了。有些营销人员总是觉得自己很忙，没空刮胡须。但客户不会觉得你忙，只会觉得你懒。再说了，不刮胡须，不修边幅，很可能招致客户反感，这样他怎么还有兴趣进一步了解产品呢？

1.2.3　保持指甲整洁

保持指甲的整洁很关键，而这也是许多男生容易忽视的。指甲的整洁首先要求整齐，不要长的长、短的短。其次要求清洁，如果指甲藏污纳垢，在与客户握手、递出名片等场景下就比较尴尬了。哪怕名片上挂着再高的头衔，身上穿着再挺的西装，指甲不整洁，身价和形象也会大打折扣。如果指甲不整洁，还会变成细菌的避难所，对身体健康也不利。尤其是近年来疫情频发，更要经常修剪、清洁指甲，保持指甲的整洁。

1.2.4 注重着装

在重要的谈判场合营销人员最好是穿西装，里面是白色或浅色衬衣，下身是无任何污染的深色西裤。领带要紧贴领口，固于领口正中位置，体现佩戴者的美观大方、典雅庄重，否则领带的价值就荡然无存了。衣服不追求品牌，但要追求品位，要保持整洁清爽、贴身得体。如果觉得穿西装很痛苦，也可以穿休闲服，但不要穿奇装异服。鞋子要经常擦拭，可以不亮丽，但要光鲜，要保持清洁、无灰尘。

1.3 女职员仪表礼仪要点

1.3.1 发型庄重

长发可盘起或用发卡梳理好，给人一种庄重的感觉。切忌发型奇特，染白色或者黄色会让人感觉不太好。尽管在生活中，每个人都有权利追求自己的仪表自由，但自由是有限度的，也会受到文化的约束。过于标新立异，张扬个性，可能会让你的客户反感，从而失去合作机会，这样反而会让你变得不自由。

1.3.2 忌浓妆艳抹

最好是化精致的淡妆，眼影眼线以不易察觉为主。有些女生为了让自己变得更美，浓妆艳抹，涂上厚厚的香粉、面霜、化妆油，这样会让自己的肌肤感受不到阳光和空气，堵塞汗液和皮脂的出路，从而陷入窒息，也会让自己的客户感觉不适。所以，为了健康、为了业绩，还是以化淡妆为好。

1.3.3 穿大方得体的职业套装

最好是选择职业套装，给人一种统一、职业的感觉。如果穿裙子，不宜超过膝上三寸，太过于暴露的穿着在商务场合是不适合的。

1.3.4 指甲不宜过长

指甲不宜留太长，否则会让人觉得不够干练。要保持指甲整洁，涂指甲油最好是涂透明或自然色，颜色过于鲜亮会让人觉得不够庄重。

1.3.5　丝袜舒适体贴

丝袜和牛仔裤不同，有了破洞就不能再穿。丝袜要选择与皮肤高度契合、颜色通透的，浑浊不清的丝袜会使自己良好形象尽失。如果配裙装，应选择四骨以上的长袜或连裤袜，这样搭配更具整体感，更让人赏心悦目。

1.3.6　慎戴首饰

佩戴首饰，能使自己更加美丽动人，给人雍容华贵的感觉。但在商务场合，要慎戴首饰。最好不要佩戴很大的耳环外出谈业务，这会与庄重的商务氛围格格不入；也不要佩戴太多的首饰，让自己珠光宝气，这在商务场合会显得怪里怪气，最后与客户洽谈的结果可能就是垂头丧气。另外，最好不要佩戴太昂贵的首饰外出谈业务。尤其是晚上，这样会带来安全隐患，增加被不法分子伤害的风险。

训练

礼仪场景
分析

请根据所学礼仪知识，对自己最近几次拜访客户时的仪表礼仪进行分析，看看有哪些方面需要改进。

任务2　仪态礼仪的注意事项

仪态礼仪指的是身体呈现的各种姿态，包括举止动作、神态表情等。仪态礼仪显示的是一个人的精神状态、文化教养和信息表达，因此也被称作体态语。仪态礼仪包括以下几点注意事项。

2.1　正确握手

握手是一种非常重要的礼仪。握手时，应距对方约一步远，上身微前倾，头部略低下，面带微笑，两脚立正，注意和别人右手相握。当然，也可以双手和别人单手相握，这样是对领导或者长者的特别尊重。如果握手双方是主客关系，进门时一般是主人先握手表示欢迎，出门时则是客人先握手表示感谢或者道别。

握手有十大忌讳，具体如下。

第一，不能戴手套和别人握手（在严寒的室外，或者尊敬的女士戴着薄纱手套勉强可以例外）。

第二，不能戴帽子和墨镜，这是不尊重人的表现。因此，如果戴了帽子或者墨镜要与人握手，请先摘下帽子或墨镜，以示对他人的尊重。

第三，用右手和别人握手。

第四，不要抢握，也不要交叉相握。因为有些人认为十字架形握手不吉利。

第五，当别人主动伸手时，应热情地用手握上去，不能漫不经心、左顾右盼，更不能另一只手插在裤兜甚至拒绝和别人握手。

第六，和领导、长辈、女士或者德高望重的人见面，请不要主动握手，而应等别人伸出手后，再迎上前去握手。

第七，如果你是长辈、领导，对方先伸手了，最好不要傲慢地拒绝，而要热情地回握，以示尊重对方。

第八，不能用手指头晃一晃或者碰一碰对方，这种蜻蜓点水似的握手表明你瞧不起对方。

第九，与女士握手，轻轻握住手指部分即可，不要紧紧将对方的手抓住，这样会把女士吓坏的。

第十，握手时间不要太长（特别是与女士握手）。握手时间一般2～3秒，最多4秒，关系特别亲近的朋友之间，长久未见面时可以稍微握久一点。

2.2 利用手势表达

手势是一种非常重要的仪态，手势语则是一种非常有效的非语言符号，用来衬托、补充语言效果。利用手势表达时，一定要注意一些忌讳，做到合乎规范。尤其是面对外国人士，要充分了解当地的手势文化背景，因为同一个手势在不同国家有不同的寓意。手势使用好了，可以帮助表达，强化沟通效果。手势使用不好，就会引起误解甚至惹起是非。以下是四个常用的手势细节。

第一，"指引方向"。把手臂自然伸直，手指并拢，手掌向上，以肘关节为轴，指向目标方向。

第二，"诸位请"。当来宾较多时，表示"请众人"的动作幅度可以大一些，双臂横摆从身体两侧向前上方抬起，指向前方一侧的手臂应抬高伸直。

第三，"介绍他人"。为他人做介绍时，应面带微笑，手势动作文雅得体，手心朝上，手背朝下，四指并拢，拇指张开，手掌抬至与肩同高，指向被介绍的一方。

第四，"挥手"。两个人远远相见时挥手打招呼，或者在分手时挥手告别，一般是手举过头顶，轻轻摆动。

2.3 其他仪态礼仪

保持微笑。微笑是一种国际礼仪，也是一种非常重要和立竿见影的商务礼仪。要养成微笑的好习惯，而且微笑一定要发自内心、自然大方、真实亲切。真诚的微笑能感染客户，带给客户好的心情，也带给自己成交的机会。

礼貌入座。一般是在主人请入座时，才可坐下。坐下的时候，一定要表示感谢。入座时至少要坐满椅子的2/3，后背轻靠椅背，谈话时则需身体稍向前倾。坐下后，不要跷二郎腿或者把双腿分开伸很长，坐下和起立都要保持一定平稳的速度。入座时，把凳子弄得咚咚响或者不小心弄倒都是不文雅的表现。

慎吃有刺激气味的食物。在商务场合最好不要吃有刺激气味的食物，比如辣椒、韭菜、生蒜等。吃了这些食物，呼出的是难闻的气味，有失礼仪。

不当众吸烟。不能在商务场合吸烟，包括电子烟。很多写字楼等公共场合都禁止抽烟，而且吸烟对身体健康有害。

避免打喷嚏和咳嗽。如果来了一波喷嚏或咳嗽，能忍则忍。比如，可以用喝水、清嗓子等方式把喷嚏或咳嗽扼杀于摇篮之中。实在忍无可忍，应该偏头以手帕或者纸巾遮掩。当然去卫生间也是一个很好的选择，前提是你要能憋得住！

不做不雅动作。比如挖鼻孔、伸懒腰、打哈欠、摸头发、拍肩膀、剔牙齿、系腰带、提裤子、摸身体等不雅动作，不但有失礼仪，而且损害形象。因此，对于这些坏习惯要有意识地加以纠正。

2.4 李晓倩的哭泣

李晓倩在公司实习时，主要负责开发客户，通过打电话或者上网联系客户。很多人对此类营销方式十分反感，根本就不愿搭理她。有时候运气好，碰见一两个有意向的，愿意听她讲述产品的相关内容，甚至愿意接受拜访的客户，她就觉得该谢天谢地了。

有一次，她去拜访一个潜在客户王总。王总几天前询问了她关于商标印制的许多问题，她发挥得还不错，对方也还算满意。于是，客户通知她过几天带上几个商标样品去一趟。这让她兴奋不已，终于有客户愿意接受拜访了。去之前，她心里没底，张晓出差了，本想邀请秦主管一起去，但忽然想到秦主管近日对她有些冷，应该是嫌弃她没有业绩，有些不满吧。那还是算了，等拿到业绩再给他看，免得被人瞧不起。因此，她决定独自一人打车前往。

没想到途中高架很堵，开开停停，半小时的路程开了一小时。本来约定九点见面，结果下高架就已经九点了，之后又开了半个小时，九点半才到王总的公司。

经过询问前台，她找到了王总的办公室，只见门虚掩着。李晓倩往里探头看了下，敲了三下门就推开门进去了。王总抬头看了下李晓倩："请问你是？"李晓倩自报家门："王总，您好，我是××公司的李晓倩，前几天和您约好的。"李晓倩边说边坐到了王总对面。王总有些不高兴地说："不是约好了九点吗？"李晓倩解释道："王总，不好意思，我以为……"对方没等她说完，就抛过来一句："你以为？我还想说我以为呢！我先去开会了，请你到外面等等吧，散会后再说。"说完，王总就大步流星走出去了。

李晓倩只得灰溜溜地跟着走出办公室，在走廊边上等着。等了半小时，也不见王总出来，她感觉自己腿酸了，脚也麻了。又等了半小时，王总仍旧没出来，她感觉自己气都短了，人都快要晕。于是她下了个决定：三十六计，走为上计。她和前台打了个招呼，就这样脚板抹油跑了，当然交易机会也没了。

在实习过程中，李晓倩不断受挫，不仅客户拒绝她，就连老秦也总是批评她，说她坐在办公室不干正事，就会打游戏、玩自拍、发视频、刷抖音，工作不积极，总是浑水摸鱼，给团队带来不好的影响。没过多久，离实习试用期结束还有两周，她就被总监提前打发走了。这一次，她很难过，觉得大家都不理解她、都看不起她，做什么都不顺、做什么都碰壁，仿佛自己是一个好运绝缘体。想着想着，她失声痛哭起来……

训练
案例分析　请从客户角度出发，分析李晓倩在礼仪方面有哪些正确的地方，又有哪些不妥之处。

任务3　交谈礼仪

作为营销人员，几乎每天都在与人打交道、每天都要与人交谈。下面一些交谈礼仪，你知道吗？

3.1　称呼他人的方法

无论是线上还是线下，一般都称呼男性为先生、女性为女士。如果觉得称呼未婚女性为女士不妥，可以称呼"小姐"，但前面要加上姓氏，如"张小姐"。

另外，在有些社交场合，也可以称呼年轻一些的男性为帅哥、靓仔；女性有时称呼自己熟悉的、有好感的男孩为"欧巴"。至于年轻的女性，可以称呼为美女或靓妹。

当然，也可以根据职务来称呼，比如刘主任、王总监等。网友之间，可以直呼对方的自媒体昵称，比如微信昵称、微博昵称等。

值得注意的是，在第一次社交中，无论是线上还是线下，都要尽量记住别人的姓氏等信息；否则，下次交流时可能会因为你把刘经理叫成了张经理而让双方陷入尴尬中。同时对于新认识的朋友，要进行备注：姓名、公司、职务、自定义标签（比如是客户、合作伙伴还是供应商等）。

3.2　注意谈话环境

交谈时要注意谈话环境，包括场所、房间、布局、灯光、音响等，这些都会影响谈话的效果。如果是重要的商务谈判，最好选择有利于自己的环境，比如自己的公司、自己熟悉的咖啡厅等。熟悉的环境有利于形成强大的气场，气场强则有利于增强谈判的主动性、提升谈判的效果。

营销人员要根据不同的环境，选择不同的谈话方式和内容。比如和熟悉的客户单独交流，可以多开开玩笑、打打趣话。但是，如果客户带你到他的老板面前，就不要随意打趣了；否则，老板会觉得你不够稳重，从而对你产生不信任感。

3.3　站在对方角度思考

要根据对方当时的心情和想法来选择交谈的方式。比如你邀请了一个伙伴谈业务，他迟到了，你就要先表示关心，了解他遇到了什么情况，然后再谈合作的事情。千万不要很暴力地指责或者抱怨他没有时间观念。

在谈话时，多从对方利益角度出发，多询问别人的想法。不要总说"我认为"，而要多问"你认为"。尤其是在说服别人的时候，这一点更为重要。欲擒故纵，或许说的就是这样的道理。

3.4　注意谈话姿势

与人谈话时，应该自然注视对方眉骨与鼻梁三角区。注意不能直接对视，也不能紧盯着别人的某个部位。尤其是与异性谈话时，这样会让人感觉不自在。另外，注视别人时也不能眼神飘忽、左顾右盼、心不在焉，这会让人感觉你不重视他。谈话时身体要保持端正，不要左摇右晃，更不要抖脚，否则会给人一种不礼貌、不稳重的感觉。同时，要多倾听、少说话。倾听的时候，要适当地点头、点赞，甚至要求重复，以表示你在认真倾听。

3.5　好好组织语言

交谈时，不要信口开河，或者滥用、错用词语，而要根据交谈的目的、交谈的对象好好组织自己的语言。

编者的一个学生曾经通过微信联系一个客户，对他说："双休的时候，我和我的营销老师去拜访您。"对方回复说："没事，我可以去拜访你的老师。"学生又回复："那不用了。"于是，对方立刻不回复了。后来，这个学生再怎么联系他，想去拜访他，他都以"很忙"为理由推脱。这个关系链条就断掉了，问题就出在那句回复"那不用了"。尽管他的本意是好的，不好意思让客户跑一趟。但听起来就是直接的拒绝，给人的感觉非常不友好。其实当时应该这么回复："×总，您太客气了。我们不好意思让您跑一趟。我和老师商量好了，在您有空的时候去拜访您，希望不要打扰到您的工作。"如果这样回复，至少关系是可以维系的，不至于弄得如此僵。一般而言，客户答应有空时再来拜访自己，有时是一句客套话，不要太信以为真。除非你很优秀或者你的公司、产品很优秀，否则还是要扔掉"客户拜访你"的窃喜，挑个合适时间拜访客户才比较现实。

在交谈时，不要轻易打断别人的讲话，那样会让人感觉你不尊重他。如果你觉得真的很有必要插话，请等待别人讲完一个意思，或者有了停顿后，再询问是否可以插话。你可以礼貌地说："不好意思，对于您刚才讲的，我想问一下。"另外，提出意见时应委婉，比如可以说："我觉得您说得很好，但是如果这样做的话会不会更好呢？"

训练
判断对错

请分析以下营销员的礼仪是否正确。

1.方晓明在打电话时说"老板你好"。　　　　　　（　　）

2. 营销员小蒋第一次遇到某公司采购主管刘艳艳，称呼其为艳艳。　　　　　　　　　　　　　　　　　　　（　　）

3. 丁磊邀请客户到其办公室洽谈业务。　　　　　（　　）

4. 史剑明与客户交流时，两眼一直注视着对方的眼睛。
　　　　　　　　　　　　　　　　　　　　　　　（　　）

5. 郭可可在与客户谈判时，一直认真倾听客户讲话，没有插嘴。　　　　　　　　　　　　　　　　　　　（　　）

任务 4　　餐饮礼仪

为了与客户加强互动、增进友谊或者洽谈业务，你邀请客户吃饭时，应该注意以下要点。

4.1　餐前准备

4.1.1　提前邀请、准备

提前几天发出邀请，以示尊重。待客户同意后，再根据对方的饮食习惯确定饭店。切记不要当天或者饭前一两小时才邀请别人吃饭，那样会让别人觉得你缺乏诚意。

最好不要带家人参加商务饭局，除非你同时邀请了客户的家人，并且他们已答应携带前往；否则，客户会感觉是来看你们秀恩爱的。另外，也不要随意邀请一些不相干的朋友来客串饭局，那样会把商务餐宴变成朋友聚餐，让客户感到非常尴尬和局促不安，你的商务目标自然也就难以实现。

4.1.2　入座次序

入座时，首先是客户、长者、领导、女性，然后是其他人。当然，有时也会把领导放在长者的前面，这个要因人、因时、因境而异，并非千篇一律。给客户安排位置，最好背靠墙壁，如果是后面靠门，会感觉对客户不重视。

4.1.3　业务话题

如果你打算在餐桌上谈业务，最好是入座后就开始，在饭菜全部上齐之前结束。因为大家吃饭时会不停地喝酒干杯、天南地北地闲扯，你很难切入正题。正如西方的一句话，"没有谁会在嘴里塞满食物的情况下做决定"。就算你抛出正式话题，也会立刻被说话声、喝酒声挡回去。

4.2　点菜

4.2.1　客户先点

点菜时要考虑对方的国别、民族、餐饮文化、有无忌口、饮食偏好等，尽量让客户点。当客户表示客气而不点时，可以根据众人偏好、忌口点菜。千万不要只点自己最爱吃的菜，那样会得罪整桌人。

4.2.2　请上菜

请服务员上菜的时候，不要大呼小叫、刁难指责，要非常有涵养、有礼貌，上菜后要表示感谢。你越有涵养，越能得到客户的赞赏。但千万不要演戏，表面一套、里面一套，否则让别人看穿可就尴尬了。事实上，你请客户来吃饭，客户也把你当作一道菜，如果你人品不够好，也就成不了客户的菜。要想谈合作，他们往往会说："不好意思，回去考虑考虑。"你认为他们回去真的会考虑吗？

4.3　就餐

4.3.1　请客户先享用

当有新菜上来时，请客户和长者、领导、其他客人先用，以示尊敬和友好。但是不要热情过度，抢着为他人夹菜、盛汤，那样会让别人很尴尬。在饭桌上，作为主人，不热情不好，会让客户感觉遭受冷遇；热情过火也不好，会让客户坐立不安。因此，要学会把握饭桌上这个度。

4.3.2　文明就餐

夹菜时，一定要注意礼节，举止得体，不要"满世界寻找最好的那一块"，否则将有失礼仪。

另外，尽量不要选择鸡爪、骨头等吃起来难度较高的食物，吃这样的食物需要眼疾手快、五指使劲，双筷不打滑、在食物空中旋转180度。若这些食物是你的最爱，一定要谨慎下手。如果食物不是很烂，拿得起、吃不进、放不下，你就很尴尬了。就算你真的忍不住抢先下手了，一旦难以下咽，也不要当众吐出。正确的做法是：把头侧向一边，趁别人不注意的时候，吐入餐巾纸内，然后丢进垃圾桶。

就餐的时候不要吧唧嘴，更不要剔牙齿、吐痰等，这样会弄得别人没胃口。

如果端上来很烫的汤、菜，眼神确认过的确是你的最爱，也不要迫不及待地盛到跟前用嘴吹凉。心急吃不了热豆腐，还是等待汤、菜自然冷却后再享用吧，以免洋相百出。

4.3.3　严禁劝酒

编者有个朋友，是某公司营销总监，每次去和客户谈判都要喝酒，客户总是说"要谈生意，就必须喝酒"，还说"感情深，一口闷；感情浅，舔一舔"。因此，他经常喝得酩酊大醉而归。他无奈地说："没办法，他们那些地方有这样的酒文化，喝的酒越多，拿到的订单越多。否则，想拿订单连门儿都没有。"家人多次劝他他不听，最后一次喝得太厉害了，被送进医院，后经抢救才保住性命。

因此，一定要把身体健康放在第一位，喝酒时让大家随意，千万不要拼命劝酒，否则很可能就把商务宴变成鸿门宴了。现在由劝酒导致出事的案例不少，当事人是要负法律责任的。而且从交通安全角度出发，也不应该对他人劝酒。不劝酒，已经不仅仅是一种商务礼仪，更是一种责任和素质。

4.3.4　如何碰杯

切记嘴里有食物时不要碰杯，因为吞进去的食物容易噎着自己，溅出来的碎食会让人觉得不雅。碰杯的时候，目光要注视对方，让对方看出你的诚意。另外，自己的杯子尽量低于别人的杯子，以表谦虚。尤其是与领导、长辈、德高望重的人碰杯时，更要注意这些细节。

4.4　及时结束餐宴

当看到众人都吃喝得差不多的时候，要提议离席。因为大家都很忙，有些人碍于面子，吃完后不好意思立刻撤退。所以，你要仔细观察，体贴入微，适时结束宴席。结束时，要感谢别人参加，并一一道别。对于远道而来的，要叮嘱注意交通安全。

请吃饭既是礼仪，又是艺术，值得好好琢磨、体会。

训练
情景分析

你去客户公司洽谈业务，然后与客户一起吃饭。席间，客户频频对你劝酒，你多次说明自己不太会喝酒。但是客户仍然坚持说："酒都不会喝，怎么谈生意？"请问，你将如何应对？

任务 5　电销礼仪

当前，打电话的方式包括手机电话、QQ 电话以及微信电话等。但建议非近关系不要使用视频电话，否则会让人受"宠"若惊。以下礼仪适用于以上任何一种电话方式。

5.1　打电话前的准备

5.1.1　了解基本信息

打电话前，必须了解对方的基本信息，包括对方全名、工作性质、公司信息、担任职务等。因为没有人会接一个连自己基本信息都不了解的人的电话，通常这样的电话也会被标注为骚扰电话。

5.1.2　预先沟通目的

打电话前，要先沟通去电目的。最好是预先通过手机、QQ、微信发个信息和对方交流，表明自己打电话的目的，并询问对方什么时候有空。这表示对对方的尊重，也可以让对方有所准备，更加重视这个电话，从而提高打电话的效率。

5.1.3　预先设计内容

打电话前，要预先设计好讲话内容，有些要点甚至可以写下来。最忌讳的就是想到哪讲到哪，自己都不知道自己在讲什么。有的人往往是讲完挂了电话，才发现还有一件重要的事没讲。这个时候只得傻傻地再拨一个电话过去，让客户烦心。

5.1.4　选择合适的时间

打电话的时间选择也很重要。最好不要选择在早上、中午打电话。一大早打电话一般是遇到紧急情况，否则很少有人在这个时间会去打别人电话。中午打电话也不合适，很多人有午休的习惯，这个时候打去电话会打扰别人休息。

5.2　注意仪表礼仪

打电话也要注意仪表礼仪。有个业务员，一天半夜接到一个客户的电话。他立刻爬起来，穿上衣服打上领带才接通了电话。这一行为立刻遭到妻子的讽刺："你不是犯神经吧，接个电话穿衣服也就罢了，怎么还打领带，多此一举。"这个业务员说："不对，尽管我们是通电话，客户看不到我的举止，但我对客户的态度怎么样，他一定是可以感觉到的。"编者认为，从心理学角度来说，心理会影响行为，行为反过来也会影响心理。因此，打电话时要呈站势，毕恭毕敬，以示尊重；切忌躺在椅子里，架着脚，品着茶，这样打电话的声音听起来一定是傲慢和无礼的。

打电话时，还必须使用礼貌用语。俗话说，"礼多人不怪"。包括称呼语、开头语、介绍语、结束语等，都要非常礼貌。多说"您好""请""谢谢"等词，会给你的素质加分。

还要注意把事情要点讲明即可，不要一开口就启动煲电话粥模式，没完没了。"说自己的话，让别人听去吧"是不行的，要改成"多听客户说话，让自己少说吧"。

通话结束时，要等对方先挂电话，在细节中体现出你的礼仪和素质。

张晓经过礼仪培训后，感觉自己在这方面有了很大的提升。以前的确有很多礼仪细节存在问题，现在终于有机会纠正了。于是，她做出如下总结。

（1）交谈礼仪

① 交谈中，有时候会因为想一个问题，而对对方的话置若罔闻，让对方感觉不被尊重。以后在交谈时，要认真听别人讲话，不能走神。

② 交谈中，往往会遗漏或者忘记重要的信息。以后要学习一些速记方法。

（2）餐饮礼仪

① 有时候，尤其是饿了的时候，吃饭比较急，实在不雅观。以后哪怕再饿，也要细嚼慢咽，不要狼吞虎咽，这样对胃也有好处。

② 以前跟别人碰杯的时候，总是把自己的杯子举得很高。以后碰杯时，自己的杯子要比别人的杯子矮一些，以示尊重。

③ 以前吃饭有用筷子把菜拨来拨去的习惯，专挑自己最中意的那块。以后要纠正这个行为。

（3）电话礼仪

① 有时候不注意拨打电话的时间，从而打扰到别人。以后要根据客户的生活习惯，选择合适的时间来拨打电话。

② 以前不注意通话时长，有时候讲得兴起便口若悬河。而对方有可能很忙，碍于面子又不好直说，从而耽搁别人的时间。以后要提高讲话效率，尽量在短时间内讲完。

请对以上张晓做出的仪表礼仪总结进行分析，并指出她应该如何改进自己的仪表礼仪。

电话销售
设计

请根据你的产品，设计一个电话销售的开场白，注意要在电话销售的前 30 秒给别人留下一个好的印象。

 ———————— 单元测试

一、问答题（本题共 50 分）

如果客户答应你去拜访他，那么从准备拜访到拜访结束需要注意哪些礼仪细节呢？

二、你能读懂王姐的三次眼神吗？（每小题 25 分，共 50 分）

在李晓倩被辞退后，经过大学顶岗实习指导老师的批评，她也逐渐认识到自己的不足。在专业负责人的安排下，她进了东莞另一个校企合作企业，在一家做传感器的公司做销售员。这家公司和张晓所在的公司恰好在同一个镇，这给了李晓倩一些安慰。

上班第一天，老板就让她跟着公司的销售一姐王姐——她的业务主管一起去接待新客户。当她踏进办公室时，不由得愣住了，营销部的同事们一律穿着白衬衫、黑西裤之类的正装，而她穿的是自己最喜欢的碎花长裙子，显得有些不一样。王姐看见她，眼神扬起来，皱了皱眉说："小李，在有客户来参观公司的时候，穿正装是最基本的礼仪，下次一定要注意。"李晓倩感到有些委屈，今天还精心打扮一番，却没想到公司有统一着装的规定，上班第一天就挨批了。

等了差不多一个小时，客户终于来了。王姐立马挂上最完美的笑容出门迎接，与客户们一一握手。而李晓倩还沉浸在刚刚被王姐的责备中，面无表情地跟随着王姐，只是向客户们点了点头。在客户们参观完公司及样品室后，王姐将他们带到招待室就座。李晓倩也逐渐缓过神来，小声地问王姐："王姐，请问茶叶在哪里？我去泡茶怎么样？"这时候王姐的眼神突然柔和起来，她说："好的，你到书柜上去拿龙井茶。"然后立马转头笑着对客户说："听说王总最爱品西湖龙井了，我们这里刚好有上好的西湖龙井茶，可以给您品尝品尝。"李晓倩泡完茶后，就规规矩矩坐在王姐旁边。王姐和客户们谈天说地，相当投机。

她迷茫地听着他们讲话，有的话听似很简单，有的话貌似很复杂，感觉话中有话，但又不知道话里隐藏了什么。她很想插嘴问几句，但是感觉不妥，于是又咽回去了。

就这样坐了十几分钟，其间李晓倩主动给客户续过一次茶水，后来王姐也会自己给客户烧茶、续茶。在王姐与客户的交谈中，她有些无聊，感觉自己好像可有可无。于是，她以有事情为由偷偷溜回了自己的办公室。王姐送走客户后，发现李晓倩已经稳稳地坐在办公室，她的眼神变阴了，这让李晓倩有些担心。

试分析：

1. 作为一个营销员，李晓倩在礼仪方面做得如何？有哪些不对？有哪些进步？

2. 你能读懂王姐三次眼神的变化吗？这反映了她对李晓倩的行为有何不同的想法？

项目四
CPP 的完美组合

　　岗前培训结束后，张晓很快就进入了业务启动模式。而准备，是开展业务工作的前提。要奔向市场，开发客户，就要在前期做很多准备工作。"不打无准备之仗"说明了准备是多么重要。那么开展业务前需要做哪些准备呢？张晓有些忐忑……

　　培训（学习）目标

1. 了解你的公司。
2. 学会写"产品调查报告"。
3. 产品 SWOT 分析。
4. 打造你的人设。

　　CPP 指的是公司（company）、产品（product）与人设（personified）的组合。如果说三流的营销人员卖产品，二流的营销人员卖人设，那么一流的营销人员就是卖 CPP。一般而言，现在的客户不仅仅是买产品，也不仅仅是买人设，更是买 CPP，即公司、产品与人设的组合。

任务 1 公司（company）是产品的名片

公司的愿景体现了产品的格局，公司的文化体现了产品的生命，公司的战略体现了产品的发展，公司的品牌体现了产品的影响，公司的技术体现了产品的核心。人们一般会认为，公司不错，产品也就不错。比如华为公司拥有手机研发顶尖技术，所以华为手机产品在市场上很受青睐；格力电器多年来在同行业中具有领先地位，所以就有"好空调，格力造"。

再优秀的营销人员，离开了公司，也将什么都不是。不熟悉公司情况的营销人员，不仅是对公司的轻视，更是对客户的漠视，这样很难取得营销成就。既然你义无反顾地选择了一家公司开始自己的业务生涯，那就要以"老板"的心态，好好地了解你的公司。

1.1 了解你的公司

营销人员成就的大小，不仅取决于自己的营销天赋，更取决于自己所在公司这个平台的口碑。营销人员有营销天赋而没有高口碑的平台，犹如英雄无用武之地；有营销天赋又有高口碑的平台，那就如虎添翼、所向披靡了。那么营销人员应该了解公司的哪些方面呢？

① 了解行业发展。了解公司产品或服务所在的行业处于什么发展阶段，是成长期、成熟期、衰退期还是淘汰期；公司的主要竞争者是谁，他们的营销情况如何。了解信息的渠道包括：百度、谷歌等搜索引擎；电商平台的数据分析；各大新闻媒体的报道；行业协会的新闻杂志等。

② 了解国家政策。了解国家对该行业支持或者限制的倾向或者动态。一个行业，如果没有国家的支持，将很难快速发展，也难以形成大市场。企业只有把握并顺应国家政策，才能找到前进的方向，才能集合生产要素，实现最终目标。了解政策的渠道有很多，如从国家两会报告及分析、央视新闻、人民日报、国务院等官方网站均可捕捉到相关行业政策信息。

③ 了解公司目标。公司目标包括短期发展目标、中期发展目标、长期发展目标，这些都是营销人员需要了解的。公司目标决定了部门目标，部门目标决定了个人目标。应该说没有目标的公司一定走不远。

④ 了解公司战略。了解公司为了实现目标实施了什么战略，战略的制定有无数据支撑；为了实施战略整合了哪些资源要素，战略是否实现执行落地。

⑤ 了解核心技术。了解公司是否有自己的核心技术，核心技术在行业中占据什么样的地位，竞争力又如何。

⑥ 了解公司品牌。了解公司打造了哪些品牌，品牌的核心价值是什么，品牌有什么诉求，品牌是如何宣传的，品牌在客户心中的地位如何。

1.2　公司信息小测试

你了解你的公司吗？测试一下吧，看看以下这些公司信息你是否都知道。

（1）公司发展。包括行业发展、政策支持、公司目标、公司战略。

（2）公司组织。包括管理模式、部门设置、岗位设置、岗位职责。

（3）业务模式。包括业务范围、业务种类、业务制度、业务流程。

（4）公司概况。包括公司文化、公司制度、公司规模、公司品牌。

以上公司信息都非常重要，尤其是公司发展，与营销人员的个人发展密切相关。公司发展的平台有多大，你的舞台就有多大！

训练

思考

你对公司的发展了解有多少？请写下来。

任务 2　与其说是营销人员，不如说是产品（product）专家

了解了公司后，接下来就要了解公司的产品了。

公司是产品的名片，赋能产品的价值。而产品是公司的内核，体现公司的价值。所以，营销人员在开展销售前了解产品很重要。

我们发现，很多营销人员出去谈业务，名片上往往印着"业务员"或"营销员"字样，这令客户不屑一顾。因为客户不需要业务员，需要的是产品顾问或者专家。业务员是来推销产品的，而产品顾问、专家是来提供产品服务的。要成为产品顾问、专家，就要先了解产品。

2.1　被遗忘的考查

张晓在了解公司后，有一次问主管老秦："秦主管，请问后面我应该如何做业务呢？"秦主管迟疑了下，不置可否地对她说了一句："你自己看着办，先好好干，三天后我会对你进行考查的。"张晓追问了一句："考查什么呢？"秦主管语重心长地回答道："你应该懂得。"

听到如此"完美"的答复，张晓倍感紧张，不知所措。她终于发现，社会和学校是两个世界。在学校，老师对于学生的问题总是耐心、悉心地解答，之后还会问："你懂了吗？"没想到步入社会进入公司，领导不但不教你，还会让你"看着办"。她又该如何办呢？

后来，她一直在想："公司信息了解了，下一步应该是了解产品吧？主管是希望好去了解产品，然后据此了解我的工作态度吧？"顿时，她为自己的悟性而沾沾自喜。

于是，张晓三天两头地泡在仓库、样品房、车间。去仓库，是了解产品的材质；去样品房，是了解产品的制作过程；去车间，是了解产品具体的生产工艺和流程。当然顺便也能和这些部门的员工、主管认识，建立自己的人脉关系。没想到，起初建立的人脉关系对张晓以后的业务开展起到了很重要的作用。

另外，用心的张晓也会把一些产品材质及样品、成品借到办公室，让主管看到自己在做什么，对自己放心。三天后，她对产品就比较熟悉了，满怀期待地等着老秦来考查，以为可以得到他的赞赏。没想到，一向说话算话的秦主管却好像忘记了自己说的话，根本没去考查她。

> **训练 思考**
> 1. 你认为了解产品很重要吗？为什么呢？
> 2. 老秦到底想考查张晓什么？后来为什么又不考查呢？是忘记了吗？

2.2　如何写"产品调查报告"

张晓部门的营销副总姓李，大家都叫她李姐。李姐学的是文秘专业，在本公司先后担任营销部总监助理、副总监。李姐在人事部安排的新员工素质培训结束后，还安排专人对营销部新员工进行了产品知识培训，以便新员工了解并熟悉公司的产品。李姐深知作为一个合格的营销人员，不但要熟悉自己公司的产品，而且要熟悉竞争对手及竞品。但是，要让这群营销新兵熟悉产品，光靠死记硬背是不行的。这么多年的职场经验让她明白，最快、最准确地熟悉产品的方法就是制作一份关于产品的调查报告。因此，李姐要求新营销人员每人在一周内完成一份令她满意的产品调查报告。

张晓明白上司的良苦用心，在制作产品调查报告时格外认真，她并没有急着动手去写报告，而是对前辈的经验进行了思考和分析，并整理成以下五个写作要点。

2.2.1　报告目的

在制作这份报告时要明确目的，如果是销售新产品，那么需要做的就是写一份关于市场需求的调研报告；而如果是销售老产品，那么需要做的就是写一份营销分析报告。由于公司销售的是成熟期的产品，因此肯定要写一份营销分析报告。

2.2.2　和谁竞争

通过对公司产品的了解和市场的分析推断出竞争者可能具备的属性，并通过消费者的眼睛寻找到潜在的对手。目的是让营销人员熟悉自己的竞争环境，了解公司产品在竞争环境中的地位。

2.2.3　竞品分析

竞品分析包括对竞品功能、性能、款式、包装和售后等进行整理、归类和总结。尤其是要了解竞品的 STP 战略，即细分市场、目标市场、市场定位。另外，还要了解产品系列及产品卖点等。

2.2.4　竞争对手的客户分析

运用大数据分析工具，了解竞争对手电商平台上的客户信息，包括购买的产品、款式、类型、时间、区域、频率、客户体验及评价等，并分析他们的购买动机、偏好及影响购买的因素等信息。

2.2.5　竞品销售渠道

了解竞品的销售渠道，包括线上店铺及线下实体店的运营、招商加盟、代理经销模式等。还要分析竞品的销售渠道及其特点。

请评价以上五个写作要点。如果由你来写这份报告，你将如何调查市场、收集素材、完成报告？另外，你觉得对以上内容还可进行哪些补充？

营销法则六

竞争者就是自己的影子，

必须时刻发现他的存在！

如果发现不了，

说明市场的黑夜将来临！

2.3 产品 SWOT 分析

SWOT 是一款万能分析工具，在商业领域中可以分析公司环境、产品甚至客户。SWOT 是四个英文单词的首字母，strengths 表示优势，weaknesses 表示劣势，opportunities 表示机会，threats 表示威胁。那么如何用 SWOT 工具来分析产品呢？这里以国内某品牌扫地机为例。

①S：国内扫地机知名品牌，具有品牌效应；产品功能强大，扫、吸、拖一体，智能识别灰尘，有虚拟墙、APP 操作控制等功能；性价比高。

②W：国内人工智能技术有待提高，以更好地提升客户体验。

③O：人工智能行业发展势头迅猛；清洁需求较大；生活水平的提高，促进了人们对更高生活品质的追求。

④T：同类产品的竞争、家政行业的竞争、跨界行业的竞争。

训练
产品 SWOT 分析

请搜索以下产品相关资料，并进行 SWOT 分析。

1. 小米魔方智能插座。

2. 香飘飘奶茶。

3. 农夫山泉矿泉水。

4. 加多宝饮料。

5. 华为 mate 30 手机。

2.4 "差别"对话

以下是两段对话，请分析哪一段对话中的营销员比较熟悉产品、哪一段对话中的营销员不熟悉产品。

对话一

客户：您好，请问这款人工智能学习机器人是怎么充电的？

营销员：您好。这款机器人内设 USB 接口，可以用我们提供的数据线进行充电。

客户：充满一次需要多久？

营销员：请稍等，我去问下我们的负责人。（去问负责人，3 分钟后回来了）

营销员：充满一次需要 2 个小时。

客户：充满一次电又可以用多久？

营销员：请稍等，我去问下我们的负责人。

结果：

负责人（很火）：怎么回事？问个没完，你不会一次性问清楚吗？来公司这么久了，还不熟悉产品。（心想：这么不敬业，想必以后的业绩肯定会很差）

客户（很冷）：算了吧，我再看看。（心想：营销员这么不专业，想必产品也不怎么样）

对话二

客户：您好，请问这款型号的人工智能学习机器人是怎么充电的？

营销员：您好。这款机器人内设 USB 接口，可以用我们提供的数据线进行充电。充满一次需要 2 个小时，可以续航 30 个小时。

客户：充电的时候灯会亮吗？充满后灯会熄灭吗？

营销员：充电时灯会一直闪烁，充满则不再闪烁而一直亮着。

客户：嗯（满意），这款产品有什么功能？

营销员：这款产品不仅可以同步小学、中学教材，还能丰富知识、陶冶情操。内容包括：十万个为什么、历史、地理、音乐、美术等，十分适合送给孩子。另外，还有很多附加功能，比如电台广播、视频监控、语音通话等。

客户：请问该产品有质量认证吗？

营销员：有的。不仅如此，我们还是品牌合作方。（展示品牌方授权书）

客户：（满意）嗯，不错。你们的产品特色是什么？

营销员：我们的产品特色是让孩子找到学习的乐趣。简单来说，就是寓教于乐。

客户：和同行产品比较，你们的产品有什么优势呢？

营销员：我们的产品更加人性化，比如家长可以视频监护，防止孩子沉迷玩乐。

客户：好的，有几种颜色呢？

营销员：目前有黄色、白色、粉色这3种颜色。请问您喜欢哪种颜色？（临门一脚的技巧）

客户：好的，请拿黄色的看下。

营销员：好的，没问题。您可以体验下。

训练	1. 以上两段对话，两位营销员的营销技能有什么区别？
对话分析	2. 你认为客户一般还会询问产品的哪些方面？

2.5 客户为什么拒绝

李年是一家企业的采购总监，最近想大批购入传感器。他看完一个供应商的网站，对其产品进行详细了解后，产生了购买意向，于是通过网站备注的联系方式打通了公司电话，恰巧被营销人员李晓倩接到。李年询问是否能来看看产品，李晓倩很热情地表示可以，并邀请李年第二天过来。

第二天，李年按时到达李晓倩所在的公司，感觉公司规模比较大。一阵寒暄过后，李晓倩带他去看一些传感器样品。这次，她非常有礼貌，把李年带到了样品室，热情地介绍各种产品的型号和功能。李年觉得样品看起来都不错，但他还是有心想考验一下她的水平，毕竟一个营销人员的专业水平能在一定程度上反映公司的实力和产品的品质。于是他随手拿起一件样品问李晓倩："如果这个装在汽车上坏了会有什么后果？"李晓倩似乎没想到客户会突然这样一问，当场愣住了，支支吾吾回答不出来。李年又拿起另一件样品问："这一件的制作材料原产地是哪里呢？"她还是回答不上来。李年在心底叹了口气，虽然这家公司样品看起来倒是可以，但实际上营销人员对产品本身不够了解，这么不专业，怎么敢相信这家公司做大货的品质呢？怎么敢冒险在他们这里下订单呢？没法去跟一个一知半解的营销人员进行交易呀！想到这里，他直接离开了该公司。后来李晓倩再怎么热情地发出邀请，都一一被拒绝了。

1. 你觉得李年的做法对吗？一个营销人员是否熟悉产品有那么重要吗？

2. 对客户来讲，哪些因素会影响到其购买决定？请阐述你的观点。

3. 李晓倩作为营销人员，还有哪些方面有待改善？

4. 作为李晓倩的业务经理，你觉得应该如何加强对她的培养和管理呢？

以下是一个小测试，看看你是否熟悉自己公司的产品。如果不熟悉，一定要加油哦。

1. 产品主要面向哪些客户群体？

2. 产品的核心价值是什么？

3. 产品的原材料及工艺流程有哪些？

4. 产品的款式、性能、价格、颜色、包装是怎样的？

5. 产品的主要应用场景有哪些？

6. 客户对产品的反馈如何？

7. 产品的优点和缺点分别是什么？

8. 产品的迭代和发展方向是怎样的？

如果以上问题都能回答正确，说明你对产品是认真的，在以后的业务中，你会做出不错的业绩。但是如果你的正确答案少于六个，说明你对产品是敷衍的，在以后的业务中，你很可能会事倍功半，效率很低。效率低就导致业绩差，业绩差就意味着收入低。因此，你一定要好好地阅读你的产品，熟悉你的产品，甚至爱上你的产品。

任务 3　人设（personified）让产品更具价值

在熟悉产品的过程中，张晓对产品定位有了更深刻的了解。老秦告诉她，产品需要定位，其实营销人员也需要自我定位，这就是人设。当时，张晓听得有些模模糊糊、晕晕乎乎的。在后来的学习和实践中，张晓真正理解了……

3.1　了解人设

在营销界有这么一个说法：销售产品前，要先销售自己。作为一个营销员，要想销售更多的产品，除了需要重视产品的质量、品牌、服务等因素外，还有一个大家都很容易忽视的因素，那就是营销员自己，即营销员的人设。

什么是营销员的人设？就是营销员呈现的心态、素质、能力、礼仪、形象、个性特点、待人处事方式等在客户心中的印象。人设也是营销员的一个标签，区别于其他营销员的特征。因此，一个营销员要想在客户心中留下一个很好的印象，还需要对自身进行一个正确的、巧妙的、独特的定位，以体现自己的价值和优势，体现自己和其他营销人员的差异，以便客户辨识、记忆，从而获取客户的好感和信任。

3.2　张晓试用期的"0"业绩

尽管张晓学习很努力，工作也很有干劲，但做销售有时候也靠一点运气，运气不好，现实会很残酷。在培训结束后，张晓为了开拓市场，每天起早摸黑，不停地通过网络寻找客户，通过电话联系客户，通过上门拜访沟通客户，但总是一无所获。她多么想用业绩来证明自己，结果就多么让她失望。两个月的试用期快结束了，她的业绩竟然还是"0"。

而一些和她同时进厂的营销员已找到了客户。这时候有些人开始投来怀疑的目光，也有些人甚至在背后说："培训考核第一名有什么用？还不是'0'业绩！"

后来，老秦也找她谈话。自尊心很强的张晓感受到极大的压力，仿佛背上压了一座山似的，压得她透不过气来。这种压迫感，在学校是从未有过的。

有好几个晚上，张晓都睡不着觉，一想到逐渐衰老的父母，还有身体不好的弟弟，眼泪就止不住地往下流……

这个穷困的家庭太需要张晓早点赚钱养家了。她已不记得自己有多少次暗暗发誓，一定要好好工作，多赚点钱，出人头地，让父母不再那么辛苦，让弟弟得到更好的治疗。但是，现实又是这么残酷，到现在还没有业绩。

她也知道，按照公司制度，如果在试用期的两个月没有业绩，是要被辞退的。这几天，东奔西跑、身心俱疲的张晓明显瘦了很多。一天上午，公司副总监李总叫张晓去她的办公室，张晓忐忑不安地去了。她们之间，开始了一场对话……

李总：阿晓，你来公司两个月了，对吗？

张晓：对的，李总。

李总：在这两个月，你没有任何销售业绩，对吗？

张晓：对的，李总。

李总：这两个月试用期，不但没有销售业绩，而且开支不少，对吗？

张晓：对的，李总。（这段时间，张晓出差的交通费、住宿费、打样费、寄样费、两个月的工资，加起来应该有1万多元。）

李总：按照公司制度，两个月试用期过了，没有销售业绩，是要被辞退的，对吗？

（这个时候，张晓后悔了：看来要被公司辞退了，为什么在公司辞退我之前不主动辞职呢？）

张晓：对的，李总。

李总：不过，我知道，你之所以没有订单，不完全是你的个人原因。因为公司产品的质量的确不是特别好，很多客户不满意，对吗？

张晓：不对，李总，是我不够努力。（其实她内心是这样想的：对的，李总。我叫了很多客户来打样，没有一个满意的，我有什么办法呢？）

李总：这样吧，我发现这段时间，你做事挺有方法的，也很敬业。公司愿意再给你一个月试用期，如果还不行，那就没办法了。

（张晓知道，李总说的"挺有方法"，指的是她会对联系的客户档案进行管理，按照客户的意向程度分成三类：第一类是非常有意向，要求打样的；第二类是很有意向，愿意面谈的；第三类是有一些意向，愿意看资料的。李总说的

"敬业"，指的是她每天起早摸黑地工作，对业务满怀激情吧）

张晓：谢谢李总。（内心有一些感动，不仅仅是因为公司愿意再给她一次机会，更是因为一个集团公司竟然会为一个新员工打破制度的先例。）

也许是天道酬勤，或者是天无绝人之路，在张晓心力交瘁的第三个月，以前拒绝下单的一个客户开始朝她抛来橄榄枝——下订单了。接到这个订单，张晓高兴得都跳起来了，她的手微微颤抖，满脸绯红，仿佛有一股清爽泪泪而来，从头流到脚。业绩终于破零了，终于有订单了。张晓挥舞着手里的订单，跳起来笑个不停。旁边的同事很诧异地看着张晓，感觉她不对劲，这不像是印象中成熟稳重的张晓呀。唉，可怜的孩子！

张晓之后在培训新员工时多次提到这个案例，并让他们回答客户为什么后来又愿意下订单了。总有人会猜测，可能老板是个好人，大发慈悲。但在商场中，讲究的是价值对等与交换，否则客户一般是不会大发善心去下订单的。

其实，张晓刚开始接到客户的订单时，也有点不相信，仿佛天上掉了个馅饼。后来客户告诉了她秘密。他们觉得张晓是一个很有时间观念的人，不管是送样品还是谈业务都会提前五分钟左右到达，再加上张晓的人品素质、专业能力等方面都不错，给他们留下了很好的印象。和一些拖拖拉拉、素质不高的营销员相比，他们觉得和她合作不会误事，心里放心。所以，当他们的客户对产品质量要求不高、对价格要求便宜时，张晓这边无疑是一个很好的选择。

这时张晓终于明白了，他们给她打上了一个"守时的、有素质的营销员"的标签，这成了她当时在客户心中的人设。尽管张晓所在公司的产品品质并不算特别出众，但因为营销人员的某个品质给客户留下了很好的印象，弥补了产品的不足，增加了产品的附加价值，从而促使客户愿意成交。

所以，每个营销人员都要具备一些突出的优势或特点，给客户留下深刻的印象，以便在销售产品的时候，给自己的产品增加附加价值，提高成交的概率。这就要求营销人员好好打造自己的人设。

3.3　营销人员如何打造人设

人设包括个人心态、素质能力、个性气质、个人优势等。其中个人优势是硬核，人设必须通过差异化的个人优势来呈现。

3.3.1 发现你的优势

每个人都要善于发现自己在某个方面的优势。世间没有一模一样的两个人，每个人都是一座宝藏、一个金矿，身上都有无限的潜力和独特的优势。当你在某个方面有一定的优势时，一定要用一双慧眼去识别。其实，每个人最大的伯乐就是自己。

3.3.2 打造你的优势

当发现你的优势不是很明显，或者离你理想中的优势有一些距离时，那么你需要做的就是去打造并突出自己的优势。如何打造自己的优势呢？除了学习、磨炼、调整、改进，别无他法。

3.3.3 扩大你的优势

当你找到自己的优势之后，需要做的就是扩大自己的优势，让自己成为一个行家里手。当你的优势越明显，你在客户心中的位置就会越重要。当然，以后最好要拥有自己的IP。具体怎么打造IP，后续章节会有具体的介绍。

在了解到营销员人设的打造后，张晓也在琢磨，她应该如何进一步改进自己的人设。现在她在客户心中的人设为"守时的、有素质的营销员"。但是，她还有很好的沟通、营销技巧，尤其是在社群营销方面有独到的见解。另外她在管理方面也有一些经验，这得益于她在大学当班干部的实践。她的梦想是希望可以像董明珠一样，先成为一个成交高手，然后成为一个企业家。她希望客户不仅能记住她的守时，而且能知道她的营销天赋、沟通技巧。她能在销售的时候，让双方最大限度地实现共赢。也许，"社群营销高手张晓"将是她理想中的人设。为了实现这个目标，她还必须继续努力，打造以及扩大她在社群营销方面的优势。

现在很多公司都在为人设赋能，而每个营销人员的人设又能为产品赋能，产品的价值又体现了公司的价值。如此，公司、产品、人设的组合CPP形成了销售的一个闭环。掌握了CPP，就掌握了销售产品的主动权。

> **营销法则七**
>
> 卖产品，就是做零售，
>
> 卖人设，才是做批发。

请对张晓的人设进行评价，指出她要实现自己"社群营销高手"的人设，还需要做何努力。

 ──────────── 单元测试

一、问答题（每题 16 分，共 48 分）

1. 如何了解行业发展动态和趋势？

2. 作为一个产品行家，应该熟悉产品的哪些方面？

3. 如果你的业绩很差，会用什么方法来提升业绩？

二、设计题（每题 26 分，共 52 分）

1. 请给自己做一个人设的设计。

2. 两难情境设计：了解产品的缺点，你会告诉客户吗？你会以什么方式告诉客户？

项目五
打造你的私域流量池

　　三个月后的一天，李晓倩过生日，张晓为她庆祝生日，两个闺蜜又在一起了。这次见面没有了唇枪舌剑，反而是惺惺相惜。李晓倩说："做业务真的不容易呀，有些客户明明都快成交了，最后也能'黄'了。我的内心很崩溃。唉，没有业绩就没有提成，我现在都成了隐形贫困人口了，想起来就心塞。"张晓也深有同感："对呀，要懂得礼仪，要了解产品，还要懂客户心理，运气也得有。并且公司和产品是自己无法把控的！每到月底就心里发慌，总是担心业绩呢！"

　　到底如何才能获得更多的客户呢？两人陷入了沉思……

　　要获得客户就要截流，要截流就需要方法和工具。对于现在的企业，尤其是小微企业来说，最缺的就是流量。而现在流量越来越少，且越来越贵。如何为自己导流，把客户"装"在自己的手机里？……

　　　　培训（学习）目标

1. 微信"聊"客。
2. 抖音"逗"客。
3. 微博"吸"客。
4. 导流的几大玩法。

在学习了 CPP 组合后，张晓知道自己已经箭在弦上，不得不发了！要成交客户，必须有流量。她现在最迫切要做的就是随波逐"流"。

目前，自媒体是获得流量的最好平台！

对于 21 世纪的草根来说，自媒体的出现是最大的福利，让大家站在了一个平等的舞台上。这个舞台，不问学历，不问出身，只要你能，一切皆有可能！的确，有了自媒体，营销专家、大咖、精英并不专属于天才，任何一个普通的营销人员，只要有匠人精神，加上敬业、勤奋以及创新，都有机会成为营销高手。

对于中小企业来说，自媒体实实在在给他们带来了最大的福利。从此，打破了大企业、大品牌一统天下的格局。在自媒体横行天下的时代，再微小的个体都可以有自己的品牌，都可以有自己的流量。

所以，利用自媒体是现阶段最有效、最便捷、成本最低、最接地气的获客方式。尤其是微信、抖音、快手、微博等这类自媒体，非常亲民，非常励志，非常好用，帮助了成千上万的企业走向成功。

任务 1　微信"聊"客

微信作为一款近关系的社交聊天工具，本身就具有很多营销功能，比如群发信息、加附近的人、发送图片、在线语音或视频等。这些功能为营销人员寻找客户提供了方便。

近年来，随着微信功能的不断完善，微信已经逐渐由营销工具演变成一个营销平台，进而由营销平台演变成一种营销生态，比如朋友圈营销互动、公众号营销推广、小程序商城产品展示及分销、微信群客户开发及管理等。

一般而言，要通过微信"聊"客户，首先要导流。导流可以通过公众号来实现。

1.1　公众号导流

微信公众号自 2012 年开始推出，当时只有服务号和订阅号。这两个号在 2014 年至 2016 年独树一帜、圈粉无数，受到诸多企业的关注和追捧。后来微信公众号家族不断扩大，现在已有四个成员：企业微信、订阅号、服务号、小程序。

1.1.1　企业微信

企业微信一般是针对企业内部管理使用，是老板们的专属。它具有与个人微信一样的社交功能、丰富的办公自动化应用、连接微信生态的能力，可帮助企业管理内部员工、链接生态伙伴、对接消费者等。可谓"拥有企业微信号，管理效率就提高"。但营销人员对企业微信使用较少，所以这里不重点介绍。

1.1.2　订阅号

订阅号主要是用于发文章，帮助企业传播信息，每天可发布一次信息。由于用户的订阅号可能比较多，所以订阅号的推送信息会统一显示在订阅号文件夹下。这样就不会对用户造成骚扰。很多企业通过公众号深度好文吸引了众多粉丝。可谓"一篇好文章，网友争相传"。一些热门的企业微信公众号也应运而生，如罗辑思维、高考网等。

1.1.3　服务号

如果说订阅号是营销工具的标配版，那么服务号就是豪华版。服务号营销功能更为强大，开放了更多的接口，有更多企业管理、营销管理、后台管理的功能。但一个月只可推送四次消息，消息可直接在微信框显示。另外，服务号比较方便和适合开通微信商城，商城的设计、架构、后台、支付、促销等功能都比较成熟，非常方便商家使用。可谓"一号在手，生意永久"！

1.1.4　小程序

2017 年，微信小程序横空出世，许多用户跃跃欲试，把目光转向了人见人爱的小程序。小程序可以说是一款爆品，其优势是灵巧方便、功能强大。其可以发文章，也可以做商城。若在微信群发链接做宣传，用户可以随时打开，无须下载安装；也不需要像订阅号或者服务号那样去点击关注，非常方便好用。可谓"八面玲珑小程序，导流拓客真给力"。也许，让消费者使用方便的产品就是好产品吧。那么小程序有哪些营销功能呢？

①　"名称占位"抢流量

由于小程序的名称是唯一的，不能重复，所以你只要起了一个合适的小程序名字，任何人都不能横刀夺爱。你可以通过这个名称抢占流量的有利位置，获取用户搜索的流量，这就是先下手为强！

②"附近小程序"导流量

微信有一个"附近小程序"的功能，这是一个帮商家牵线搭桥又不用付中介费的好功能！商家可以通过小程序的"导航到门店"功能，提高小程序的曝光率、提高店铺的关注度，给商家带来实实在在的客户。

③"扫码活动"圈流量

"扫"可以说是继"刷"之后的又一热门词。利用"扫"的功能，扫描小程序二维码使微信小程序实现了公众号关联、消息通知等功能。用户可通过公众号关联来发布各类活动，如线上线下抽奖、礼品赠送、折扣优惠等，以达到很好的促销效果。同时也可以把用户圈入，形成自己的流量池。

④"功能开发"吸流量

微信小程序的开发价格比较亲民，门槛不高，一般技术开发人员都可以进行基础开发，以满足一般商家的要求，实现商城营销的基本功能，比如咨询、下单、发货、物流等。通过小程序的开发，商家可以开展很多人气爆棚的促销活动，比如抽奖、团购、秒杀、积分兑换礼品等，大大提升用户的参与度，获取唾手可得的流量。可以说，小程序已经成为导流的一匹黑马，成为众多企业获得客户的首选。

在导流获得流量后，就要在朋友圈温暖流量即"暖流"。何谓"暖流"？"暖流"就是选择流量、活跃流量的过程。首先要在流量池中精选优质流量，然后通过微信朋友圈进行互动，以活跃流量、保持一定的温度。

1.2 朋友圈"暖流"

如果说公众号导流给你的是工具和创意，那么朋友圈"暖流"给你的就是空间和时间。

为什么有些人的朋友圈网友不少，却卖不出产品？主要是因为没有去"暖流"。

首先，要对公众号导来的流量进行选择。选择一些符合客户画像的流量，比如工作性质、资源情况、对产品的认可等方面符合客户的特征。

其次，精选的流量可加微信，成为微信好友，以缩小自己和客户的空间距离。成为微信好友后，大家的心理距离就近了，就可以在朋友圈互动，进行"暖流"了。

朋友圈"暖流"的关键就是互动，互动体现在两个方面：一是在朋友圈发布动态消息，通讯录好友可以看到，除非对方把你拉入黑名单或者设置不看你的朋友圈；二是可以在潜在客户的朋友圈互动，比如评论、点赞等，以引起客户的关注。持续不断地关注客户，就会引起客户的关注。关注久了，就会产生信任；信任有了，就会产生交流；交流多了，就会成为朋友。朋友之间做点生意，不就水到渠成了吗？

另外，在朋友圈与他人互动，最基本的原则是要用心，而不要光用手。有些人为了能在更短的时间内与更多的人互动，对别人朋友圈发布的内容看都不看就立刻点赞。比如有的人在朋友圈说自己丢了钱包，很难过，他立刻点赞一个；也有的人在朋友圈说自己失恋了，很痛苦，他又来个大大的点赞。这样的点赞哥，根本不是从内心关注他人，而是以批发的方式和他人互动，如何能获得他人的信任呢？朋友圈互动的另外一个原则就是注意时效，对于别人的动态要及时互动，而不是过了几天后再去评论和点赞。

营销法则八

如果要做朋友圈，不谈产品不谈钱。
点赞评论多互动，成交在后友谊先！

1.3　微"聊"转流

微"聊"转流就是通过微信聊天来转化流量，促进成交。微"聊"转流首先要进行人设定位；其次要在朋友圈布局；然后要坚持发朋友圈；最后要加强交流，促进转化。

1.3.1　定位

通过朋友圈"暖流"后，就要开始用微信来交流转化了。首先是设置微信人设形象，包括微信昵称、头像、个性签名等。这些信息必须和营销的产品进行关联，才有助于人设的定位和传播。

编者朋友圈有个姓王的网友，是卖山核桃之类的坚果产品的，产地在杭州临安，微信昵称叫大王爷，没有和产品进行关联，白白把这一微信免费流量拱手让人了。其实，首先他的微信昵称可以命名为"临安核桃王"，这样既突出了自己产品的产地优势，又宣传了自己做的是什么产品，更以"王"字突出了自己的产品优势，又与自己的姓氏"王"不谋而合；然后其可以一张美丽的核桃林或者客户食用核桃的场景照作为微信照片；最后在个性签名里写上自己的产品优势或者特色，比如最适宜核桃生长的环境、核桃产品的脆爽味道、坚果品类的完美组合等。

1.3.2　布局

微"聊"转流很重要的一点就是微信朋友圈发资讯的布局，有布局才有格局，有格局才有胜局。一般而言，微信发朋友圈资讯要保持一个合理的比例，比如生活类 30%、知识类 20%、产品类 30%、娱乐类 20%。当然，具体比例可以因人而异。过多的产品信息，会堵塞交流的空间，扰乱别人的心情；过多的生活信息，又会导致人设失位，模糊客户的认知。

因此，如果要做朋友圈营销，一定不要随意刷屏，而要进行精心设计和布局。先谋而后动，是放之四海而皆准的原则。

1.3.3　坚持

在朋友圈发资讯一定要坚持，坚持发资讯、坚持发产品体验、坚持和潜在客户互动。如果三天打鱼两天晒网，是不会有任何效果的。90% 的营销人员微"聊"转流的失败，就在于不能坚持！坚持说起来容易，做起来很难！

当你的朋友圈几年都在坚持发一种产品，这就是对产品最好的评价，也是对产品最好的宣传，因而容易得到潜在客户的信任。而信任就是成交客户的敲门砖！

在朋友圈发资讯还有以下几大忌讳。

① 不要泄露个人隐私

有的人大大咧咧地把自己的手机号码、办公电话等过于私密的信息泄露在朋友圈，把自己表现得很"大公无私"。这样随意暴露自己的个人信息，可能会招致一些骚扰和安全隐患。

② 不要炫富

不要在朋友圈晒你的奢侈品牌、晒你的豪车豪宅。毕竟朋友圈是个很大的江湖，什么人都有。如果你又炫富，又泄露个人信息，万一被坏人惦记上可就危险了!

③ 不要刷屏

不要经常在朋友圈发产品广告、心灵鸡汤之类的东西。刷屏的结果只有一个，那就是被微信好友屏蔽或者删除!

④ 不要和别人交恶

不要在朋友圈和别人结怨。因为得罪一个人，可能就得罪了他朋友圈的很多人。

⑤ 不要散布谣言

微信作为一款社交工具，近年来深受年轻人喜爱。大家在尽情享受微信带来的社交福利的同时，也开始面临一些低劣用户带来的烦恼，比如谣言传播屡见不鲜，对社会造成了极其恶劣的影响。当前法律规定，如果当事人在主观意识上能判断该消息是谣言或者虚假信息，不管是原创还是转发，都需要承担相应的法律责任。

1.3.4　微"聊"转化

"微信本社交，借势可营销"。微信因为迎合了现在的社交营销趋势，所以才有了很强的营销功能。微信营销的重点是"聊"，要通过"聊"来对接客户，通过对接产生互动，通过互动产生信任，通过信任转化流量、促进成交。

有一天，张晓突然收到一个昵称为"吉祥如意"的陌生朋友发来的微信信息，她问张晓："我看到你朋友圈发了很多社群营销的内容，请问你是这方面的培训师吗？"张晓回答："你好，我是有这方面的爱好，学了一年多。请问有什么能帮助你的吗？"对方说："我想了解下社群营销怎么玩。"于是，张晓就把她一年多来学习社群的总结以及一些视频资料发给对方，对方表示非常感谢。

后来，两个人就经常用微信联系。"吉祥如意"喜欢发布一些她烹饪的大作，张晓经常给她点赞和评论，她们有时候也会进行美食方面的切磋交流。除此之外，"吉祥如意"还请教了张晓很多社群运营的问题。后来，张晓也了解到她们的产品，以及她们对于商标的需求。由于对方的印刷需求频次高，但数量不是很高，对印刷要求也不是很高，如果找印刷厂印刷，成本肯定很高。所以在张晓的推荐下，他们采购了一台小型的印刷机。这样客户印刷商标就非常方便，又节约了大量印刷外包的资金。

可见，"聊"的误区就是只聊产品，"聊"的关键就是产生信任，"聊"的秘诀就是坚持不懈，"聊"的目标就是推动成交。

另外，要做好微信营销，还要选择好工具及其组合。是仅仅做微信群营销，还是选择朋友圈加微信群，或公众号加微信群？具体的搭配组合，还需要根据实际情况来规划。

训练 方案设计	请设计一个朋友圈营销的方案，包括朋友圈营销目的、布局、方法、手段、计划、效果预测等。

任务 2　抖音"逗"客

抖音，由今日头条孵化，是一款音乐短视频社交软件，是一个专注于15秒音乐短视频社区。抖音于2016年9月上线。用户可以通过这款软件自唱、自拍视频，打造自己的作品，并进行发布。抖音会根据一定的算法，给你的视频推荐一定的流量，让你的视频获得别人的关注、播放、点赞及评论。同时，别人对你视频的关注、播放、点赞及评论将影响你视频下一步的流量。这的确是一个神奇的流量平台。

2020年，抖音日活跃用户数达4亿，月活跃用户数达6.5亿，月人均使用时长为28小时。抖音用户群以一、二线城市的"90后"、"95后"为主，女性居多，偏好潮流酷炫的内容。所以和衣食住行、吃喝玩乐紧密相关的产品更适合在抖音上进行营销，比如餐饮食品等轻决策产品、生活实用的智能产品、吸引眼球的新奇产品。抖音营销，就是通过短视频的制作和发布，来"打动"客户的心，达到导流的目的。

2.1　抖音的主要功能

抖音有以下几大功能。

2.1.1　短视频功能

你可以按照你的创意，拍摄出独具特色的短视频，并进行发布。短视频功能的确会让你脑洞大开，让你的想象自由飞翔。只要你的作品有创意，质量高，就会吸引众多粉丝。

短视频营销追求的是创意、价值和娱乐。在拍摄视频前，可以对相关的视频进行观看和思考，以萌生想法。你也可以把自己的一些好资讯、好文章甚至观点转化为视频，这需要一定的视频制作技巧。千万不要只做一个视频的搬运工，到处搬运别人的视频并直接发布，这样很可能会导致账号限流、视频下架甚至被封号。所以，视频最好是自己原创的。

不管创作什么样的视频，都必须牢记一点：专一。这里的"专一"指的是视频主题的专一，视频主题必须紧扣抖音账号的定位。比如抖音账号主要是做家居产品的，那么视频拍摄就要围绕家居产品来进行，包括产品的直接演示、产品的夸张表现、产品的体验场景、产品的生产过程或者产品的植入等。主题犹如风筝的线轴，无论内容如何飞翔，主题都要永握在手。

2.1.2　直播功能

抖音有一个很强的营销功能——直播。用户通过身份认证后，就可以建立自己的直播室进行直播。直播是最考验人的意志、耐心的。很多人直播之所以失败，就是因为缺乏耐心，没有持之以恒。近年来，直播行业风生水起，直播成了一块诱人的肥肉，谁都想咬上几口。但要想吃到这块肥肉，还需要一些工具和方法。关于如何做直播，后面会有具体的阐述。

2.1.3　商品橱窗功能

商品橱窗是一款非常重要的变现工具。粉丝再多，如果不能变现，就会成为一种负担，不仅浪费了时间，还增加了管理成本。当粉丝达到1000+，发布视频10个，就可以申请开通商品橱窗功能，这样在直播的时候就可以直接发送链接销售产品。商品橱窗可以选择与一些店铺合作，分销产品就可获得佣金。

2.1.4　粉丝互动

在抖音上也可以和粉丝进行互动，比如留言、评论、点赞等。粉丝互动可能在有些自媒体平台作用不大，但是在抖音平台非常重要。抖音算法，可以说是抖音最伟大的发明。它真正让每一个抖音用户享受平等的流量获取机会，只要你有料，只要你有内容，只要你有较多的转发、评论和点赞，抖音平台一定会给你一块很大的、美味可口的流量蛋糕。想想都心动了吧？

2.1.5 "dou+"功能

这个是付费功能，属于锦上添花的一个功能，是通过抖音平台的推广做精准化营销。只要你觉得自己的视频数据还行，完全可以"dou"一把，让视频火一把，让产品热一把，从而优先抢占流量入口。

以上是抖音的主要功能。当然抖音也会不断地上新功能，大家可以多了解、摸索，看看如何把一些功能应用到极致，以达到最好的营销效果。

2.2 抖音的神奇算法

抖音的"爆"得益于今日头条的核心算法，这是抖音出身贵族的优势。抖音算法的特别之处在于其流量分配是去中心化的，不仅明星、网红、大咖，每个用户都可以成为流量的焦点。具体如图 5-1 所示。

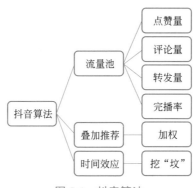

图 5-1　抖音算法

2.2.1 流量池

在一般平台上，如果不是大咖，没什么粉丝，要想获得巨大流量会很难。但抖音不同，你可以没有经验、没有粉丝，但只要你拍的视频质量好、有创意，播放量会让你欣喜若狂，瞬间获得成千上万的流量也不足为奇！这就是传说中的抖音江湖——流量池。各行各业、各种身份、各种职位的用户都可以在这里大显身手，丝毫不用担心出身问题。抖音算法会根据你视频作品的表现，分配一个属于你自己的流量池。如果你是一个新用户，但你的视频质量很好，所获得的流量可能会超过粉丝比你多几十倍的老用户。当然，抖音更厉害的还在于叠加推荐的神奇算法，它会让你的抖音流量倍增！

2.2.2　叠加推荐

抖音将根据你的视频在这个流量池里的表现情况，决定是否要把你的作品推送给更多的人。这就是叠加推荐的加权。这也是一个最为火爆的功能，直接决定着你的视频命运：是无人理睬，流量寥若晨星；还是众人追捧，流量水涨船高。

视频在流量池的表现，主要看以下四个方面。

① 点赞量。用户给你视频点赞的数量。

② 评论量。用户评论你视频的数量。

③ 转发量。用户转发你视频的数量。

④ 完播率。用户看完你的视频内容占你总视频内容的百分比。

这四点，决定了抖音是否会给你的视频追加流量，决定了你的视频是否能够火爆。

2.2.3　时间效应

时间效应也叫"挖坟"，就是让没有太好表现的视频复活。有些视频发布一段时间后，流量很小，并且没有任何数据变化。但是，可能因为某些原因，这类视频会在几天、一周甚至一个月之后，突然死灰复燃一下子火了。这个算法非常刺激用户、激励人心。所以，一些质量还可以、比较有特色的视频，即使一开始没火，但只要持续给它加热，比如进行点赞、评论、转发，在适当的时候就会被某类群体发现，满足他们的胃口之后，这些视频还是有可能东山再起，收获一波流量的。编者有一次在自己抖音账号"郭老师的扶农之旅"发布了一个农产品"糖莫愁"茶叶的视频，刚开始大概只有几百的浏览量，快两周了也没有流量增加。但是两周后，由于有些学员关注该账号，这个视频竟然受宠，浏览量暴涨到八千多，这让编者第一次体验到抖音算法爆发出来的巨大力量！

但是，要注意一点，千万不要为了数据去刷流量，那无异于饮鸩止渴！现在我们发现很多电商平台上有出售刷抖音评论、点赞的店铺，千万不要去上当！否则，迟早会被抖音关禁闭。诚信，是做人、做营销最基本的准则。诚信比流量更珍贵。

李晓倩在了解到抖音的神奇算法后，对抖音很感兴趣，于是利用自己写文案、拍视频的特长，经常在自己的抖音账号发布一些视频，并且获得了不少流量，她仿佛看到了自己的希望。

2.3　抖音直播怎么玩

抖音直播的诞生，拉开了众多主播走秀的帷幕。无论是谁，不分年龄、性别、职业，都可以成为主播。我们发现有的直播间人满为患，有的直播间门可罗雀，这就需要了解抖音主播的玩法。

主播是近年来很热门的岗位。做主播看起来很简单，磨磨嘴皮就可以，但其实那只是表象，而非本质。要想成为一个好主播，需要掌握很多技巧和方法。其中很重要的一条，就是确定好主播人设。

2.3.1　确定好主播人设

之前讲过，"新零售"时代的客户不仅仅会因为产品功能而去购买产品，有时候也会因为公司文化、品牌甚至主播人设去购买产品。即客户买的是公司、产品和人设的组合——CPP。尤其是直播销售，客户很难与销售人员见面，也难以看到真实的产品，更无法体验产品，所以主播的人设尤为重要，决定着客户的购买意向和转化率。

首先是打造主播人设。主播人设主要指主播的外貌、性格、特点三个方面。外貌都是纯天然的，基本上难以改变，除非后期去整容；性格基本每个人都不一样，有的人幽默风趣，有的人严肃拘谨；而特点却可以体现主播的价值及差异。主播应该根据自己的外貌、性格因素，在特点方面着力打造人设，体现自己的特点、价值、优势，给自己贴上与众不同、体现价值的主播标签。比如运动达人可以根据自己的健身优势选择体育健身的主播标签；颜值高的小姐姐可以根据自己的外貌优势选择时尚美妆的主播标签；居家宝妈可以根据自己育儿的经验优势选择母婴用品的主播标签。总之要根据自己的特点、优势来打造人设，再根据自己的人设来定位适合的品类主播。对于主播来说，人设就是标签、定位、特色、优势或者差异化价值。好的人设，有助于提升自己的辨识度和记忆度，提高产品的关注率和转化率。

其次是进行人设呈现。根据用户需求结构体系，确认用户具体需求及问题；根据用户需求及问题设计主播任务；根据任务对人设呈现进行设计，比如是呈现外貌特色、风格特色、互动特色还是话术特色等。如何对自己的人设进行传播？如何让自己的人设深入人心？这些都是人设呈现要考虑的。

2.3.2　如何选品

选品非常重要。首先要分析用户需求结构，这是前提。千万别自作主张地帮客户选择，那样会让你陷入非常被动的困境。其次，结合用户需求结构，根据自己的偏爱、兴趣、特长选品。只有自己感兴趣的、热爱的东西，才会让自己更有激情。最后，根据自己的货源渠道来选品。你有无相关的货源优势和渠道？随手拈来的货源会让你的采购成本更高，做起来毫无优势。

在选择供应商的时候，一定要注意规避风险。比如要求购买大量现货或者缴纳管理费用的，尽量不要合作，这会让你很被动，到时候家里塞的是货，堵的是心！由于库存太多，现金流也会大受影响。所以，最好是找一些无须囤货、无须定金、无须任务的三"无"渠道，以及一些有品质、有颜值、有利润的三"有"产品。

2.3.3　设计好脚本

总的来说，直播带货就是围绕产品来展开的。最关键的是要做好直播脚本。直播脚本和电影脚本一样，决定着直播的效果。直播脚本主要包括以下内容。

(1) 分析并满足用户需求结构

客户需要什么。有何具体需求，喜欢什么样的产品，要求什么品牌、功能、品质、价格，客户购买背后的动机是什么。

客户看到什么。在直播过程中客户看到的是什么样的主播，主播有何特点、个性、人格魅力，主播是如何暖场、控场、收场的，粉丝是如何参与、互动、评论的。

客户得到什么。通过直播参与互动，客户能得到什么？是参与的快乐、知识的获得、产品的折扣、礼品的赠送，还是收获失望或无聊。

(2) 确定直播目标

做直播，一定要明确目的。不明确目的，没有主题，做直播可能就会变成"匆忙出场，狼狈离场"了。这样的直播，一般而言，基本上也不会有人进入，哪怕是一不小心进去了，也会立刻以最快的速度逃离。因为谁都不想看到主播在直播室发窘，一副尴尬笑的样子。直播有哪些目的呢？一般而言，有尾货清仓、产品上新、活动促销、推广品牌等目的。一次活动最好是确定一个目的，不要将几个目的混在一起；否则，直播就变成了一锅大杂烩。

（3）设计好单品脚本

设计直播脚本一个很重要的环节就是设计单品脚本，比如产品的卖点是什么、有哪些功能和特色、现场购买可以获得哪些利益、如何进行产品的描述及演示、如何对产品的品牌进行介绍、如何让粉丝信任产品的背书、如何进行产品的转化等，这些都是做单品脚本需要考虑的。细节决定成败，考虑得越细，转化的效率就会越高。否则，大家都只有打个哈哈走人了。

（4）组建直播团队

如果条件允许，除了主播，最好是有一个配合默契的助理帮助打打下手，比如展示产品、递递道具等。等直播室人气特别旺时，还需要一个主持，来渲染氛围，介绍流程。主持可以不漂亮，但一定要有气场。

（5）直播时间确定

新手宜选择在早上六点至八点这个时间段做直播。因为这时候头部主播都还在睡大觉，竞争没有那么激烈，正是新手崭露头角的时候。其他时间比如晚上六点至十二点，是人气最旺的时候，但也是网红主播的专场。作为新手，在这个时间段做直播完全处于劣势，建议还是别去凑热闹了。

（6）直播流程设定

流程很重要，有流程才会有条理。要做直播，就一定要设计好直播流程。这里以某一个主播的直播流程为例。

①开播前欢迎辞，1～5分钟。

②近景直播：1～2款爆款介绍，5～10分钟。

③新款和主推款介绍，10～20分钟。

④将所有款号产品展示一遍，暂时不跟粉丝互动，30分钟。

⑤单个产品推荐，最后10～60分钟。

⑥表现最好的爆品返场演绎，最后10分钟。

⑦介绍下场直播新款，最后1分钟。

2.3.4　如何引流

要做直播，就要引流，没有流量，直播就是自言自语、自娱自乐，主播最终就只有自怨自艾、自我放弃了。那么如何引流呢？

站内引流：通过制作预告，通知粉丝，引起粉丝的关注；同时找到一些比较熟悉的铁杆粉丝，让其帮忙转发。毕竟众人拾柴火焰高，做任何事情都离不开协作。

站外引流：通过微信、微博等各类自媒体预告直播信息，分享直播链接，积极鼓动家人、朋友、同事、老乡、网友们参与，为直播赚足人气。

说白了，引流就是广开渠道，聚水成涓。

2.3.5　直播运营

直播运营的关键就是互动。要通过互动，营造良好的直播氛围。比如有粉丝进入直播间，要真心表示欢迎；有人打赏了，要大声说出打赏人的名字，表示衷心感谢；讲话要风趣幽默、富有激情、把控全场；要不时来个幽默段子，没有段子来个句子也可，没有句子来个热词也可；要不时吸引游客进入直播间，不断鼓励游客去关注。对于游客、粉丝提出的问题，最好在 30 秒内做出回答。30 秒是一个常见的等待极限，超过这个时间，粉丝就没耐心了。

直播运营的目的主要是提升销售转化。因此，除了通过互动营造氛围，还要学会讲产品故事，而非仅仅讲产品。因为喜欢听故事的人多，喜欢听产品的人少。讲故事不仅要讲情节，还要讲产品的文化、特色及卖点。

另外，要设计形式多样的活动，让用户乐此不疲，忠实相伴；要突出用户现场购买的利益和不购买的损失，让用户争先恐后下单购买；还要善于控场，把握直播的流程与节奏、氛围及热度。有些直播公司还会聘请一些网红来做活动，让主播学习网红如何控场；要不时了解粉丝想法，和粉丝交心交流，让用户全心浸入，直至水乳交融。最后，就是关键时刻，临门一脚，促进成交，让客户心满意足，满载而归。

直播的注意事项：注意穿着自然，不要有不雅着装或仪表。男生不要打赤膊，穿短裤；女生不要太妖艳，太暴露；讲话不要信口开河，无中生有；不要涉及政治等敏感话题；不要传播黄赌毒等信息；不要销售或者赠送违禁产品，比如枪支、刀具等。

2.3.6　及时复盘

很多网红主播之所以能得到那么多人的关注，除了和其才华、天赋有关系之外，也和他们的敬业精神紧密相关。及时复盘，就是一种敬业的表现。如口红一哥李佳琦，在十几个小时的直播结束后，不是立刻上床美美地睡一觉，而是认认真真地对刚刚结束的直播复盘，分析数据、分析用户、分析脚本、分析运营、分析效益，并总结出改进措施。正是这种敬业精神，才有了"激情洋溢、妙语连珠、业绩惊人、圈内闻名"的李佳琦。

所以说台上一分钟，台下十年功。销售的转化看直播，直播的效果看主播，主播的绩效看复盘。只有及时用心地复盘，才能分析问题、找到方法，不断提升自己的直播效果。

> **训练**
> 直播脚本策划
>
> 请写作一个针对贵公司产品直播的脚本，包括直播目的、平台、产品、流程、方法、工具、互动设计、控场管理、效果预测等。

任务3　微博"吸"客

现在流行的四大微博有：新浪、腾讯、搜狐、网易。其中，新浪微博的用户比较多。新浪微博上线于 2009 年 8 月，一经推出，就受到众多用户的喜爱。2010 年，国内微博发展迅速，其他三大门户网站相继推出自己的微博。那么微博与微信到底有什么区别呢?

3.1　微博与微信的区别

3.1.1　属性不同

微信是社交聊天工具，主要供用户之间进行互动，具备社交属性。微博是用户信息平台，个人可以在平台发布、获取各种资讯，具备信息属性。所以，微信的主界面是聊天界面，而微博的主界面是信息界面，这也在一定程度上反映了两者属性的本质区别。

3.1.2　关系不同

微信的本质是社交，用户需要互相加好友才能交流，所以用户之间是点对点的近关系，用户之间的黏性更强。微博的本质是自媒体，用户无须加好友就可以交流，用户之间是点对面的非对等的远关系，用户之间的黏性更弱。

3.1.3 用途不同

① 微信一般是用于与家人、朋友、同学、同事等熟人之间的交流、互动。微博用于发布个人信息、了解他人信息及综合信息、热点话题信息等。

② 微信是私密的、圈内的交流，而微博是对外的、裂变式的扩散传播。因此，裂变是微博的一大特色。

所以，微信与微博的用途区别总的来说就是：一个对内，一个对外；一个私密，一个公开；一个重交流，一个重裂变。

3.1.4 传播不同

微信公众号发布的信息，凡关注的用户都可以收到；微信朋友圈发布的信息，凡是好友都可以查询浏览。而微博的信息，都是随机获取的。因此，微信的传播更为精准，而微博的传播较为宽泛。

3.2 微博的主要功能

微博具有以下几大功能。

3.2.1 发布功能

用户可以发布自己的信息，包括文字、图片、视频，以很好地宣传推广自己的产品。但发布时，最好不要含有敏感的广告词汇，以免无法通过严格的审核。其严格程度会随平台规定的变化而不同。

3.2.2 转发功能

用户阅读到自己喜欢的内容想要分享，可以一键转发到自己或他人的微博，转发时还可以加上自己的评论。

3.2.3 关注功能

不管是网红、明星还是企业家，只要他有微博，不管他愿不愿意，只要你愿意，就可以关注他，进入他的世界。你可以对自己喜欢的偶像、行业精英、客户等人进行关注，加入他的粉丝团，了解他的动态。当然，你也可以被崇拜你、喜欢你的人关注。

3.2.4 搜索功能

用户可以利用搜索功能搜索某个微博博主或者某件事情、某条资讯等。比如你想找的客户是房地产公司的，通过搜索功能就可以轻而易举地把里面的房地产公司一览无余。

3.2.5 私信功能

用户之间可以互发私信，且只会被对方看到，能够较好地保护隐私，让用户放心地交流。但不能发一些无聊或骚扰信息，否则会遭到举报和投诉，严重者将会被封号，甚至受到法律制裁。

3.2.6 申请话题主持

也许你从没有做过主持，也曾想体验一把，只是一直没有机会，那么微博可以实现你当主持的梦想。因为，你可以申请自己的话题主持。话题主持就是你申请一个话题后，成为该话题的主持人，可以发布该话题的相关资讯。所有对该话题感兴趣的微博用户都会去关注它，并且成为你的话题成员。然后所有的话题成员都可以去讨论、评论你每次发布的话题，而你则可以在旁边看着大家的互动，收获一份满满的成就感。

话题最好和自己的产品有关系。当然，如果你的话题已经被别人申请，那就不能通过了。所以，申请话题最好找一个比较小的领域，才能有较高的概率通过审核。

申请了话题主持后，你就可以按照话题定位去发布话题，凡是对该话题有兴趣的用户都会去看你的话题内容。但是千万不要发布和话题完全无关的内容，或者疏于发布话题，否则你的主持人地位就岌岌可危了。

3.2.7 抽奖活动

目前线下的抽奖活动可能没什么人感兴趣，但是线上的抽奖活动因其快捷方便，动动手指就可参加，获得了很多网民的青睐。

你可以通过管理中心设置抽奖活动，比如可以设置转发微博抽奖。抽奖也是一款以较低成本获取粉丝的重要工具。只要好好策划抽奖活动，有时候以几十元的奖品成本，获取成千上万的粉丝都有可能。

3.2.8　发布商品功能

现在微博用户可以发布自己的商品进行销售，并可以链接淘宝店铺，如图 5-2 所示。因为 2013 年阿里巴巴和新浪微博战略合作，加强了新浪微博的电商功能。

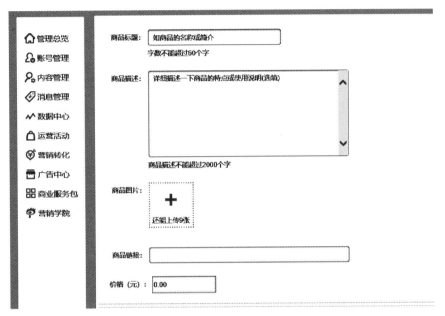

图 5-2　新浪微博的商品发布功能

3.3　微博"吸"客案例

微博可以通过发布软文，吸引流量；再链接淘宝，促进成交。所以，微博有"吸"客促销的功能。

编者之前运营过一个淘宝店铺叫"智帮家"，在微博上发了几条促销活动的信息，并加了淘宝链接。然后得到各种转发，阅读数据也逐渐上升，有的浏览量高达 4.6 万，如图 5-3 所示。这给淘宝店铺提供了很多流量，为成交打下了基础。

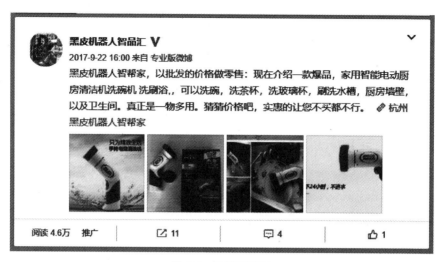

图 5-3　微博浏览量

任务 4　导流的几大玩法

在了解了导流的几大工具及其使用后，了解导流的几大玩法就非常有必要。

4.1　内容营销

我们常说流量为王，那么请问：流量是如何来的？

只有生产好的内容，才能带来流量！在自媒体时代，好的内容可以立刻吸引大批粉丝，给你的品牌或产品带来更高的关注度和转发率。对于好的软文、新颖的视频、独特的图片等，可以选择合适的自媒体平台进行发布，如微信公众号、微博、今日头条、抖音、优酷等。

4.1.1　什么是好内容

什么样的内容是好内容呢？这里归纳为四"有"。

有趣。有趣好玩，让大家在碎片化时间哈哈一笑，放松自己，何乐而不为？

有新。唯有标新立异，才能体现特色。因此，内容要有创新，比如新的角度、新的观点、新的资讯。

有用。有价值，有用途。比如一些生活中的小窍门、实用知识等。这些都能给别人带来帮助，因此很有用。

有品。就是要有品位，不要太低俗。要把内容做得像淑女，既好看，又耐看。

4.1.2　案例《怕回家》

2019 的春节档有条碧桂园和之外创意联手打造的《怕回家》视频，感动了无数春节回家的网友，其点赞数达 27 万，转发 21 万，评论 3 万。与众多喜庆的春节广告相比，《怕回家》显得比较严肃和沉重。该广告内容呈现了中国家庭的春节文化，每个人在外面无论处于何种境地，能够宽容和包容我们的都是家！毕竟每个人都有很多失败，很多不如意，这就是真实的生活："没有年终奖、没混出名堂、没考好、没生意、没房、没了公司、没赚到钱、没过好、没找到对的人、没了工作。"该广告通过洞察人性，直击人心的内容，引起大家的情感共鸣。

营销法则九

没有持续的好内容输出，
流量就会像水一样流走！

4.2　活动营销

现在的一些客户群体，可能对价格促销、积分促销等活动不太感兴趣，但对有意义又好玩的活动营销却是宠爱有加。

活动营销以活动为载体，使企业获得知名度的提升或销量的增长。活动营销和紧随其后的娱乐营销紧密相关，活动离不开娱乐，娱乐以活动为载体。活动营销迎合了大众的社交口味，满足了大众的心理需求，受到众多商家的热烈追捧。现在不要说大商家喜欢做活动营销，甚至连街边小摊都爱上了活动营销，比如做个抽抽奖、套圈圈之类的活动，吸引来来往往的过客驻足参与。可以说，无活动不营销，无营销不活动。

活动"吸"客有以下几大玩法。

4.2.1　留言有奖

在我们周围，很多人都有"人过留名，雁过留声"的好想法。因此，有不少人在各种论坛、网站看到一些感兴趣的内容就会停下来发表留言。对于很多人来说，发表留言就是吐露自己的心声、表达自己的思想。最为重要的是，心声的吐露和思想的表达就是一种释放，能够让人身心愉悦。因此，留言有奖成为很多商家的必用手法。

留言有奖，一般是根据当下时政热点、娱乐新闻、重要活动、节日庆典等，在某些自媒体互动区准备一个热门话题，让用户产生交流的冲动，并在活动期间到图文的留言区进行回复。比如，选择一些类似"后疫情期间，三年未见的朋友从国外回来，你会待见他并请他吃饭吗"这样的话题。

话题类别可以选择矛盾两难、看法陈述、意见收集、判断对错等。这种活动营销的特点是简单易行、成本不高、缺乏吸引力，因而选择好的话题是关键。

> **营销法则十**
>
> 只讲产品不可能产生好的话题，
> 但讲好的话题却可以卖出产品！

4.2.2　转发有奖

在 2015 年微博受网民追捧的时候，编者做了一个转发有奖的活动。首先通过微博的互粉大厅获得了第一批粉丝，大约有几百人。为了快速达到推广目的，在劳动节前夕策划了一个活动，主题就是"今年五一不劳动，转发抽取扫地机"。在活动信息发布后的第二天，编者打开电脑，令人吃惊的一幕出现了，微博页面要求加好友的粉丝数量在一天内竟然有九千多，并且在不断增加。作为一个草根微博博主，这种营销效果是令人震撼的。

4.2.3　晒照有礼

晒照曾经只是一些人的爱好，现在几乎是许多人痴迷的做法，成为一种不可或缺的生活方式，也成为一种对生活的理解与感悟，更成为一种对生活的思考与诠释。

晒照主要包括以下两种类别。

（1）确定照片的主题。比如情侣照、全家福、风景照、美食照、搞笑照等，然后让用户将照片发至网站互动区或公众号功能栏、小程序活动区等，进而按照活动规则抽选中奖用户。

（2）指定分享。比如将某个指定图片分享到朋友圈、微信群或者其他平台上，然后截图给运营者，再从参与者中进行抽奖。

通过晒照，企业可以促进产品或服务的宣传，而客户可以得到礼品，可谓双赢。这种活动营销的特点是：互动感强、活动有趣，但有些主题照片需要高配置拍摄设备以及一定的拍摄技巧，这就具有限制性。

4.2.4　休闲游戏

现在很多人沉迷于手机，更有不少人迷恋于游戏。游戏成了很多人拿得起却放不下的东西。游戏固然是能满足人需求的产品，能使人放松和娱乐，但是过度沉迷就不好了。否则，你失去的除了时间，还有业绩。

现在有不少平台，如微信小程序、微信商城等都提供免费的互动游戏接口，比如派对动物、尘缘仙游、夺宝者等小游戏。用户通过参与游戏比赛，既能放松身心、获得乐趣，同时又能赢取奖励，何乐而不为？而活动方却可以获得大批量的用户，增强客户黏性，促进与客户的互动。

互动游戏包括游戏获积分、游戏抽奖等类别。该类活动营销的特点是：开发游戏成本会比较高；可以考虑选择第三方资源，但是缺乏主动权。另外，毕竟游戏会让人着迷，浪费时间，所以一定要慎用！

4.3　裂变营销

裂变营销就是通过话题的制造、诱因的设计、渠道的选择，让传播变得像病毒裂变那样迅速，以达到巨大的传播效果。

2018年汶川大地震时，一则"封杀"××吉的帖子在网络热传，几乎在各大网站、媒体都能看见《让××吉从中国的货架上消失！封杀它！》的帖子，让人触目惊心，百思不得其解。帖子内容大概是：生产罐装××吉的公司向地震灾区捐款一亿元，这是迄今国内民营企业单笔捐款的最高纪录，"为了'整治'这个捐出巨款的企业，大家只有买光超市的××吉！上一罐买一罐"。其实"封杀"××吉就是正话反说，目的是鼓励大家都去购买该产品，支持该企业。通过以"弘扬爱心、捐助他人"为主题的互联网裂变营销，极大地拉近了产品与大众的心理距离，促进了消费者对产品的了解和关注，提升了该产品的知名度、美誉度、信任度；宣传了品牌标识和形象；倡导了企业核心价值，收获了大批用户。

4.4　服务营销

国内有很多以服务著名的公司，比如海底捞、胖东来等。这里以胖东来为例。胖东来成立于1995年3月，是河南一家具有较高知名度、美誉度的商业零售巨头，总部位于许昌市。胖东来公司业务范围涵盖百货、电器、超市。在胖东来有一个很奇怪的现象：哪怕超市的人再多，车再堵，很多消费者都要挤着去胖东来。在胖东来购物，可以获得令人意想不到的惊喜并享受到无比暖心的服务。

胖东来服务营销的关键在于细节。

胖东来的销售员在没有顾客需要服务时，会很自觉地拿起抹布擦拭柜台和商品，确保每一件商品都一尘不染。甚至每一个垃圾桶都闪闪发亮，而且从未满过，不到一半就会被倒掉，呈现在消费者面前的永远是一个清爽的垃圾桶。在冬天，胖东来水龙头的水居然是温热的，这一般是某些条件较好的医院才能做到的。外面的开水区有两个热水机，旁边的一张桌子上放着两个玻璃器皿，里边是温度较低的开水，以便特别渴的人能快速喝水解渴。热水机右上方是一个自动挤压纸杯装置，轻轻一按按钮，就可以蹦出来一个纸杯。这些人性化的细节出现在三、四线城市的超市，的确难能可贵。这就解释了为什么很多人宁愿排队堵车也要去胖东来购物。因为消费者对于高品质的服务是非常渴求的，而胖东来一贯的高品质服务给了消费者超爽的体验，获得了良好的口碑，吸引了庞大的用户群体。服务营销，把成交由主动变为被动。

4.5 热点营销

通过热点更容易传播内容，比如两会、夜经济等热点。疫情期间，有一些个人 IP 就通过疫情实时播报的链接，给大家提供疫情资讯，并附上二维码，为自己导流。要善于挖掘热点，借助热点，让 IP 宣传抵达更多用户。这里讲个典型的案例，就是泸州老窖为《三生三世》定制"桃花醉"。

泸州老窖借势《三生三世》，推出"桃花醉"这一全新酒类品牌。随着《三生三世》的持续火爆，"桃花醉"几度卖到断货，一个全新的品牌在短短几十天内就在市场站稳了脚跟。这的确算是一大营销奇迹！

对于"桃花醉"在《三生三世》中的植入，该片的投资方及承制方嘉行传媒表示："与泸州老窖的合作算是比较成功的案例。从创作的角度来说，可谓天时地利人和。首先桃花醉这个酒是原著剧情中本就涉及的，我们没有做太多的创意添加，只是遵循了原著。播完之后感觉挺有意思的，大家都蛮想知道这个酒从哪里能买到。"

"新零售"时代的企业，得流量者得天下。因此，要善于应用各类自媒体工具、创新各种营销方式，为产品导流，建立自己的流量池。

 —————— 单元测试

一、多选题（每小题 5 分，共 40 分）

1. 影响抖音视频流量的因素包括（　　）。

A. 转发量　　　　　　B. 点赞量　　　　　　C. 完播率　　　　　　D. 评论量

2. 微信营销的关键是（　　）。

A. 互动　　　　　　　B. 建立信任　　　　　C. 微信头像　　　　　D. 粉丝多少

3. 抖音营销的效果在于（　　）。

A. 粉丝数　　　　　　　　　　　　　　　B. 视频质量

C. 视频数量　　　　　　　　　　　　　　D. 抖音账号的年限

4. 抖音主播人设定位要考虑的因素有（　　）。

A. 特长　　　　　　　B. 爱好　　　　　　　C. 年龄　　　　　　　D. 产品

5. 微信小程序商城的特点是（　　）。

A. 便捷　　　　　　　B. 便于转发　　　　　C. 直接支付　　　　　D. 免费使用

6. 微博营销的工具包括（　　）。

A. 群发信息　　　　　　　　　　　　　　　B. 发微博

C. 发视频　　　　　　　　　　　　　　　　D. 淘宝商城链接

7. 流量变现的关键在于（　　）。

A. 用心　　　　　　　B. 自媒体　　　　　　C. 抖音　　　　　　　D. 直播

8. 如何做好内容营销？（　　）

A. 内容有价值　　　　　　　　　　　　　　B. 内容有娱乐性

C. 内容真实　　　　　　　　　　　　　　　D. 内容有故事情节

二、案例分析（本题共 20 分）

　　营销顾问郭先生受厂家之邀，帮助推广一款纯粮食活竹酒。有一次，他去参加一个社交活动，活动结束后，大家聚在一起吃饭，总共有五桌。宴席前，郭先生在社群里发了一段文字，内容吸引了大家："活竹酒，一款从毛竹里长出来的美酒，一款会呼吸而且有生命的酒，一款味道绵柔、甘甜可口的美酒！干杯遇知己，'竹'酒论英雄。"于是大家纷纷问郭先生，这个竹酒是什么情况？于是，郭先生把自己带去的五瓶酒免费送给大家喝。在喝酒的过程中，有个老先生是当地有名的白酒匠人。他品尝之后，连连赞叹，并且当场火检了该酒，证明的确是纯粮食酒。于是，他就买了两瓶。没想到，现场竟然有十多个人认可这个酒的味道，都纷纷下单。那次聚餐共销售活竹酒一箱。后来，郭先生深受启发。

　　请分析：

　　郭先生受到了什么启发？

三、请设计一个产品直播的脚本（本题共 40 分）

项目六
打通客户成交的通路

案例引入

张晓等营销人员在学习了寻找客户的知识和技巧后，打电话咨询业务的、来工厂谈合作的，甚至浑水摸鱼蹭样品的都明显增多了。

尽管销售业绩有所提升，但是英明的营销部领导们仍敏锐地发现，营销人员的成交效率并不高。要提高营销效率，关键是要对客户成交原则、策略、技巧、流程等进行优化。刘总和李副总、业务主管们讨论了很久，决定把这项重要的任务交给凝心聚力、能打硬仗的业务一组来完成，并要求他们制定一个"客户成交标准"。

老秦接到任务后，立刻召开业务会议，筹建项目团队。在老秦的授意下，以张晓为首的项目团队得以组成。老秦要求她们在一个月内完成"客户成交标准"的制定，并交给公司审核。审核通过后，将印发成册，要求公司全体营销人员执行。

这的确是一个非常艰巨而又光荣的任务。张晓和团队成员经过讨论，决定把任务细分，然后由团队成员分工负责，相互协调。最后张晓强调了这项工作的价值及意义，说明了每个人的重要性，团队成员情绪激昂，纷纷表示要竭尽全力完成任务，为团队争取荣誉。于是，第二天项目就启动了。他们能完成好这个任务吗？

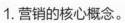

培训（学习）目标

1. 营销的核心概念。
2. "冰山"需求结构模型。
3. 诱导需求，而不仅仅是满足需求。
4. "三点一线成交"原理。
5. 成交客户的八大原则。
6. 成交客户的策略。
7. 成交客户的方法。
8. 成交客户的技巧。
9. 成交客户的流程。

对于营销人员来讲，导流只是一种手段，而并非目的。获得流量后，下一步就要想方设法实现成交。张晓发现，要提升营销人员的成交效率，制定营销成交标准，就要对成交的道、法、术、器进行研究。成交之道就是成交的基本理论、原理、原则；成交之法指的是成交的策略、方法；成交之术是指成交的技巧；成交之器指的是成交的流程、工具和手段。

任务 1 "冰山"需求结构理论及应用

张晓和李晓倩有时候会通过微信交流做业务的心得，她们一致认为成交客户太难了，有些客户明明有需求，但就是不买。对于客户，她们总是看不懂摸不透！那么，如何拨云见日，识得客户的庐山真面目？

世界"营销之父"科特勒在 1967 年出版的《营销管理》一书中提到关于需求的理论，他多次强调要成交客户必须了解客户需求。毫无疑问，那个年代的市场竞争不是很激烈，了解需求是很有必要的。然而随着市场发生变化，生产分工越来越细，企业都在追求产品差异化。这时要成交客户，仅了解客户表面需求已经远远不够了。因为很多客户看起来需求似乎都相同，但是他们在购买产品时差异化要求及动机又不尽相同，并且这些差异化要求及动机决定了他们对产品的选择。所以了解表面需求，你只能知道客户要买什么类别产品，但是无法得知客户要购买什么款式的产品、对产品有什么细节上的要求。那么，应该如何与时俱进，深入分析需求理论，以挖掘客户更深层次的需求？要解决这些问题，我们要先从营销的核心概念说起。

1.1 营销的核心概念

1.1.1 营销的三大核心概念：需要、需求和奢求

（1）需要

需要是生活概念，指消费者对生活资料的一种生理需要、本能要求。需要也是一种心理活动，反映着消费者对生活资料的意愿和态度。比如饿了需要吃饭，冷了需要穿衣，这些都是需要。需要的生活资料都是有价值的，但不一定都是有价格的。比如空气，每个人都需要，很有价值，但没人因为呼吸空气而付出成本，因为它没有价格。但需要可以转化为需求。因此，聪明的商家会通过一定的技术手段，把无价格的生活资料变成有价格的商品。比如把空气加工变成氧气罐，可以卖给登山员、病人。于是，需要就转化为需求。

（2）需求

需求是营销概念，指消费者对某些有价格并且进入交换环节的商品产生需要，又同时具备支付能力。比如想要变得更美，计划去买化妆品；想要外出旅游，计划去买高铁票。只要有需要，并且支付得起，就属于需求。

所以，需求应满足两个条件：一是有需要；二是买得起。如果有需要，却买不起呢？这就成了奢求。

（3）奢求

对商品有需要，但相对而言缺乏支付能力，这就是奢求。当然，一个人有无支付能力是相对的，并不是绝对的。比如，一个大学生想买一块上万元的品牌手表，但缺乏支付能力。这并不是绝对不能支付，因为他可以通过兼职等方式，积累资金购买产品，满足自身奢求；聪明的商家也可以允许客户采取分期付款等促销方式，满足一些客户的奢求。因此，奢求也是可以向需求转化的。通过转化，商家卖出产品获得了盈利，买家得到产品满足了奢求。另外，奢求是相对的，由个人的消费水平所决定。某个产品对某个收入低的人来说可能是奢求，但对某个收入高的人来说可能就是需求。

1.1.2 市场三要素：人口、购买力和购买欲望

市场有多个含义。首先，市场意味着场所，比如菜市场、建材市场等。其

次，市场意味着需求。比如我们常说，这个产品市场大，那个产品市场小，这里市场的大、小指的就是需求的大、小。

那么市场的大、小和哪些要素有关呢？主要和人口、购买力及购买欲望有关。

（1）人口

人口是市场最基本的要素，没有人口，就构不成市场的主体。构成市场的人口因素包括：人口总数量、性别和年龄结构、家庭结构、民族与宗教信仰、职业和文化程度、人口地理分布等。人口的多少决定着市场容量的大小。

（2）购买力

购买力是人们购买商品或劳务的支付能力。交换的最终完成，需求的最终实现，都是以购买力为必要条件的。因此，在人口状况既定的条件下，购买力就成为决定市场大小的重要因素。

一般而言，购买力受到经济政策、行业发展、人均收入、家庭背景、消费水平等因素的影响。

（3）购买欲望

购买欲望指消费者购买商品的想法、意愿和动机的强烈程度。购买欲望反映了消费者的需求程度。在人口状况和购买力既定的条件下，购买欲望就成为决定市场大小的关键因素。购买欲望和需求、奢求紧密相关。消费者对产品购买欲望的强弱决定了购买需求的产生，也决定了奢求向需求的转化程度。购买欲望和人的需求有关。对同一个产品，在不同的时候，消费者会有不同的购买欲望。比如，一个消费者在球场挥汗如雨时和在家看电视时对水的购买欲望完全不同。

1.2 "冰山"需求结构模型

1.2.1 "冰山"需求结构分析

成交客户前，要了解客户需求。但在我国当前供过于求的市场环境下，靠了解需求成交客户的概率越来越小，有时候只能碰运气。工业在升级，产品在升级，客户的消费需求也在升级，这要求我们必须了解消费者购买心理的变化、需求层次的变化。消费者产生的需求已经不仅仅是表面的需求，而是层次分明的需求体系，呈现出一定的结构，犹如一座冰山。编者把消费者需求结构叫作"冰山"需求结构模型，如图6-1所示。通过该结构模型，可以分析消费者购买心理的变化，建构消费者的需求层次。

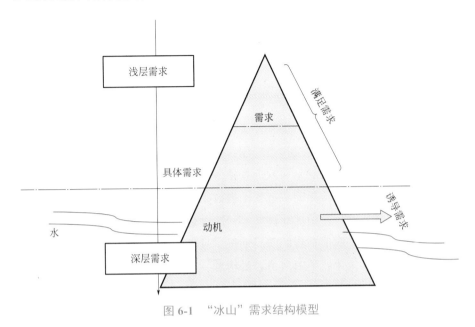

图 6-1 "冰山"需求结构模型

由图 6-1 可以看出，消费者需求体系包括三个层次：需求、具体需求、动机。从心理学角度来看，三个层次呈现出由浅入深的特征。需求位于冰山最上面，是消费者自然流露出来的消费心理，属于最浅表的心理。从信息角度来看，需求就是企业的采购信息。大公司的采购信息一般可以通过公司内网、报纸等渠道获知；小公司的采购信息则可以通过内部沟通获得；而个体消费者的购买信息一般会直接告知。但从消费者心理学角度来看，无论是大公司、小公司甚至个体消费者，其需求都是最浅层、最直接的信息，都很容易能获知。

而具体需求就深入一些，是需求的具体和细化，是较为复杂的心理活动，消费者需要一定的思考才能明确。因此，营销人员要与消费者进行良好的沟通，获得必要的信息，才能得知他们的具体需求。比如，很多人都有买手机的需求，但具体需求可能会有些不同，包括对系统、像素、性能、颜值、颜色、价格等方面的要求，这些都需要通过良好的沟通去获知。比如某消费者去购买手机，具体需求包括像素、颜值、性能、价格等方面，但最看重的是像素。而销售员刚开始并未了解消费者的具体需求，只是盲目地介绍了几款产品价格及性能，这让消费者不是很满意。消费者为什么会产生具体需求呢？从心理学上来讲，这和消费者的购买动机有关。

了解需求和具体需求，对营销人员来说会比较被动，因为他们最多只能尽力去满足消费者的需求；而了解动机，对营销人员来说会比较主动，因为他们可以诱导消费者的需求。

购买动机是隐藏最深的心理因素，是消费者内心最深处的消费心理，属于水下最神秘的部分，是营销人员最希望了解的。营销人员只有经过听问结合，加上仔细观察、缜密分析、深度挖掘，才能了解消费者的购买动机。比如某消费者在买手机时，营销人员听说其要买像素高的手机，就随意推荐了一款，差点导致消费者买错。因为手机拍摄应用有两种场景：一种是拍远景，一种是拍近景。销售人员开始介绍的是一款远景拍摄效果比较好的手机，而其实该消费者是一个电商从业者，希望购买近景拍摄效果比较好的手机，以满足一些营销用途，比如拍产品照片、拍活动视频等，这也是该消费者的购买动机。但当时销售人员没有完全了解消费者的购买动机，只听到了他说的某些具体需求。因此，只有了解动机，才能了解消费者最精准、最具体的需求。另外，消费者虽然清楚自己的动机，但由于不一定都懂产品，所以有时候对具体需求不是很明确。这样，营销人员就可以去诱导，而不仅仅是满足消费者的需求。诱导需求，就是满足需求的延伸。

如果不了解消费者的购买动机，按照用户所说的具体需求去盲目介绍产品，往往会浪费时间，有时候还会让消费者反感，更不用说成交了。

因此，需求、具体需求、动机是层层深入的，构建起消费者的"冰山"需求结构模型。

营销法则十一

营销的核心，

不仅是满足需求，

更是诱导需求。

1.2.2 "冰山"需求结构模型的应用

如何对"冰山"需求结构模型进行应用？这里以买车为例进行讲解。任何买车的客户看起来都有买车的需求，但是每个买车的客户其具体需求都不尽相同。比如有的要买省油的车，有的要买排量大的车，有的要买安全的车，有的要买配置高的车。如果不知道客户的具体需求，自以为是地介绍产品，导致被客户拒绝就只有自作自受了。另外，对于客户具体需求的了解应做到以下两个方面。

首先是精准。比如汽车4S店营销人员知道客户要买省油的车，但是怎么才算省油？有的客户以前开的是大排量越野车，觉得一公里1元油耗就算省油；有的客户以前开的是排量1.6升的车，每公里仅需0.7元油耗，觉得一公里0.5元油耗才算省油。作为一个汽车销售员，应该如何向客户解释车子是否省油呢？如果你知道客户对油耗的具体需求是一公里0.6元左右耗油，就可以有针对性地进行介绍。这样成交的概率就会大大提高。

其次是更具体。比如对于客户品牌、配置、款式、颜色等各类具体需求了解得越精准、越具体，就越能满足客户的需求，提高客户的满意度，进而提高成交概率。

从"冰山"需求结构模型来看，具体需求是位于冰山中间的部分，还不是最深层次的部分。需求是表象，具体需求是内在，而动机才是本质。在营销中你会发现，了解了客户的具体需求后，还是有很多潜在客户徘徊在成交的门外。这是为什么？因为营销人员还不了解客户的购买动机。有的客户可能是因为现有车子有安全隐患想买车，有的客户可能是因为要结婚想买车，有的客户可能连驾照都还没有，只是轻描淡写地问问而已。所以销售工作就是盲人摸象，不了解客户的具体需求，就永远搞不懂你的客户，也就永远搞不定你的客户。

当了解了客户的购买动机，一切将会迎刃而解。比如遇到现有车子存在安全隐患的客户，因为觉得现有车子还能开，所以也不急着换。了解其动机后，可能你轻描淡写的几句话就会促使客户成交："你的车子老出故障，假设有一天你和家人一起驾车外出，车子出故障导致家人受伤，不好意思呀，这是假设，这个损失是不是很巨大？""你愿不愿意用行动来避免这样的风险和后果？""早买也是买，晚买也是买，晚买有这么大的安全隐患，早买可以为家人的安全保驾护航，还有一大堆优惠等着你，何乐而不为呢？"其实，有时客户对动机背后的问题及其后果也没去深思，当营销人员把问题的后果说出来后，客户还是会有触动的，这时往往比较容易产生购买决定；除非他不爱自己，不爱自己的家人。

从"冰山"需求结构模型来看，需求是直接感知的，具体需求是需要分析的，而动机是需要深挖的。

1.3 诱导需求，而不仅仅是满足需求

了解了客户需求、分析了具体需求及挖掘了购买动机后，营销人员就会由被动转为主动，在客户还没有需求的时候，诱导客户的需求，销售更多的产品。因此，对于营销人员来讲，了解需求、满足需求是被动的，而掌握动机、诱导需求是主动的。

以下是编者的亲身经历，它将让你明白为什么诱导需求比满足需求更重要，更容易成交。

2013 年 5 月 28 日，有个买家进入一个叫作"智帮家"的淘宝店铺，这个店铺专卖家用智能产品，其中一个系列是智能玩具。当时编者负责客服工作，这个买家咨询店铺是否有二十个跳舞机器人产品。其实当时库存只有十来个，但买家一定要二十个，并且要求两三天必须收到货。由于当时从别家调货很难，并且价格贵，而厂家二三十个也不愿意发货，所以按常理这笔生意就没法成交了。但后面这个买家还是被编者成交了。这是为什么呢？

因为编者仔细分析了买家的具体需求并挖掘了其购买动机。编者思考：买家为什么要购买二十个跳舞机器人？根据客户的需求可以初步判断，这个买家不是给自己的小孩购买。按照中国的国情，没有谁家里会养二十个小孩。那么他买给谁呢？应该是想送给别人家的孩子。为什么一下送这么多呢？可能有很多孩子和他的关系很密切。如果和这么多孩子关系很密切，他的职业是否和孩子有关？那么买家可能是幼儿园或者幼儿培训机构的工作人员。那么他为什么要在这个时候买二十个跳舞机器人呢？还要求两三天必须收到货？当时是 5 月 28 日，过几天不就是"六一"儿童节了嘛！这下，编者推测到买家需求背后的动机，他急着在"六一"前买一批玩具，以便在儿童节前送给小朋友。如果分析没错的话，一个幼儿培训机构，必定有男孩有女孩。而跳舞机器人其实最适合送给女孩。对男孩子来说，送其他电动玩具或许是更为合适的选择。

于是，编者开始和该买家交流，询问他是否是一个幼儿培训机构的工作人员，对方惊讶于编者猜出他的职业；然后编者进一步询问，是不是想在"六一"儿童节前送礼物给小朋友。这个时候，买家非常惊讶："亲，你真是神呀，什么都知道。"这样就增加了买家对编者的好感。当客户对营销人员有了好感，成交就更容易了。后来，编者进一步了解到，买家来自一个幼儿园，"六一"儿童节前一天（5 月 31 日）他们要做活动，并计划买一些玩具作为活动奖品送给小朋友。其实，买家对玩具不是很懂，具体需求也是比较模糊不清的。这就需

要营销人员去分析，把了解需求、满足需求转化为掌握动机、诱导需求。另外，买家的动机还是很明确的，儿童节做活动，没奖品不行。当编者掌握了买家遇到的问题及动机后，就胸有成竹了，建议买家选购两类玩具作为奖品：一类是跳舞机器人，适合送给女孩；一类是电动车模等玩具，适合送给男孩。买家当时对于这样的推荐方案很满意，很快就下单了。

所以，用户的需求是表面的，需求背后的购买动机是深层的。掌握了购买动机，不仅能满足客户的具体需求，还能改变或者诱导客户的具体需求，获得更多的销售机会，取得更好的销售业绩。对于客户来说，也能更好地解决问题，提升购买满意度。

> **训练**
> **分析**

1. 编者是如何分析买家的购买动机并诱导其需求的？

2. 如果你在电商平台遇到这种情况，你会如何处理？

任务 2 "三点一线成交"原理

三点一线成交原理（SBM），指的是在成交中，要了解产品卖点、分析客户买点及找到客户成交点，并且把卖点向买点转移、买点向成交点转移，这样三点连成一条成交之线，成交就比较容易了。

2.1 产品卖点（selling point）

卖点是产品的一个标签，是企业根据市场竞争情况，基于自身资源打造的，用于满足或者诱导客户需求。卖点体现了商品的特色或者优势，可以是一个或多个。在供过于求的阶段，卖点是产品营销的基础，没有卖点，销售将寸步难行。

一般而言，产品卖点包括两种属性：一种是自然属性，是产品所固有的属性。如农夫山泉矿泉水，所宣传的卖点是水源，而水源是自然属性；另一种是社会属性，如某些品牌的矿泉水，所宣传的卖点是"快乐""高贵""冰爽"，这些卖点和定位策划有关。

打造产品卖点一般要考虑以下因素。

（1）公司优势资源

公司优势资源包括较低的采购成本、原材料产地、核心技术独家拥有等。

（2）产品的定位

经过定位来确定其"第一"或者"唯一"的差异优势，这个"第一"或者"唯一"指的是先入为主，把产品概念推送给消费者，并在其内心占据一定位置，让后来者望而却步。比如脑白金，占据了送礼优选的位置。因此，要打造产品卖点，就要牢牢抓住产品的定位。卖点是企业根据一定的资源或者定位，用来满足客户需求的一种产品策略。那么问题来了：卖点的提出，一定能满足消费者需求，促进消费者购买吗？要找到问题的答案，我们还需了解客户买点。

2.2　客户买点（buying point）

前面提到了产品卖点，它是用来满足或者诱导客户需求的。但是，为什么很多销售员在向有需求的人推销时，却屡屡遭遇失败？

因为卖点是从卖家而非买家角度提出的，和买家需求不一定相匹配。买家打算购买产品时，内心会对产品有一个画像，如果卖家的卖点恰好和这幅画像对应，或者比其他产品更接近买家心中的产品画像，就能推动成交。反过来，如果产品的卖点和客户心中的产品画像完全不对应，就很难促使客户成交。

从需求的角度来说，如果客户对某个产品有需求，并且市场供不应求，买家很快就会做出购买行为；但现在市场供过于求，同类产品数不胜数，买家就不一定会购买了。所以，客户会把其需求细分为具体需求，而这些具体需求就是买点。买点可以有一个或多个，并且会按照其重要性在客户心中排位。

2.3　成交点（point of making a deal ）

客户在购买产品时，需求往往比较具体化，也就是有许多具体的买点。在这些具体的买点中，至少有一个或几个是买家最看重的，并且会影响到购买决定，这就是成交点。成交点其实是在同质化产品比较严重的情况下，买家基于个性爱好和需求，更渴望得到的最重要的差异化价值。所以，成交点是针对客户而言的产品的比较优势。成交点可以是一个，也可以是几个。如果有一个成交点，说明客户比较满意；如果有几个成交点，说明客户非常满意，能得到更多增值价值。

因此，营销人员在促销时，一定要了解自己产品的卖点、客户的买点及其最看重的成交点，做到知己知彼，百战百胜。

另外，为了提高成交概率，营销人员还需充分了解客户的需求、具体需求和购买动机。具体需求反映了客户的买点，而购买动机决定了成交点。因此，在介绍产品时，要把自己产品的卖点向客户的买点转移，即客户的买点是什么，就重点介绍可以满足客户买点的卖点；还要把自己产品的买点向成交点转移，并重点强调产品与客户成交点的契合度。如果最后三点重合，形成一条成交线，就正中客户下怀，成交也就是顺水推舟的事。

> **营销法则十二**
>
> 把产品卖点向买点转移，
> 再把买点向成交点转移，
> 三点合一成交才有可能。

训练
思考

1. 用本节内容对比自己之前成交客户的模式，你从中学到了什么？

2. 请按照三点一线成交原理去成交一个客户，把具体操作过程写下来并进行分析。

任务 3 成交客户的八大原则

有一次，张晓被营销副总安排去上海参加一个为期 3 天的智能设备展会，以开拓市场，成交客户。参加这次展会可以增长见识，学习经验，张晓很高兴，决定好好把握这一机会。张晓在展会中学到了很多成交客户的原则，后来对其进行了总结。

3.1 先导流，再成交

现在是流量为王的时代，没有流量就没有客户。所以，营销人员要学会为自己的产品导流。张晓的公司由于报名比较晚，只获得了展会二楼最后一排中间的位置。我们都知道近水楼台先得月，展会一楼的流量是最大的，其次是二楼的前面几排，而二楼的后面几排就是冷宫，门可罗雀，流量很小。隔壁是一个做吸尘器的外企，展位在最后一排最里面，是本次展会中最差的。但是他们店铺的流量却很大，这是为什么呢？

天时不如地利，地利不如人和。该外企老总陈总早就考虑到自己在展会中的不利位置，因此设计了一个导流活动。他在展会一楼设置了大型海报，宣传其展位开展的"寻宝"活动，凡是来到他的展位者，都有机会寻到宝贝，上面有"寻宝"活动的具体内容包括时间、要求、奖品等。然后，从一楼到二楼的台阶、地面，都贴上了箭头指向他的展位，所以去他展位的人非常多，异常热闹。而要去陈总展位的人必经张晓公司的展位，因此张晓的公司也多少沾了一些陈总展位的光。张晓公司的展位上摆了一些小型打印机、印刷机等产品进行展示，但一开始根本没人去关注这些枯燥乏味的笨家伙。于是张晓不断琢磨陈总的导流方法，突然灵机一动玩了一招。她们在现场做了一个活动，活动主题是：免费打印照片，十秒记下你的精彩瞬间。活动内容是：凡是加入微信群者即可用手机免费打印照片、资料等。

如此一来，张晓公司的展位也开始人头攒动，热闹起来。很多人都前来了解智能打印设备的使用方法，以致她们当天就卖了两百多台机器，成交额达到二十多万元，扣除展会费、参展人员的交通费、食宿费、材料费等成本，还盈利不少。令张晓激动的是，其中一些购买样品的客户回去体验后，还进行了批量下单。另外，还有 100 来个客户尽管没买，但表达了愿意购买或印刷的意向。

带队的李副总说，本次展会将给公司带来上千台的销量，预计销售额将达到 100 多万元，毛利润近 50 多万元。按照公司的提成制度，张晓也将得到不少奖金。

当然，除了这些收获之外，张晓还在这里遇到了闺蜜李晓倩。李晓倩告诉张晓，她在公司的电商部工作，这次过来主要是拍照片、视频，为电商部导流。没想到能在这里见面，她们都开心极了。开心之余，李晓倩也告诉了张晓她最近遇到的一件烦心事。

训练

思维拓展　　你认为展销会导流还有哪些方法、手段？

3.2　待客真诚，不弄虚作假

原来李晓倩的公司最近开通了电商平台，并成立了电商部，学过电商的李晓倩成为电商部的一员。一次，有个客户通过她们的电商平台购买了一个传感器样品，后来发现型号不对就换货了，可能是物流的原因，产品表面出现一点磨损。后来，又有客户通过电商平台下单了同一款样品，李晓倩便把上次退回的产品发给了这个客户。客户收到后发现了磨损，要求退换，李晓倩一再强调是新的，并说明可能是快递过程中造成的磨损。没想到，客户立刻一个投诉电话打到电商平台，而电商平台的客服非常敬业且做事高效，很快就打电话给李晓倩进行核实，处理的结果是李晓倩所在店铺负全责，不但要退货，而且要承担运费，还要降该店铺的权重。电商部门负责人了解了事情的经过后把李晓倩痛骂一顿。李晓倩感觉非常委屈，本想为公司减少损失，没想到吃力不讨好，真是猪八戒照镜子——里外不是人。

听完，张晓诚心地分析了她的不是。张晓认为，客户会更喜欢与真诚的人做生意，比如介绍产品实事求是，不要隐瞒缺点。有瑕疵的产品绝对不要卖出去，因为卖出去的是产品，客户感知的是人品。听张晓这么一说，李晓倩也很后悔，其实换个新的又不要她出钱，只不过她想维护一下公司的利益，发誓以后不会再犯这样的傻了，客户利益第一、公司利益第二、个人利益第三！

张晓认为，卖产品不要隐瞒缺点，更不要肆意夸张优点。"老王卖瓜，自卖自夸"的方式会让懂行的客户立刻产生厌烦的心理，导致成交失败。诚信待客，是营销人员必须遵守的重要原则。两个老同学进行思想的激烈碰撞后，都有了新的收获。

请分析以下行为是否正确。

1. 客户在电商平台下单，要求当天发货。营销人员由于太忙，没来得及发货。但又怕客户怪罪，就先把单号填入。（　　）

2. 营销人员在电商平台发布商品，库存只有 5 个，他却写了50 个。（　　）

3. 某公司营销人员先对产品图片进行美化、编辑，再发布在详情页。（　　）

4. 某电商运营人员在"双十一"之前把产品价格提高了20%，在"双十一"期间再进行打折促销，折扣为 18%。（　　）

5. 营销人员小刘给电商买家发信息，说只要给描述、物流、服务三项五星好评即可返 3 元红包。（　　）

3.3　敬业专业

在那次展会上，有些营销人员时刻站在展位旁，对来往的客户始终以笑脸相迎。但也有些营销人员站了一会，发现没人咨询或咨询的客户较少，就坐下来拿起手机刷微信或者抖音，甚至对客户的咨询置若罔闻，答非所问。因此，前者的展位"热闹似个夏"，后者的展位则"凉凉似个秋"。如果营销人员对工作不敬业，对客户都抱着随意、敷衍的态度，哪个客户愿意与他成交呢？毕竟客户买的不仅仅是产品，还有营销人员的态度以及专业性。如果营销人员是一个"不知道"先生，对产品不专业，客户随意问几个产品问题就能把他难倒，一脸的懵懂相，而且很粗暴地告诉客户"我不知道"，让交流陷入僵局，最后还得靠主管或者老板出马，怎么能做出业绩？

张晓在客户面前总是能对答如流，侃侃而谈，对客户提出的问题深入分析，从客户利益角度出发，帮客户选购产品，并适时提出合理的意见，让客户赞不绝口。张晓在参展期间，几乎每天都是六点多就起床，七点多就去展位准备，一直忙到下午六点多才散场，但是散场不散心，晚上还要整理客户资料，复盘自己的营销过程。甚至有同学出差来到上海，她都没有时间和对方聚聚，两人只是在展会上聊了一会。张晓也觉得自己有些不近人情，但是她感觉自己就像一个钟摆，完全停不下来。刚把一个客户的事情安排好了，另外一个客户又等着她。的确是敬业专业，业精于勤。步步为"营"，"销"个不停！

3.4　站在客户的角度

隔壁陈总的展位上每天都是人满为患，但是他只带了两个员工参展。由于咨询客户多，员工少，所以每天都特别忙。在展会的第三天，张晓公司展位前来咨询的人少多了，可能有意向的都下单了。于是，张晓和李副总打了招呼，计划空了就去搭把手，也趁机向陈总请教一些营销问题，顺便把陈总这个客户也成交了。李副总同意了，但要求不要待太久，不要影响自己展位的业务。之后，张晓就抽空去帮了帮陈总。陈总看张晓人不错，于是教了她一些营销之道：我们不能只是为了销售而销售，因为客户不需要推销员，而需要对自己有帮助的合作伙伴。陈总给她讲了他前天成交的一个案例。当时一个客户问他有没有 A 产品（一款卧式吸尘器），他说"有，但是不卖给你"。客户顿时愣住了。

他知道客户是英国的，主要做西欧国家市场，而他对这些市场比较熟悉，于是用了反问法。他问客户：做这些市场的很多其他客户今年都开始向我买 B 产品（一款杆式吸尘器），你为什么不买呢？然后，他给客户分析了为什么杆式吸尘器更适合西欧国家：因为吸尘器要根据当地生活习惯、住宅面积、消费水平等因素选用。卧式吸尘器的价格经济实惠，几年前在西欧的确受到消费者的青睐。但去年年末出的新品杆式吸尘器比卧式吸尘器更轻便、更小巧、更实用、工作效率更高。因此从今年开始，一些发达国家市场的消费者逐渐选择杆式吸尘器，它使用起来更得心应手，更容易把房间打扫干净，并且价格也不算很贵。现在只有非洲等地区的中高等收入群体才从购买传统的清洁工具（例如扫把和拖把）转向购买卧式吸尘器。因此，卧式吸尘器暂时适用于这些地区。

听他这么一说，客户竟然充满了感激，因为他发现陈总把自己当作了合作伙伴，帮助他分析了产品、分析了市场，避免了他在市场上栽跟头、吃大亏，维护了他的利益。于是，这个客户当场下了五十台杆式吸尘器的订单试水。所以，站在客户的角度去思考问题，为客户利益着想，不但能赢得订单，更能赢得客户的心。获得一个订单可以带来一次的利益，而获得客户的心将收获长远的利益。

3.5　让客户记住你

在展会上，很多客户观看产品都是走马观花，很难记住那么多供应商。这时如何让客户记住你就是一门学问了。因为根据记忆学的规律，记一个人主要是记特征，要想让客户记住自己，就得让客户记住自己的特征。特征也是人设的一部分，比如有些人颜值很高、身材伟岸、笑容灿烂、口语标准、会变魔术等。

在展会上与一个客户交流的时候，张晓给他变过魔术，这让他很开心。回去后，他拿着一大堆供应商资料，感到无所适从，根本不记得与他交流过的供应商。但他对张晓记忆犹新，因为他记得她给他变过魔术，而记住了魔术，就记住了张晓、记住了张晓的公司、记住了张晓公司的产品。他觉得张晓比较有趣，那么联系她并产生成交就成为可能了。

一个来自广东东莞某电器公司的业务代表小苏，成了展会上一道亮丽的风景线。她是一个名牌大学的实习生，长得漂亮高挑，说话委婉动听，举止飘逸洒脱，受到很多客户的关注。就是这个女孩，后来不仅成了张晓的同事，还成了她的竞争对手。窈窕淑女君子好逑，美女在生意场上有着天然的优势。因此，美女营销人员可以把自己的照片印在名片上，也可以在微信朋友圈展示自己的颜值和才艺，加深客户对自己的印象和好感，从而大大增加成交的机会。那么长得不好看的营销人员就没有优势了吗？

其实，每个人都有长处，就看会不会挖掘和打造了。前面讲过，自媒体时代要学会"打造自己的人设"。比如，你颜值不高但是会唱歌、会跳舞、会打球、会烹饪，这些特征或者特长都可以作为打造自己人设的基础，以此展示自己的价值。

训练
多选题

为了给美国客户留下深刻的印象，营销人员马艳丽决定这么做。以下做法正确的是（　　）。

A. 穿了一套正装，化了淡妆

B. 染了一头黄发

C. 谈吐尽显幽默，让交流氛围更好

D. 买了一束花送给客户

3.6 要有耐心，持之以恒

来展位咨询的客户，有些因为已经有长期合作的伙伴或者还不是很认同你和你的产品而不会立马下订单。但以后因为形势的变化，如供应商价格上涨、市场份额扩大等，可能会在某个时候需要新的供应商，从而找到你。因此，一个营销人员在展会上要做的就是不断加别人的联系方式如电话、QQ 或者微信，以便加强互动，寻找交易机会。比如可以在微信朋友圈与他互动，首先刷存在感，其次刷关注感，然后刷重量感，最后刷价值感，让客户感觉到你是那个经常注意他、关注他、有价值并能为他提供价值的人。这样一来，他可能就会关注你，认识到你的重要性和价值，或者可能会终止与老供应商的合作，而与你建立业务联系。

3.7　有自己的底线

陈总还说，并不是所有的客户都值得成交。他以前遇到过一个王总，加他微信说"想和他谈谈有关产品的事"。以下是他们的聊天内容。

王总：喂，我一个朋友说你是做吸尘器的，是吧？

陈总：你好，是的。请问怎么称呼？

王总：我姓王，你今天下午来趟我这里，东湖路 235 号，新汇大厦十楼，我有意向看下你们的产品。

陈总：请问几点？

王总：三点。

陈总：我两点还有另外一个客户，估计三点不一定能准时到。要不三点半可以吗？

王总：难道我不是客户吗？你要想做这个业务，三点钟必须到。

陈总在二点五十到了客户公司，但客户已经出去了。陈总给客户打电话。

陈总：你好王总，我到了你办公室，你出去了吗？

王总：你等下吧，最多半小时，我就回来了。

陈总等了半小时，王总还是没回来。

陈总又给王总打电话。

陈总：请问王总你什么时候能回来？

王总：你催什么呀，我这里忙着，再等一小时。

最后，陈总决定不等了，这种没信用、没礼仪的客户没必要去成交。

听到这里，张晓突然想起一件事来：

陈总说的"有底线"，她的确是认同的，并且也是这么做的。

她有一个客户姓刘，是某服装公司的采购经理。自从一次给他送过样品拿到一个小订单后，他就经常给她发微信关心问候她。刚开始张晓还觉得内心很温暖，毕竟自己一个女孩子，出门在外也需要人关心。后来，刘经理的微信越发越多，越发越离谱，已经近乎骚扰了，这让张晓非常不舒服。有一次他过生日，说要请朋友们吃晚饭，并热情邀请张晓参加。碍于客户面子，张晓如约前往。

到那之后，张晓才发现只有她一个人，并且是在一个包厢。席间，刘经理拼命地劝她喝酒，但都被她以各种借口拒绝了。刘经理不高兴地说了句："不喝酒怎么谈生意，我们公司以后订单很多的。"但张晓还是坚持不喝，并且没有喝桌上的任何饮品，只喝了自己带的矿泉水。对于饭菜，也是仔细看过刘经理吃了之后，她才尝一点。刘经理喝得兴起，还从口袋里拿出一张银行卡说自己做采购很赚钱，只要她愿意做他女朋友，就取出其中的50万用来给她买车。张晓觉得很搞笑，心想"你有钱和我有关系吗"，但也突然对面前的这个男人感到可怕。当时她连卫生间都不敢上，生怕刘经理在饭菜里动手脚，毕竟有很多不法分子用迷药来害女孩子。吃完饭，刘经理坚持要带张晓去唱歌，但张晓以"有事"为由要打车回家。刘经理想开车送她，也被她以"酒驾违法"拒绝了。谁知，后面发生了惊险的一幕。

张晓在打车回去的路上，发现刘经理竟然不顾喝了酒，开着车子一直跟在后面，以致她出了一身冷汗。她赶紧改变了主意，没有在租房的小区下车，而是在小区前面几百米的一个绿化带下车了，然后快速跑到几棵大树后面，这里有小路可以直接到她住的小区。然后，她发现刘经理竟然也下车了，在绿化带旁边张望着。张晓很恐惧，借着黑夜的掩护，连忙闪到更远的篱笆后面。刘经理进了绿化带发现张晓不见了，又出了绿化带沿着街道走了几步，往前往后东瞅瞅西瞅瞅，没有发现张晓的身影，只好悻悻返回。张晓等了一会儿，确认对方已经离开后，立刻从小路回家了。

后来，她再也没与刘经理有任何接触。不过从那以后，刘经理也再没下过单了。

事实证明，张晓做得非常正确。半年后，刘经理因为"吃回扣"涉嫌商业贿赂罪、给女供应商下迷药涉嫌强奸罪被刑事逮捕。

所以，做业务一定要有自己的底线，千万不要以自己的尊严、健康甚至生命安全作为代价，那样太不值得了。

1. 你在业务生涯中有遇到过类似触碰你底线的事情吗？你是怎么做的？

2. 张晓在保护自己人身安全方面有哪些地方做得不错？

3. 你认为做业务还有哪些底线？

3.8 勿贪小利

有些营销人员在成交客户的时候，往往会做出一些谋取私人利益、损害企业利益的事情。比如在企业财务不规范的情况下，很多营销人员会以请客户吃饭、送礼品等为由虚开发票，为自己谋取不正当利益，让企业蒙受损失。而张晓请客户吃饭每次都厉行勤俭节约，反对铺张浪费，并且会如实开发票。她总认为，为人诚实，勿贪小利，不是正当的利益坚决不要，这是营销人员的原则，也是为人处世的原则。

展会上，一个客户下了一个订单，产品是胶章商标，而这个胶章的原材料比较特殊，公司以前从来没有做过，采购员也不知道去哪里找。如果找不到原材料，订单就泡汤了。为了满足客户的需求，张晓自己去寻找原材料。没想到，几天后竟然让她找到了，厂家就在东莞市的一个镇上。张晓有一次去了这家工厂，看了他们的样品，觉得还不错，就计划把这个供应商推荐给采购。这个供应商姓赖，三十多岁，长得也的确是不赖，高大魁梧，看起来非常圆滑。在张晓快要离开工厂时，他把张晓拉到一边，神秘地对她笑了笑，塞给她一个红包，把她吓了一跳。张晓很坚决地谢绝了，赖总那张堆满笑容的脸立刻显得有些尴尬。

"利字头上一把刀"，如果营销人员置法律于不顾、置企业利益于不顾，蓄谋私利，迟早会自毁前程。多行不义必自毙，身陷囹圄始后悔。

1. 如果你是张晓，你会怎么做呢？

2. 赖总的做法对吗？为什么？

任务 4 成交客户的策略

要成交客户，设计好成交策略就很重要。如果说成交是一把锁，那么成交策略就是一把钥匙。

4.1 预防成交失败的策略

要掌握成交客户的策略，就要先了解预防失败的策略。作为一个营销人员，如果要问什么事情遇到得最多，那可能就是失败了。一个营销人员不知道要经历多少次商谈的失败，才能成交一个客户。

失败越多，获得的经验就会越多，成交的客户也才会越多。这句话并不是说营销人员对待失败要保持无所谓的态度。可以这么理解，营销人员要积极主动预防失败，推动成交，提升成交概率。要知道，成交可能性再大的交易，都有可能因疏忽某个环节而失败。在洽谈业务的时候，不要只想到交易成功的一面：客户会如何成交？成交后的金额大概有多少？自己的提成、奖金又有多少？拿到奖金准备请朋友去哪个酒店吃饭？想起来美滋滋的，到头来却很可能因为没有采取预防失败的策略，某个环节出了问题，这笔交易最后是竹篮打水一场空。因此，营销人员在成交时既要想到交易成功的一面，更要想到交易失败的一面。尤其要思考：可能会在哪些环节失败？客户会在哪些方面拒绝？这样才能便于自己采取相应对策。一般来讲，客户拒绝的原因可能有：营销人员的素质、礼仪、产品、品牌、货期问题等。因此，要针对不同的问题，设计不同的对策。

以下是一些客户可能拒绝的原因及相应的对策。

4.1.1　营销人员的礼仪问题

礼仪问题导致的客户拒绝事件屡见不鲜。作为营销人员，一定要对商务礼仪进行学习和强化训练。在每次谈判中，都要做最好的自己。要多询问同事：还有哪些缺陷？可以在哪些方面改进？俗话说："台上一分钟，台下十年功。"要想在商务谈判场上言行得体、合乎礼仪，没有长期的学习、训练及实践是不行的。

4.1.2　认为产品质量不好

当客户觉得产品质量或性能不是特别好，准备拒绝时，你可以对产品与竞品进行比较，说明自己的产品在哪几项技术、哪几个性能指标方面强过竞品，并当场让客户体验，这样才会有说服力。另外，也可以拿相关的质量证书进行补充说明。一般而言，这样做基本可以打消客户对你产品的怀疑。

4.1.3　觉得价格偏贵

客户觉得价格贵，是导致交易失败较常见的一个原因。当客户说贵的时候，你说"不贵""很便宜"之类的话，可能就达不到说服客户的效果，因此很有必要采用一些方法，提升自己讲话的艺术水平，以更好地应对客户的拒绝。张晓就曾经采取幽默法很好地应对了客户的拒绝。当遇到客户说"贵"时，她会对客户说，"是好贵呀，东西好才贵哦，不好的东西才便宜呢。像你们这么有实力的公司，肯定会买好一些的产品吧？"客户听她这么一说，往往会会心一笑，于是大家在愉快的笑声中就成交了。这样通过幽默的方式来应对客户嫌价格贵的问题，既缓和了成交的紧张气氛，又提醒了顾客贵的东西才好，自然能提升成交概率。当然，还有一些其他的应对方法。比如塑造价值，说明价有所值：价格高是因为具有更高的价值，然后细细罗列产品有哪些价值；或者把产品拆分成几个部件，以产品部件成本为基础逐个报价，给客户一种不贵的感觉。

你还能想出一些其他应对"客户表示价格贵"的方法吗？

4.1.4　货期比较紧

如果客户对货期提出了要求，恭喜你，说明他已经认可了你的产品。但当客户要求的货期很紧时，千万不能贸然答应，以免到时交不了货，不但拿不到货款，还会遭到客户的索赔。尤其是国外贸易，对货期要求非常严格。因此，不要只顾业绩，盲目接单。有些营销人员明知工厂无法在规定时间内按期发货，但为了先拿下这笔订单，打肿脸充胖子，满口承诺，并签订协议。结果不出所料，出货数量和质量远远达不到客户的要求，无法按时交货，导致客户利益受损，工厂需要赔偿。

面对客户要求货期很紧，可以通过一些沟通技巧为自己争取更宽松的交货期限。比如先和公司沟通，尽量满足客户要求。如果达不到要求，再向客户请求适当延长货期，可以向客户说明，如果为了赶货，影响大货品质就不合算了。如果客户的货期的确特别急，可以建议先做一批货发过去，以解燃眉之急。如果还是不行的话，可以找质量过关的合作伙伴进行加工，但一定要把控好质量。当然，这个必须向企业汇报，由企业出面谈好交易条款，营销人员不能私下给其他企业下单，否则就是跑单了。这是违反公司规定的，严重时还要受到公司严惩甚至承担法律责任。

张晓之前也遇到过一个很急的订单，要求一周内出货。按照当时的生产进度，凭借张晓与生产部的关系，最快也得十天，换作其他营销人员可能就需要十二三天了。在有些企业，生产部按照与营销人员的关系来安排订单生产顺序是一个潜规则。所以，张晓当时提出了两个方案：一种方案是一周内会把 80% 产品发过去，另外 20% 产品第十天再发，但两次运输费都由客户承担；另一种方案是时间延长三天，免费多送客户 100 件产品，价格不变，一次性把货物发过去，客户承担一次运费。最后，客户衡量了利益，同意了第一种方案。

4.1.5　客户犹豫不决

客户一直犹豫不决，迟迟下不了购买决定，这也是令很多营销人员抓心的难题。遇到这种情况，一定要先分析客户犹豫的原因。如果客户对价格比较犹豫，希望可以获得优惠，要抓住机会，给其提供优惠折扣或者礼品赠送，让客户有赚到的感觉；如果客户对售后服务比较犹豫，要向客户说明公司的规模实力及售后保障，打消其顾虑；如果客户本身是一个犹豫的人，很难下决定，要帮他做决定。比如客户在三个类似的产品中犹豫，不知道买哪一个，这时候你千万不要问："三个产品，你买哪一个呢？"这一问，客户会更犹豫，也就更难成交了。你可以说："我觉得这三个产品虽然看起来差不多，但是 A 产品更适合你，因为……"这样一来，客户就为选择 A 产品找到了一个合适的理由，他心里会说：对呀，就买 A 产品，我也是这么想的。当客户对购买无所谓时，可以采取压力法。你可以说："这款产品剩下的数量不多了"或"这款产品的促销活动快结束了"，让客户意识到现在购买的价值以及不购买的损失，促使其当机立断，果断出手。

4.1.6　认为不是大品牌

当客户认为你的产品不是大品牌的时候，你可以说："很多大品牌的产品也是由加工型企业生产的。比如中国市场销售的很多世界品牌的产品都是由中国企业生产的。如果有大品牌同样的品质，但是价格却低很多，难道不值得立刻拥有吗？"这么一说，很有可能打动你的客户。所以，营销人员只有设计好预防交易失败的策略，才能做到胸有成竹，应付自如。这里有一点需要注意，无论客户如何拒绝，千万不要和客户争论。因为争论的结果一定是两败俱伤，订单泡汤。

训练

思维拓展

当客户说你的产品款式不好的时候，你会如何应对？

4.2　根据不同类型客户，应用不同类型策略

成交策略有很多，比如产品质量策略、价格取胜策略、人际关系策略、以情感人策略、主动抛锚策略等。营销人员要根据具体的情况来应用具体的策略，千万不要纸上谈兵。

产品质量策略。遇到"务实"型客户，他们很重视产品的质量，就可以采取突出产品质量的策略，比如通过展示各种产品证书、技术证书、客户案例、产品体验等来证明产品的质量，让客户买得放心，用得开心。尤其是一些电商平台、直播平台，用户没有办法接触产品，这时就要通过展示相关证书，比如行业协会颁发的质量证书、获奖证书等，增加他们的信任感。

价格取胜策略。当遇到"实惠"型客户，希望采购到较便宜的产品时，可以采取价格取胜策略，利用提供折扣、优惠、赠品等各种促销手段促使客户下单。

人际关系策略。当发现有可利用的人际关系时，可采取人际关系策略，迅

速与客户建立连接，实现成交。这种尤其适用于"社交"型客户。按照中国的商业文化传统，很多企业采购一般都会偏向于熟人关系：一是觉得碍于情面；二是觉得比较放心。所以，人际关系是中国式营销中最不可控的因素。如果一笔交易"天时""地利"都有了，就要不断拷问自己有没有"人和"。

以情感人策略。这是指营销人员通过某些感人的言行来打动客户，引发客户的情感共鸣，增进客户的好感，建立合作意向。这种策略特别适用于"情感"型客户，能达到出奇制胜的效果。情，是世界上最能打动人的武器。"问世间情为何物，直教人生死相许。"情都能降伏生死，更不用说打动客户了。因此，比起其他策略，以情感人更能建立一种深厚的友谊，使合作关系更为稳固。

主动抛锚策略。这是指营销人员主动抛出一个引子，引起客户的兴趣，产生更多的话题并进行互动，从而快速获得客户的信任，并锁定自己在客户心中的重要位置。有时，以情感人策略与主动抛锚策略一起使用，效果更佳。当然，采用这种策略，需要一定的知识积累、丰富经验的沉淀，更需要灵活应用的技巧。这种策略尤其适用于"健谈"型客户。

4.3 策略应用案例

以下是一些成交策略的应用案例。

4.3.1 以情感人策略应用

有一次快到月底了，张晓的业绩比上月还差几万元，心中甚是着急，于是一天到晚忙着打电话，拜访客户。后来她在东莞长安镇拜访一个意大利运动品牌的香港合作公司，其采购经理 Frank 接待了她。因为香港人都会讲英语，她以为 Frank 是香港人，就用英语进行了交流，当然也想通过一口流利的英语获得客户的好感。果不其然，客户觉得她英语讲得很好，就产生了好奇，和她攀谈起来。张晓知道，有时候谈过多的产品，效果不一定很好，可能会让客户心生排斥。于是，她就顺水推舟，谈到自己一段艰难的自学英语的经历，讲到自己是如何通过自学拿到大学英语六级证书的，以及毕业后她是如何在公司边工作边练习英语口语的。没想到，这位客户也有类似的自学经历。原来 Frank 也来自中国内地，学的是采购专业。他为了在香港公司站稳脚跟，花了很多精力学习英语。Frank 的经历也打动了张晓，让张晓对他慢慢产生了好感。接下来他们谈得很投机，促使 Frank 想进一步了解张晓公司的产品。Frank 说，本来他们是有供应商的，不过增加一个供应商，就可以让他们的采购工作更灵活，从而根据不同客户的需求选择不同的供应商。于是，他们很快就成交了。没想到，这还是个大客户，代理的是一个知名运动品牌，每个月的订单数量在十几万以上，相当于十来个小客户订单金额的总和。这真是"踏破铁鞋无觅处，得来全不费工夫"呀。

4.3.2 主动抛锚策略应用

营销人员需要与各行各业、各种层次的人接触，因此要不断丰富知识、增长见识、拓宽视野。这样与他人交流才能如行云流水，业务谈起来也才能得心应手，主动抛锚也就容易多了。可能有的读者会产生疑问，如何在商务洽谈中导入其他话题呢？当然，如果直接切入其他话题，可能会让人觉得有种横插一杠的唐突感。下面我们看看张晓是如何抛锚的。

有一次，张晓去拜访一个在商业活动中偶遇的服装公司的赵总。她看到这个客户桌上放了几本社群营销类书籍，而她大学期间也学习过社群营销的一些知识，对这方面比较熟悉。于是，她没有直接和客户谈产品，而是先谈起了社群营销。

【对话模拟】

张晓：赵总，您好！不好意思，打扰您了。我是广东××公司的产品顾问张晓，在微信上和您邀约过。

赵总：哦，张晓，你好，请坐。

张晓：谢谢呀，赵总。

赵总：不客气。

张晓：赵总，我看见您桌上有几本社群营销的书，您最近在研究社群吗？

赵总：呵呵，研究谈不上。以前根本不懂，现在想系统学习下，毕竟社群营销很重要呀。

张晓：嗯，赵总说得很对。社群是一个趋势，对企业来说可是一片红利呀。

赵总：以前你和我说的一些营销玩法，我觉得很受用……

由于张晓在社群营销方面有着独到见解，两个人谈得很投机，最后顺利成交了。

事后，赵总还多了点小心眼，对张晓很关照，经常从她那里下订单，期待有一天能把她挖过来为自己公司所用。

训练

案例分析

1. 根据以上案例，分析张晓的营销策略。

2. 针对你的产品和客户，设计一个主动抛锚策略。

任务5　成交客户的方法

成交客户的方法有很多，以下是编者研究使用过的几种方法，你也可以举一反三，形成适合自己的成交方法。

5.1 "挖"客

有一次，编者去杭州银泰买东西，突然想起自己的朋友圈里有个网友常晒一些小孩在银泰一个娱乐园玩耍的照片，认为其可能是潜在的客户。后来经过寻找，发现二楼有个儿童娱乐园——乐满堂。直觉告诉编者，这个地方可能有戏。于是，编者径直走进了这家娱乐园。进去后，编者没有直接去办公室，而是仔细观察了这个娱乐园的设备、玩耍的儿童及儿童父母付款的方式等，发现这个娱乐园在客户充值时，会赠送一些小礼品。

这一发现让编者眼睛一亮，感觉机会来了。当时，编者既没带样品，也没带价格表，只带了一份多年磨砺出来的自信和胆量。编者看到里面有个房间，应该是办公室，便走了进去。结果，三分钟后就出来了。是被拒绝了吗？当然不是。当时办公室里坐的正是老板覃总。我们只谈了三分钟，居然就直接达成了合作意向，而且下次只需把样品柜和产品带过来就可以。

你可能会怀疑，客户连产品都没有看到，怎么会相信编者？现在是移动互联网时代，只要让客户看到你电商平台或者微信朋友圈的照片或者视频就足以证明。空手去谈业务，有时候反而比拿着样品、提着包效果更好。因为职业化的推销方式，会让客户产生逆反心理，瞬间产生抵触情绪。这样一来，就算你的产品再好，也难以让客户产生了解的想法。反其道而行之的销售方式，有时候会更有效果。所以，销售术是讲究奇正结合的。战国时期的谋略家、纵横家、教育家、军事家鬼谷子曾说过："正不如奇，奇流而不止者也。"

所以，微信朋友圈的一个动态、抖音的一个粉丝视频、微博的一条博文，都有可能帮你找到客户。现在不仅是浏览信息的时代，也是挖掘信息的时代，更是利用信息的时代。是对信息熟视无睹，还是对信息独具眼光，全靠你的用心！

5.2 "拼"客

当今社会，"拼"也是一种常见的现象，比如"拼"座、"拼"房、"拼"团等。那什么是"拼"客呢？"拼"客就是和其他合作伙伴一起，找到共同的客户。我们都知道，找客户比较辛苦，耗时间、耗体力、耗成本，有时候还耗自信。而"拼"客，可能是一种更有效、更省心的拓客方式。那么如何"拼"客呢？

5.2.1 如何"拼"客

现代人出行喜欢拼车，使用各类打车软件即可实现。我们知道，凡是可以拼车的客户都有一些共同点，比如经过的路线相同或相近、目的地相同等。

"拼"客也是这样，潜在客户必须有一些共同点，尤其是本质特征而非表面特点，才能"拼"在一起。因此，要与别人"拼"客，就必须确认双方的客户具有足够的近似度，否则就是浪费体力、精力、财力。

"拼"客的具体流程如下。

（1）分析自己及合作伙伴的特征

描绘客户的年龄、性别、收入、生活习惯、兴趣爱好等特征。比如你销售的是女大学生用的化妆品，那么"女性""20岁左右""无收入"等这些属性就成了客户的特征。

（2）比较自己及合作伙伴的客户近似度

把双方客户的特征加以比较，了解相同点有哪些、相同点在所有特征中占多大比例。比值越高，则近似度越高；比值越低，则近似度越低。若近似度在80%以上，一般就可以确定合作意向，即可以"拼"客了。

（3）找合作点

确定合作意向后，就要寻找一个合作的切入点。比如一家培训公司，要找的客户是有一定规模、一定实力的企业。而有规模、实力的企业，一般也是银行的客户。经过测试度分析后，该培训公司确定了和银行的合作；同时寻找到一个合作点，双方共同举办一次培训活动，共同邀请客户参加。

（4）连点成面，把合作资源有序对接

首先，由培训公司免费提供培训课程和站台讲师，银行负责邀请企业客户免费参加。这样，活动各方都分享了自己的资源，也免费得到了对方的资源，共同获得了潜在客户。

（5）共同策划活动方案

根据找到的合作点策划活动方案，包括活动目的、形式、组织、分工、预算、效果评估等。根据活动方案组织团队实施，并对活动效果进行预测和评估。比如培训公司可以和银行共同策划方案，设计免费课程和收费课程，通过免费课程吸引企业参加，通过收费课程获取利润，最后双方就培训利润进行分成。

5.2.2　多边形"拼"客

当今社会，没有创新就没有生命力。找客户同样需要创新，编者提出的多边形"拼"客方法，就是一种富有创新、整合资源、降低成本、成交客户的方法。

什么是多边形"拼"客呢？多边形"拼"客是指由一个公司发起串联，与多个公司发生供需联系，一起协作，互相成为客户。比如有两个公司A和B，A是B的潜在客户，但是A经费有限或者对B产品还有犹豫，很难成交。则B可以利用"多边形拼客"模式，即通过第三方或者多方进行联结，找到共同点；再连点成面，建立合作模式。比如一个化妆品公司想要做地铁口平面广告，但是经费不够，因为广告公司要收到现金才给客户做广告。当时，广告公司还有另外一个客户做电商孵化。按照"拼"客模式，可把三方资源调动起来，邀请电商公司帮化妆品公司卖货获取佣金；化妆品公司则以卖货部分收入作为广告经费；广告公司用这些经费给化妆品公司做广告。这样，就实现了三方皆赢。这属于"三边形拼客"模式，也可以采用"四边形拼客"或"五边形拼客"等多种"拼"客模式。

使用多边形"拼"客方法的必要条件如下。

（1）有足够多的潜在客户资源。

（2）每个公司的供应必须有质量保证，并不能按高于市场价格出售。

（3）一个公司的需求就是另外一个公司供应的产品或服务。

化妆品公司看起来与电商公司没有关系，但是通过共同业务伙伴广告公司可以进行连接，找到销售合作的共同点，将化妆品公司的产品销售需求与电商公司的服务供应对接，将广告公司的广告服务与化妆品公司的广告需求对接，这样"三边形拼客"模式就形成了。

因此，如果两个公司看起来没关系，难以成交，那么看看是否可以通过第三个公司找到共同点。如果第三个公司也不行，那么再看看第四个、第五个公司。

请思考：除了以上的方法可以"拼"客外，你认为还有哪些更好的方法可以"拼"客呢？请把你的答案写下来。

5.2.3　张晓的多边形"拼"客方法应用

了解了多边形"拼"客方法后，张晓创造性地进行了探索和实践。她建立了一个客户资源管理库，对成交的客户、有意向的客户、意向不大的客户等都进行了资料的收集和整理。资料非常全面，除了一些基本信息外，还包括资源信息、供应信息等。她利用足够多的信息，应用计算机技术，通过多边形"拼"客方法，玩了一把"拼"客模式。她是怎么操作的呢？

假设张晓的公司名称为 A，她们有一个印刷设备供应商 B，该供应商需要很多清洁机设备。而张晓有一个客户就是做清洁机的，这是厂家 C，该清洁机厂家长期需要传感器。而李晓倩的企业就专营传感器，这是企业 D。这些信息早就被记录在张晓的客户资料库中。

张晓考虑到她的同学李晓倩在一个传感器企业，他们也需要做商标印刷，但由于李晓倩在该企业人小言微，加之他们本身有长期合作的供应商，要谈下来还是有困难的。但利用多边形营销模式，就变得容易多了。

首先，张晓向 B 推荐了 C，B 鉴于与 A 的供销关系，觉得 C 产品也不错，就达成了合作关系。然后，张晓又向 C 介绍了 D，C 鉴于张晓帮他们介绍了客户，也同意与 D 接触了解。在发现 D 产品也不错的情况下，便建立了合作关系。由于张晓帮 D 介绍了客户，再加上李晓倩的努力，D 最后也和张晓的企业 A 建立了合作关系，并试探性地下了一些小订单。尽管订单比较小，但没关系，只要给张晓一片云，她就能编织成彩虹。小订单都下了，下大订单的日期还会远吗？

张晓在整合客户资源的时候，得到了很多客户的帮助。比如 Frank 就给了她很大的帮助，给她介绍了很多企业，使她的客户资源库越来越充实。张晓对他也充满了好感和感激，但仅是藏于内心。不过这就够了，没有什么比相互欣赏、默契与关心更美好的了。

张晓利用"拼"客的技巧摸索出一套自己的经验，成交了不少客户，多次受到公司的表彰。这个时候，营销副总甚至营销总监，也都开始注意她了。也许，她就是一颗耀眼闪亮的新星，只要有一点机会，她就能划破长空，光芒万丈……

训练 张晓"拼"客模式给了你什么启示？

案例分析

任务6　成交客户的技巧

成交客户的技巧非常重要，有时可以达到四两拨千斤的效果。成交客户有以下一些技巧。

6.1　提升气场

我们都知道，商务谈判的效果不仅受谈判方式的影响，而且受气场的影响。气场是一个人的素质、品质、知识、经验、个性、思想、情绪等特质的综合体现。气场体现为两种力：影响力或感染力。在商务谈判现场，谁的气场更强大，谁就能有商务谈判的主动性，也就占据了成交的主动权。

如何提升商务谈判的气场？

首先，尽力选择对自己更有利的场所。何为有利的场所？就是自己拥有的熟悉的场所，称之为主场。就像 NBA、CBA 篮球赛一样，谁占据主场，谁就更有优势。在商务谈判时，尽量不要选择对方的办公室，因为那是他的主场，只有选择你的主场，你才会信心满满。如果对方不去你的主场，也尽量不要选择对方的主场，可以考虑选择第三空间，比如咖啡厅、茶楼等。

其次，就座也会影响到你的气场。当你只能选择在对方的办公室洽谈时，最好不要坐在他对面的位置，因为这样他会居高临下，有时甚至会咄咄逼人，将你的气场逼到墙角。所以，你应该斜坐，座位对着他办公桌的另一边，并且必须坐得笔挺，不要低头哈腰，而要把持住一些属于你的气场，以显示出你的自信和强大。

再次，要打造一个优势互补的谈判团队。团队人员各有所长，有的精通产品，有的熟悉技术，有的善于沟通，有的善于成交。大家共同发力，人多力量大，也能形成强大的气场。

最后，要从自身知识、人格魅力等多方面入手提升气场。这需要在平时加强学习，拓宽知识面，在商务谈判时才能以个人的知识、见解让对方佩服，从而提升自己的气场。

有一个历史典故叫"舌战群儒"。三国时期，刘备的谋士诸葛亮出使东吴谈判，希望可以联吴抗曹。但东吴的诸多大臣，都表示反对。从场地来说，诸葛亮完全没有主场优势。但是凭着自己的智慧、才识和胆略，他旁征博引，舌战群儒，让东吴诸多谋士处于下风，形成了强大的人格气场，最后说服了吴主孙权，获得了谈判的胜利。

6.2　良好的沟通

良好的沟通有助于增加客户对你的好感。良好的沟通力是一个优秀营销人员的核心能力。如何与客户进行良好的沟通呢？

自我介绍不应过长，否则容易让人生厌。像"您好，我是来自浙江省杭州市××有限公司营销部的销售代表小李"这样的介绍，就让客户听得很痛苦，不如简单明了地介绍自己"你好，我是杭州××公司的小李"，这样是不是更容易让客户接受呢？

明确商务谈判的目的，找到合适的开场白。邀约客户时直截了当、开门见山的效率比扭捏作态、欲言又止要强数倍。比如可以这样开始你的开场白："您好，我今天来是想向您介绍下我们的新品。"

不要给客户压力。许多不专业的营销人员因为想急于做出业绩，会在三五句话内立刻切入成交话题，直接问客户"要不要""买不买"之类的问题。客户听到这些问题，就会感到很有压力。这时他们一般是不会下决定购买的，而是会选择拒绝，以便从压力中逃离，获得安全感。因此，在洽谈业务时，千万不要问"要不要""买不买"这类问题，以免直接扼杀了成交机会。

营造快乐的氛围。在会谈中，最好是通过幽默、风趣的方式，营造快乐放松的氛围，让客户处于快乐情绪，以促进成交。有数据表明，大多数客户会选择情绪快乐时成交，因为当人快乐时，会处于感性的情绪当中。而购买行为一般是以理性为基础，在感性战胜理性的情况下产生的。因为当客户处于理性时，脑子里总在想着诸如"这公司可靠吗""这个产品质量好吗""有没有更好的产品"之类的问题，如此杂念丛生，疑虑重重，怎么会成交呢？而当客户处于感性时，想法是这样的："这东西不错呀！""这么多优惠，再不出手，更待何时？"因此，当客户决定购买的时候，一定是感性占据上风。

恰到好处的赞美。谁都喜欢听别人赞美自己，赞美就是成交过程的润滑剂。适当的一句赞美，可能会让兴趣不高的客户或者无心和你交流的客户兴奋起来。一兴奋，荷尔蒙分泌增多，就会处于感性情绪。当客户处于感性情绪时，离成交也就不远了。

交谈后聆听客户的想法。如果有些客户对你的产品或者你本人的营销思维和行为有意见，但是不愿挑明，就意味着以后不再会有合作机会。但若你主动询问，结果可能就不一样了。他们会直截了当地指出你的不足之处，并且会对你产生好感。谁不喜欢勤能补拙、谦虚上进的营销人员呢？也许，你的好学上进、你的为人真诚，能为你开辟一条成交的迂回之路。

6.3 利用心理

下面介绍利用心理的三大技巧。

6.3.1 利用从众心理

在淘宝购物的时候，消费者往往会选择排名靠前、销量偏高、好评如潮的商品。因为很多消费者都有这样的思维模式：一个产品，买的人多，就认为产品一定不错；一个饭店，吃饭的人多，就认为饭店一定不错。因此，产品的成交量越大，买的人就越多，这就是从众心理。从心理学角度讲，这是一种寻求安全和保护，避免风险的心理。因此，在销售产品的时候，要尽量制造热销现象，哪怕是滞销的产品也要通过活动动销起来，并且要形成销售数据，以便在适当的时候透露数据给客户。只有把产品动销起来，通过活动维持热度，才能吸引更多的客户购买。

6.3.2 利用品牌心理

很多消费者都喜欢买品牌产品，这是为什么？主要有以下几个原因。

（1）求实心理

品牌意味着信任，意味着可靠，买着踏实，用着放心。另外，不同品牌意味着产品的不同特色、不同功能，有的消费者偏好某种特色和功能，所以会毫不犹豫选择中意的品牌。因此，很多品牌产品无须营销人员过多介绍，客户会直接购买。因此，很多消费者在购物时，不是把价格、款式、功能作为选择的重要因素，而是唯"品"是瞻。比如一个消费者购买零食时可能会找三只松鼠或者良品铺子；买电器可能会选择格力电器、海尔电器；买运动鞋可能会选择李宁或者特步；开店铺会选择淘宝、天猫或者京东、拼多多。因此，营销人员要利用公司的品牌优势，让客户认识到品牌价值不仅仅是知名度、美誉度，更是增值价值，即让客户认识到品牌的溢价。

（2）求虚心理

即虚荣心理。认为品牌意味着价值、档次，尤其是某些大品牌或者奢侈品牌。如果用牌子货，说明自己档次比较高，可以获取别人的赞赏和羡慕。有个朋友讲过这样一个故事：一次，一个朋友做东，席间不停地撸起袖子看手表，原来是戴了一块价值十来万的劳力士手表。当大家都对这块手表啧啧赞叹后，这个朋友就不再看这块表了。这就是求虚心理的表现。

6.3.3 利用折扣心理

淘宝、天猫"双十一"期间，是每年折扣力度最大的时候。这个时候，买家的购物热情空前高涨，众多的剁手党整夜煎熬，把当天满满的购物车清空后，才能安心踏实地上床睡觉。正是因为这种心理，"双十一"的销量一年比一年新高。很多消费者，因为获得名目繁多的折扣拥有爆棚的成就感。因为折扣，生活才不折不扣地充满色彩；因为折扣，促进了电商平台的一派繁荣。折扣也是实体超市提升进店流量，提高销售额的重要手段。清晨上街时，我们经常可以看见一群老大爷、老大妈排着长队，耐心等着超市开门，以图买到折扣商品的情景。

一般而言，在与客户商谈价格时，客户一般都会要求给予折扣，尤其是量大的订单。有的公司也会根据客户订购数量设置不同折扣。因此，折扣交易是一种常见的促销手段。给予客户折扣时要注意以下几点。

（1）如果是客户主动要求价格折扣，不要立刻同意

客户觉得你答应得太快了，会认为产品利润很大，价格折扣还有空间，然后继续要求折扣，这时你就很被动了。因此，不要轻易答应客户的折扣要求，要让客户觉得自己的产品质量过硬、体验很好、供不应求、是没有价格折扣的。当客户不再坚持的时候，可以选择原价成交。当客户还是软磨硬泡，那就只有做一些让步了。但让步也有技巧，最好不要说"好吧，那就给你折扣吧"之类的话，你可以说"给折扣我没有权力，我需要向领导申请"。接着，你就打电话或亲自去请示领导。这样，客户会觉得折扣来之不易，从而产生一种占了便宜的心理。

（2）不要随意亮出价格底牌

你有没有遇到过这样的客户，他一直不满意你的价格，却又迟迟不说希望给予多少折扣。这个时候你应该明白，你遇到的是一个谈判高手，他总是不露出自己的底牌，而要摸清你的底牌，再根据你出的牌决定他出什么牌。这个时候千万别随意报一个价格折扣，否则你就陷入被动了。因此，要先摸清对方的底牌。那么如何摸清对方的底牌呢？

你可以和对方说明，折扣是根据数量来定的，数量越大，折扣就越大。这样把压力推给对方，让对方有自知之明，知难而退。如果对方报的数量的确是可以给予折扣的，可以先给一个偏低的折扣，因为这类谈判高手一定会要求提高折扣的。在对方要求提高折扣的时候，你可以要求提高订单数量，这样就形成一种拉锯战，你来我去，进行博弈，大家势均力敌，最终会以折中的方式成交。

6.4　主动成交

什么是主动成交呢？有一次，编者去一个超市买杯子。编者让老板拿了几款杯子比较了一下。老板问哪款比较好一些，编者回答蓝色的那一款好一些。对方说59元。编者认为这个超市也不大，这样的玻璃杯卖59元有些贵，而编者的心理价格是40元左右。当编者还在犹豫的时候，老板却把杯子包好了，直接询问："你是微信付款还是支付宝付款？"编者只好说："支付宝吧。"就这样，编者被成交了。

这样的场景还有很多，比如在小吃店吃早餐的时候，你没有想到要茶叶蛋，但也不排斥吃茶叶蛋。当老板问你"要一个还是两个茶叶蛋"的时候，你可能

会嗫嚅着说："那就来一个吧。"这些，都是主动成交的例子。

主动成交，特别适用于犹豫不决的客户，或者在客户犹豫不决的时候使用。通过主动成交，帮助客户做出决定，让客户在心理上认同你的销售行为。

训练

思维拓展

你认为还有哪些成交客户的技巧呢？请写下来。

任务 7　成交客户流程

成交客户具有一定的流程，具体如下。

7.1　调查了解客户

孙子兵法云："知己知彼，百战不殆。"没有调查，就不能获取客户的必要信息，就会导致谈判的低效，成交的失败。另外，就算客户愿意成交，但你不了解客户的财务状况或者公司的信用，就很有可能会因为对方难履约或不履约而蒙受巨大损失。所以，要想成交客户并规避交易风险，就很有必要对客户进行调查了解，做到熟悉客户情况，而非一知半解。对客户情况一知半解的坏处就是容易把成交带入歧途。

7.1.1　是馅饼还是陷阱

张晓成交过不少客户，但其中一个客户给她印象最深，可以说给她上了一课。有一次，她刚到办公室，办公桌上的电话就响了，她赶紧跑过去拿起了电话。对方说，他们想做一批印唛。张晓仔细地询问对方是哪家公司，在哪个地方。对方告诉张晓，他是深圳一家公司的采购，不过他人现在就在东莞，离他们公司不远的地方。张晓一听有些乐了，没承想今天运气好，能"捡"到一个客户。真是早起的鸟儿有虫吃呀。于是，张晓盛情邀请对方去她公司坐坐，看看样品。对方也很爽快地答应了。

见面后，张晓发现对方是一个小伙子，他自称姓方，并给了她一张名片。两人简单寒暄了几句，张晓就带客户去车间看了一下生产线，并参观了样品室。客户对她们的产品比较满意，当场就下订单了。订单数量比较少，是一千个，单价两点五元，总金额两千五百元。但当时张晓客户少，并且又是在办公室"捡"到的客户，所以还是让张晓感觉到一种"天上掉了个馅饼"的惊喜。后来，张晓要求客户预付百分之五十的货款，余款按照公司制度月结。方先生表示同意，并预付了货款。

当月月底，方先生果然守信，把订单的货款转过来了。后来，方先生一如既往地在张晓那里下订单，有时候一周一次，有时候两周一次。每次的订单数量都有所增加，由一千个增加到几千个。由于方先生算是老客户，所以之后的交易流程都是不付定金直接下单生产，货款月结。但每次方先生都能如约在月底前付清货款。尽管张晓的好友 Frank 给她提过醒，商场上有一些坑，千万要注意。但业务部做法就是这样的，再说客户每次信用良好，张晓也没有在意。

有一次方先生下了一个最大的订单，交易金额达五万元，是以往订单金额的几倍。原本说好月底付款的，但这一次方先生失约了。张晓赶紧联系他，方先生在电话中郑重承诺"过一周再付，以人格担保"。结果一周过去了，方先生的人格可不如货款价值大，还是一分钱未转。财务部总监当面来催张晓了。张晓赶紧又联系方先生，这一次，他又信誓旦旦地承诺"过一周再付，以公司信誉担保"。但方先生公司的信誉好像也不值钱，这次依然是没有履约。这时候，公司副总都坐不住了，火急火燎地来找张晓，他敲着桌子抛下了一句话："无论如何，你必须亲自把货款给我要回来。"在副总下通牒的第二天，张晓决定坐车去深圳收货款。按照方先生名片上的地址，终于找到了这个公司，她感觉看到了希望，但很快就失望了。因为这个公司已经人去楼空，里面一片狼藉。这时，张晓尽力平静自己心乱如麻的情绪，她冷静地想了想，应该先问问旁边的公司，或许能得到一些有用的线索。经过询问她了解到，方先生的公司刚搬不久，她暗自庆幸来得还不算太晚。张晓寻思，公司刚搬了，但方先生住的地方不一定也搬了，他有可能还会在附近出现。

于是，张晓就在这栋写字楼附近的小区转来转去，转了几个小时，也没看到方先生的影子。这时候太阳升高了，火辣辣的阳光直射在张晓身上，她的全身都湿透了，汗水止不住地往下流。但张晓顾不了这么多，她心急如焚地边走边寻。一想到如果货款要不回来，就得自己来赔偿，并且还要挨批，心里面那个难受呀，眼泪都在眼眶里滴溜溜地打转了。

就在她感到绝望的时候，突然看见一个熟悉的身影，穿着白衬衫、提着公文包、竖着爆炸头的方先生竟然出现了。张晓犹如看到了"救星"，惊喜交加，连忙一个箭步冲过去，抓住方先生的手，很迫切地说"方先生，我特意来拿货款的，你们已经拖欠很久了。"方先生看到张晓，略显一惊，然后镇定下来，对张晓说："你别急呀，我说了会给的。你在这里等我一下，我现在去拿。"这时候，张晓还会放他走吗？张晓赶紧说"我陪你一同去拿吧"，手依旧抓着方先生不放。

方先生有些恼羞成怒了："你抓着我干吗？我会骗你吗？哪一次货款没有付清过？"但是张晓还是不放手。后来，方先生想用力甩掉张晓的手往前跑。张晓就提高了音量说道："如果你想跑，我马上报警，我们让警察来解决。"这时候，有些路人都停下来很诧异地看着他们。

张晓立刻把手机掏出来准备拨打110。张晓后来回忆说，自己一贯待人温和，根本没想到当时会有那么大的勇气和胆量。方先生一看这架势，立刻软得像柿子，连说："我给你，别打别打。"于是，他老老实实地去银行把钱取出来交给了她。这是张晓第一次看见这么多现金，心里紧张极了，赶紧把钱装在包里。坐公交的时候，都是紧紧把包搂在胸前，不敢有任何马虎。几个小时后，终于回到了公司，她悬着的心才放下来。

所以，要成交客户，必须调查了解客户。调查了解客户，除了要熟悉客户的一些基本情况，比如公司发展、主营业务等，还应该重视客户的财务状况、公司信用等影响成交的重要情况。如果客户的公司财务状况不是很好，或者信用较差，与对方做生意就要慎之又慎。最好是通过大数据对客户信用进行科学分析和等级评估，便于对可能的交易目标、付款方式、物流方式、售后方式等做出合适的选择和调整。比如经过分析觉得客户信用高，风险较小，可以采取预付定金方式；觉得客户信用差，风险较大，可以采取款到发货方式，而不要用定金、月结等方式，以尽可能降低交易风险，提高成交质量。

7.1.2 大公司采购，影响决策的五类人

要调查了解客户，除了了解客户的信用状况，还应了解影响公司采购决策的相关人员情况，做到知己知彼，百战百胜。如果是小公司，参与采购的人比较少，一般采购的决策不是由老板做出就是由老板的夫人做出。如果是中、大型公司，参与、影响决策的人比较多，决策的过程也比较复杂，最少有五类人员参与或者影响采购决策。

比如你公司的产品是生产设备，那么你需要打交道的人可能包括以下五类。

第一类是使用者。比如生产部门员工，他们是产品的直接使用者，直接体

验产品，并告知公司对产品的具体要求。

第二类是采购者。一般是指采购部门人员，负责协议的签订和采购任务的执行。

第三类是影响者。比如财务部门经理，根据财务状况等因素，提出"是否有钱购买"之类的意见，以图对决策产生影响。

第四类是建议者。比如技术部门经理，对采购的产品从技术等角度进行测试，并提出建议：技术是否过关、性能是否稳定等。这些建议一般都会受到决策者的高度重视。

第五类是决策者。一般指总经理或者副总，在最后做出产品购买的决定。

当然，不同公司有不同的决策流程及参与决策的部门和人员，这需要深入了解。既然公司采购涉及这么多部门及负责人，那么应该如何和这些部门的负责人打交道呢？这的确不是一件容易的事，需要一定的营销技巧、社交经验和人际技巧。另外，针对不同规模的公司，不同职能的部门，不同个性的负责人，交流方式需要灵活变通、随机应变，以获得他们的好感，从而建立起较好的人际关系网络。

7.2　建立良好的人际关系

了解了影响采购决策的五类人员后，就要尽力与他们建立起良好的人际关系。建立人际关系，并不是说要请这些客户胡吃海喝，给他们送烟送酒，这类庸俗低级的推销方式已经随着商业环境的变化、商业法律的完善、企业制度的规范而逐渐没落。但是这不等于人际关系在市场营销环节中一无是处。相反，人际关系是"新零售"时代营销人员无法回避的、影响成交的重要因素。

7.2.1　如何建立良好的人际关系

要与客户建立起良好的人际关系，首先要了解他们的个人信息。对于知名企业领导，可以通过百度搜索找到一些他们的信息，了解其工作经历、教育背景、兴趣爱好等；对于非知名企业领导，可以通过商会渠道或者熟人关系了解客户信息。如果客户已经在你的微信朋友圈里，了解他们就轻而易举了。你可以通过"万能"的朋友圈，了解其更多的个人信息和最新动态，这一定有助于推进成交。我们看看张晓是怎么做的。

有一次张晓去拜访一个客户，她先通过朋友圈了解到这个客户最近的动态：

三天前在上海开产品博览会，一天前参加了一个行业协会主持的产品获奖仪式等。在他们交流的时候，张晓就谈到了客户的上海之行，以及对其公司产品获得的殊荣进行夸奖，这让客户很惊讶、很开心，也顿时对张晓产生了好感。因此，后面的整个谈判就非常轻松和愉快了。所以，《三国志·蜀志·马谡传》讲到的"夫用兵之道：攻心为上，攻城为下"是非常有道理的，成交客户也要攻心为上，多了解客户，多走进客户的内心，通过内心建立连接肯定比通过产品建立连接的效果好。

另外，要加强与采购相关人员的互动。要多接触、多沟通、多了解客户的想法，并采取相应对策和措施。如果能在客户那里挖掘到"内线"，可以对了解到的信息进行核实，再想法获取更多的信息，这是非常有价值的。当然，获取信息的渠道必须是合法的。通过信息的获取、分析和了解，启动市场攻略。此外，建立良好的人际关系要找到一个切入点，从最容易接近的人员入手，通过上门拜访或者邀请参观的方式加强沟通、培育关系。因此，不管有无"内线"，都不能守株待兔，而要主动出击。建立起良好的人际关系后，就要努力获得相关信息。比如了解使用者的产品体验，提升使用者满意度；展示丰富的客户案例，得到采购者的信任；把产品的优势和资质充分地展示出来，得到决策影响者的支持；对产品的技术参数及专利进行介绍，得到建议者的认可；展示产品价值、品牌价值、公司实力，得到决策者的肯定。有了产品使用者的满意、采购者的信任、影响者的支持、建议者的认可、决策者的肯定，成交就水到渠成了。中国的"人际关系"文化博大精深，同采购相关人员打交道既是科学又是艺术，要细细体会，好好琢磨。交际方式要因人、因时、因境而异，没有最好，只有更好。适合自己的才是更好的。

7.2.2 "煮熟"的鸭子飞了

有一次李晓倩获知山东一家公司发布了传感器招标信息，她就想前往联系业务。在请示领导后，她就乘坐航班飞往山东。刚下飞机，她就马不停蹄直奔客户地址，并很快找到了该公司的采购经理王经理，于是把公司产品画册、产品视频等资料递给王经理细看。王经理看完后微笑着说了句："呵呵，不错嘛，你们的产品看起来还是不错的，价格实惠，应用广泛。你介绍得也很到位，看起来训练有素嘛。"王经理的"微微一笑很倾城"，极大地鼓舞了李晓倩的营销热情。自实习以来，很少有人这样当面称赞过她。身在异地的她，突然有了一种他乡遇故知的知遇感。于是，李晓倩赶紧趁热打铁地邀请王经理一同吃晚饭。王经理居然爽快地答应了，然后若有所思地对李晓倩说："小李呀，我把财务部李经理也叫来，他是你的本家哦，再叫下技术部刘经理，你看怎么样？"李晓倩当然很高兴，连说"可以可以"。于是，王经理、李经理、刘经理和李晓倩一行四人驱车前往一个酒店吃饭。按中国餐饮文化，请吃饭就离不开喝酒，席间除了李经理和李晓倩两个女性不太喝酒之外，其他两位男士都是"酒精"考验的人物，尤其是王经理又能喝又能侃，绝对的段子手。席间王经理层出不穷的段子，让大家都笑喷了。

刘经理虽然能喝，但是好像不太爱说话，一副城府很深的样子。席间他很少主动和李晓倩说话，只是无关紧要地问了下产品的技术指标之类的问题。李晓倩都回答得非常流利，让刘经理听得微微颔首。席间由于喝得很多、聊得投机，大家都称兄道妹起来，互相开着玩笑。但刘经理一直都很冷静地坐着，好像酒精流不进他的荷尔蒙系统。这顿饭到晚上十点多才结束，大家都兴犹未尽地回家了，李晓倩也心满意足地拖着疲倦的身体回到了宾馆。

第二天，李晓倩寻思这个业务比较有把握了，大家都称兄道妹了，还有什么担心的呢？于是，她询问王经理后面的对接事宜。王经理说，他们一周后讨论，要她回去等回复。李晓倩考虑到一周比较久，就计划回去了。她一想到几十万的业务快要到手了，心中就美滋滋的。

李晓倩回公司后，过了十来天客户那边也没有动静。她觉得有点不对劲，赶紧一个电话打过去。王经理说，最近工作比较忙，厂里事情很多，所以耽搁了，让她再等等。李晓倩又等了几天，还是没动静。这时候她坐不住了，赶紧飞往山东。她到客户公司找到王经理，王经理还是一如既往的热情，当天晚上又是"重复昨天的故事"，他们接着喝酒、闲聊。只是这一次，唯独刘经理没来，李晓倩也没多想。席间王经理出去时，李经理有点欲言又止的感觉。但是，李晓倩也没在意，只是不断地讲自己大学的青春时光，以致李经理插不上话。王经理还是在不断讲段子，大家说说笑笑，甚是开心。最后，这一次宴请在歌厅中倾情合唱后完美谢幕。第二天，李晓倩又放心地飞回去了。

然而又等了一周，还是丝毫没有动静，正好李晓倩被派去杭州学习电商课程，就提前又去了一趟山东。抵达山东后，她直接去找王经理，不过在经过刘经理的办公室时，她特意瞄了一眼，门虚掩着，好像有人在说话，李晓倩贴耳一听，隐隐约约听见在说传感器之类的话题。她往里面瞄了一眼，有两个人，正面朝外的是刘经理，另一个人背对着门，西装革履，提着个包。后来，她找到了王经理，王经理告诉她，公司副总指示，计划一周后去她企业看看，再做决定。李晓倩听到很高兴，但因为当天要去杭州参加培训，所以没请他们吃饭，就直接去杭州了。

过了一周，李晓倩的电商培训结束了，她回到了东莞，但是王经理那边还是没有动静。李晓倩耐着性子等了两天，后来实在按捺不住了，赶紧打电话过去问，对方说还要等几天。过几天后，李晓倩再打电话，等来了王经理的一句话，让李晓倩如雷轰顶："我们认为贵公司产品还是有些问题，不能满足我们的需求，我们已经找到最合适的供应商了，期待下一次产品改进后再合作！"

至此，耗时一个多月的商务洽谈以失败告终。李晓倩到最后都没明白，上次在刘经理办公室的"西装"就是他们公司的竞争对手，某传感器公司的业务经理，也是刘经理一个中学同学的亲戚。

|训练|

案例分析

1. 该公司的决策流程有哪些？涉及哪些部门、哪些人？每个人在采购决策中分别发挥什么作用？

2. 你认为李晓倩这次失败的原因是什么？

3. 李晓倩的公司在本次营销过程中有何问题？

7.3　准备你的营销工具包

营销工具就是成交之器。每个营销人员都需要一个营销工具包，而营销工具的种类、数量则要根据企业的产品、成交的流程来设计。

尽管张晓做业务很有天赋，但并不是每次都能成功，也有"大意失街亭"的案例。

7.3.1 张晓的一次失败

有一次，张晓去拜访某公司的陈总。陈总把公司目前在使用商标中遇到的问题告诉了张晓，一共总结了三大问题：

（1）有明显的色差。

（2）容易掉色。

（3）边缘有毛刺现象。

陈总表示这三个问题十分重要，希望张晓的公司能够解决，并要求张晓用笔记下来。张晓立刻爽快地说"好"。"好"字话音未落，当她拉开包时，才突然发现，带了本子，但没带笔，这让她非常尴尬。当然，用手机记录也是一种方式。但是，在庄重的商务会谈中，这会让客户觉得不被重视。于是，她只好说："陈总，不好意思，忘记带笔了，能借一根吗？"这时候，陈总的眼神中掠过一丝不快，但还是递上了笔。

最后，这次的业务还是失败了，虽然导致失败的原因有很多，但是"找笔"的细节就成了本次业务洽谈的一大"败笔"。也就是说，在这一次业务洽谈时，张晓的行为给客户留下了不佳的印象。客户认为，作为一个跨国集团公司的营销人员，连最基本的业务工具都带不齐，还出去跑业务。怎么敢放心把产品交给她们做呢？

从此以后，张晓每次出去，都会把工具包准备得特别齐全。一般而言，营销工具包都包括哪些东西呢？

7.3.2 准备你的营销工具包

(1) 名片

通过名片可以了解信息、建立联系、促进交往。在递送自己名片的时候，也可以问下客户是否有名片。因为拿到客户的名片，就意味着打开了业务联系之门。当客户说没有名片时，要及时询问"是否可以加微信？以便以后联系"。要知道不建立业务联系，后面的交易是没法进行的。

名片可以使用纸质名片或者电子名片。纸质名片便于潜在客户较多的时候使用。另外，在接到一张纸质名片之后，也需要回敬一张纸质名片。其他情况可以用电子名片。

无论哪种名片，最好都注明自己的微信号码或其他常用自媒体号码。但一般不宜太多，以 2 ～ 3 个为佳。

（2）产品册

产品册是关于产品类型、功能及其特色等具体信息的小册子。如果说公司简介是吸引客户的工具，那么产品册就是击中客户需求的法宝。

产品册瞄准精准的客户群体，满足客户的具体需求。很多客户对产品的兴趣往往是通过浏览产品册产生的。因此，准备一本产品册，可以帮助客户了解到公司产品的具体信息，比如款式、功能、技术参数等。一本好的产品册，还有助于产品促销，比如通过展示产品卖点、客户案例、购买折扣等信息，能够打动客户的心，让他们由心动变成行动。产品册可以用纸质，但最好同时准备一份电子版，因为电子版更形象直观，还便于保存。

（3）产品证书

产品证书包括产品认证、质量认证等证书。如果是复印件，需要加盖公司印章，以增加可信度。产品认证是权威机构对产品技术的认证，对一些高科技产品显得尤为重要，能体现产品的硬核优势。如果销售的产品没有相关证书，那么客户就可能会怀疑这是"三无"产品。

（4）样品

样品代表大货品质，包括产品的质量、做工、工艺等指标。讲到样品，编者不得不强调，样品是促使客户下单的独门武器，必须予以重视。营销人员一定要根据客户的具体需求和购买动机来选择样品。

如果是较大的样品，不便携带，建议拍图片及视频，并提供说明书。现在的人都很实在，没有样品，哪怕把产品说得天花乱坠，客户也不会相信。带了样品，哪怕一直沉默是金，客户也深信不疑。

另外，样品也是客户借以衡量大货质量的标准。凭样品成交是对内、外贸易中一种重要的成交手段。

（5）客户见证

客户见证是客户对产品的评价及建议。从某个侧面来讲，客户见证反映了产品的特点、优势、品质，代表着客户的认可与信任。

从心理学的角度来看，人是容易仿效的动物，当某人做出某个行为，其他人就会模仿。因此，客户见证有助于影响和推动其他客户的成交。

当然，产品没有尽善尽美的。如果客户对产品表达了一些意见或者建议，要不要在客户见证中展示出来呢？其实，对客户诚实也是可以为自己的产品加分的。承认有一些瑕疵的产品有时候比认为毫无缺陷的产品更完美。金无足赤，人无完人，世界上哪里能找到尽善尽美的产品？

（6）公司简介

有的营销人员总是不把公司简介当一回事，那么客户也不会把这样的公司当一回事。当客户不重视你的公司，怎么可能会重视你的产品？俗话说："皮之不存毛将焉附？"客户购买的不仅仅是产品，更是产品、公司与人设的组合，即CPP。所以公司简介其实是一个吸引客户的重要工具，因为公司简介足以说明一个公司的概况、发展、规模及实力。如果公司简介附上公司荣誉，比如获奖证书、品牌证书等，更能说明公司优势。实际上，若一个营销人员出去拜访客户，很受客户的尊重，其实倒不一定是客户很尊重他，很可能是因为尊重他的公司。很多客户买产品，首先会看公司实力，因为他们知道：公司实力意味着产品的品质和价值，也意味着产品的售后和保障。因此，要做好纸质、电子版的公司简介，充分地、多渠道地向客户展示公司的实力。客户认可你的公司，就意味着交易成功了一半。

（7）销售协议

你还记得看足球比赛，很多运动员在禁区前的临门一脚吗？有些蹩脚的球员只要在禁区前瞬间犹豫，球就会被防守队员踢掉或者被守门员揽入怀中。只有奋力飞起一脚，才能完成射门。而签署销售协议就是成交前的临门一脚。

销售协议是客户有意向购买时签署的一种有法律效力的协约文件，也是对交易双方权利和义务的确定。在商务谈判中，当遇到客户表示认同、有意向购买产品时，要抓住时机，当机立断，签订协议。

有些营销人员在谈判中，眼看快要成交了，因为没有带协议，只好约定他日再签。但是机会可能稍纵即逝，一周、一天甚至一小时的拖延，都很可能会因为客户的秘书、助理或家人在他耳边轻轻吹了一阵风，这笔交易随风飘逝了。

（8）记事本、笔等文具

俗话说，"好记性不如烂笔头"。因此外出谈业务，最好是带上笔和记事本，以便记下会谈要点。哪怕没什么要点记录，只要你把笔和记事本拿出来，客户也会感觉到你的认真和重视，你在客户心中的分量也会倍增。相反，当一个营销人员连笔、记事本都不愿意带的时候，客户会感觉到不被重视，营销人员在客户心中的地位也就没有了。

另外，对于客户提出的交易要求和条款，要及时记下，不能遗漏。当然，现在很多人用电脑或者平板也是可以的。但是最好不要用手机记录，除非你觉得这个客户无关紧要。

当客户讲话内容过多，不能一一快速记录时，建议使用录音方法，便于以后查询。当然一定要注意，录音前要征得客户许可；否则，你让客户感觉到不愉快，客户就会把这份不愉快再还给你。

（9）纸巾等随身日用品

纸巾除了常规用途之外，还有洗脸、擦鞋、维护你美好的形象等用途。可以想象，进客户办公室之前，一张脸风尘仆仆，一双鞋满是污垢，高涨的自信心顿时就被打折了。

如果是女性营销人员，还应该带个小镜子、梳子、适量化妆品，以便随时补妆。因为外出跑业务容易出汗，一旦汗水把妆容破坏了，可能就会把资深美女与生俱来的自信冲洗得荡然无存。

疫情期间，免水洗洗手液作用不容小觑，人在外面，身不由己。有时候会接触比较多的人群和物品，经常洗洗手，病菌不再有。尤其是疫情风险增加期间，为了自己和客户的健康及安全，要经常洗手。

（10）小礼品

有些营销人员外出拜访客户时，会随身带个小礼品，这种做法仁者见仁，智者见智。有人认为送个小礼品可以表达对客户的尊重，拉近与客户的距离，或者通过小礼品寻找共同话题。毕竟"伸手不打笑脸人"，你给对方礼品，对方给你面子，这不是双赢吗？特别是难以搞定的客户，可以试试这一招。也有人认为送礼品容易触碰法律红线，不能送过于昂贵的礼品，更不能使用各类红包工具发送金额较大的红包；否则，就涉嫌商业贿赂罪了。

所以，送小礼品要恰到好处、礼轻情重；不要弄巧成拙、自食其果。

适合送给客户的礼品如下。

男性客户：茶具、球拍、鞋子等。

女性客户：桌上摆件、装饰品、工艺品、鲜花等。

中性礼品：书籍、音乐CD、随身听、耳麦等。

营销人员外出拜访客户，具体要准备哪些小礼品，还需根据客户的喜好和当地的文化风俗来确定。比如广东人忌讳"4"这个数字，因为在广东话中，"4"听起来就像是"死"，不吉利。所以，你给广东客户带的礼品数量不要是"4"；另外，千万不要送客户钟表，因为"钟"与"终"谐音。

总之，营销人员的营销工具包应该准备的东西要根据具体的产品、客户的需求、谈判的场景来定，没有固守成规，只有见机行事。

7.4 如何与客户商谈

准备好营销工具包后，就要邀约客户进行商谈了。你知道吗？邀约有几个注意事项需要遵循，否则就会前功尽弃。

7.4.1 商谈前的邀约

在明确客户的需求后，就要与客户邀约。邀约需要注意以下几点。

（1）邀约明确

和客户邀约的时候，不管是邀约的时间、地点还是方式等，都必须是明确的。何为明确？明确就是明白确定。"明"，就是要把事情说明白，把细节说清楚。比如，如果打算协商价格，却含含糊糊，让客户误以为是请他吃饭。这样，邀约的事情不说明白，就可能会导致邀约失败。"确"，就是要把说明的事情确定好，不要朝令夕改。比如，刚说时间是下午三点，过一会却说临时有事，改成晚上八点。确定任何事情，都要先把不确定的因素考虑好，这样才能达到很好的效果。因此，如果事情说不清楚或者事情说清楚了但总是变来变去，都容易导致邀约失败。

（2）平等姿态

无论我们邀约的客户职位是如何高，财富是如何多，学识是如何广，都不能否定大家是平等的这一事实，都要以平等的姿态与客户商谈。不要因为对方是客户，就认为他们高人一头，自己低人一等。所以，拿起电话邀约的时候不用紧张、不用担心，因为你们是平等的！你联系他，不是求他，而是帮他，是给他提供一个很好的合作机会，如果合作成功，大家都会受益。因此，在邀约的时候，要以平等的姿态与对方谈邀约的条件，没必要一味迎合对方。如果对方很高傲地提出无理要求，你完全可以义正词严地拒绝。没有尊严，反而会被客户轻视，更难成交。有了尊严，才能获得客户的尊重，也才更容易成交。

7.4.2　商务谈判注意事项

（1）建立良好的第一印象

当你看了一部经典的电视剧，被剧中的情节深深打动，后来新改编的电视剧上映了，看完你会发现新的情节让你毫无感觉，这就是"第一印象"的作用。

在商务谈判中，第一印象非常重要，会影响到客户对营销人员、公司及产品的印象。尤其是商谈的前三分钟，决定着营销人员及其公司、产品在对方心中的印象，也决定着商谈的顺利与否。随着移动互联网的兴起，商谈可以在线下进行，也可以在线上进行，或者可以线上线下结合进行。不重要的细节线上沟通，关键的细节线下确定。但无论是线上还是线下沟通，都要建立良好的第一印象。

（2）把利益说出来

和客户商谈不能张口闭口谈利益，但也不能绝对不谈利益。不涉及利益的邀约都是无稽之谈。因为身处快节奏的社会，大家都没空闲聊，这时就要明确你的产品或者服务能带给对方的利益，而不要含含糊糊、闪烁其词，一切暧昧都是对双方利益的轻视。比如你是销售灵声电话机器人的，你就应大胆地告诉对方，自己的产品相当于几个电话销售员的绩效，可以为客户节约很多工资，还可以提高营销效率；如果你是销售科沃斯扫地机的，你就应直截了当地告诉客户，你的扫地机可以手机操控、自动识别灰尘，还能绕开障碍物。只有把这些利益告诉客户，才能有机会打动客户。

（3）商务谈判要点

线上商谈主要是通过邮件、微信或其他社交工具进行的。线上商谈需要注意以下几点。

直奔主题。在会谈中要直奔主题，先谈大的问题，不要在"小问题"上纠缠不休，小问题可在以后空闲时通过语音、文字、文件等方式进行补充，这样既节省了时间，提高了交流效率，也方便了客户及时保存需要的信息。

回复及时。面对客户的询问，一定要及时回复，不要去考验客户的耐心，这样可以让客户体会到尊重和重视，也可以让他知道你工作的高效。

针对问题。回答客户问题时，一定要有针对性，"牛头不对马嘴"的回答的确会让客户越听越糊涂。如果客户的问题实在无法回答，可以直接说明。以退为进，也不失为一种营销智慧。

表达简洁。除了必要的问候礼仪外，线上交流时最好不要出现大堆废话。首先客户没有那么多时间，其次烦冗的表达会让客户理解起来很吃力，影响交流效率。

表达严谨。一定要注意不能把线上交流当作普通的聊天，同时要注意信息表达的严谨性。线上交流的任何信息，均有可能成为谈判的证据及合同的条件。如果不重视，很可能会因为你的信息表达不准确，整笔交易不顺畅甚至失败。就算交易成功，也可能会导致你在本次交易中陷入被动，难以获取好的交易条件，最终影响成交质量。比如一不小心把价格说低了，客户会把这个作为报盘的依据，坚持按这个条件成交，那公司就遭受损失了。

线下商谈适用于关键细节洽谈，洽谈时要注意以下几个要点。

着装。第一次与客户见面时最好着正装，男士如果觉得西装太过于正式可以不系领带，但切记不要奇装异服。女士最好穿工作装，记得一定要化淡妆，使自己的气色更加红润饱满。具体可以参阅本书的礼仪章节。

谈吐。着装展示一个人的外在，谈吐体现一个人的内涵。谈吐反映了一个人的文化素质、内在涵养、个人品质、专业水平、思维模式等，是对一个人素质及能力的综合反映。当然，谈吐水平并不是短时间内能够提升的，需要长期有意识地学习、培养与训练。

态度。让你的客户对你们的产品下单的真正理由除了产品本身以外，就是你的态度。态度往往体现在一些细节方面，比如见面提前 5 ～ 10 分钟到，让客户感觉到你的诚意和守时；沟通时准备充分，让客户感觉到你的敬业和专业；介绍产品时热情洋溢，让客户感觉到你对产品的热爱和激情。

着装得体、谈吐不俗、态度热情，是一个优秀营销人员的风貌，能给客户留下良好的第一印象，甚至立刻打动客户的心。

不管是线上还是线下商谈，结束后都一定要守信，遵守大家确认的商谈条款。尽管有时候没有立刻签署协议，但朝令夕改、背信弃义的人一定会被别人鄙视。论语曰："人无信不立，业无信不兴。"

不能守信，却还要去与客户商谈，那样只会让自己丢脸，也只会让公司蒙羞。商场有这么一句话："先学做人，再学做生意。"如果连做人都不会，生意肯定是做不好的。尤其是在巨大的利益面前，你是否还能坚守诚实守信的底线？客户在假期下单前，问是否可以按时发货，你承诺了，下单后能做到吗？客户产品出了问题，已经过了电商平台的退货时间，你能给客户退货吗？客户要求赠送一些礼品，你同意了，在客户下单后，你能守信吗？如果你能做到，说明你是一个优秀的营销人员。

7.5　签署协议

在商务洽谈成功后，就要进入签署协议环节。协议一经签署就具有法律效力，如果发现不利于自己的条款，想要反悔就只能是一厢情愿了。因此，签署协议要特别慎重。以下是签署协议需要注意的事项。

（1）核实对方当事人的主体资格。签署协议前要到相关工商网站查询对方的工商注册资料并实地考察其公司情况，确定其真实性和财务状况、信用等。另外，还需核实订约人是否经其所在公司授权委托，查验其授权委托书、介绍信、协议或合同书。

（2）必须以书面形式签订协议。最好不要采用口头协议，这样很难得到法律保护。如果采用信件、电文形式订立协议，必须签订确认书并盖章签字。

（3）标的明确。协议中关于产品或服务的数量、质量、价款、结算、包装、质检、验收条件、货期等条款要具体、明确，不能含糊不清、模棱两可。

（4）违约责任。尽量写清楚违约责任，否则协议一方可以随意违反协议，而不用担心被另一方索赔。

（5）规范用章。签订合同必须加盖对方单位公章、合同专用章。凡部门章或与其公司名称不一致的公章均不能与其签约，避免陷入别人的合同陷阱。另外，规范盖章后，还需对方手签姓名。

 你认为签署协议还有哪些注意事项？

思维拓展

张晓在完成公司的"客户成交标准"写作任务后，得到了秦主管及营销高层的高度好评。还没有休息，后面的艰巨任务又在向她招手了。

 ——————单元测试

一、多选题（每小题3分，共30分）

1.获取客户的渠道有（　　）。

A. 黄页　　　B. 招聘网站　　　C. 报纸广告　　　D. 竞争对手

2. 通过微信如何找到客户？（　　）

A. 朋友圈互动　　　B. 微信群寻找　　　C. 群发信息　　　D. 摇一摇陌生的人

3. 以下寻找客户较好的工具是（　　）。

A. 今日头条　　　B. 抖音　　　C. 微博　　　D. 陌陌

4. 微信营销的要点包括（　　）。

A. 加强互动　　　B. 坚持　　　C. 多聊天　　　D. 布局

5. 抖音的特点是（　　）。

A. 平等的流量池　　　B. 加权　　　C. 挖坟　　　D. 互粉

6. "拼" 客的优势有（　　）。

A. 利用资源　　　B. 分摊成本　　　C. 利润最高　　　D. 最省时间

7. "多边形拼客" 模式的必要条件是（　　）。

A. 质量好　　　B. 低于市场价格　　　C. 供需不重合　　　D. 至少三个企业

8. 如何做好微博营销？（　　）

A. 发布好的内容　　　B. 刷粉丝　　　C. 做活动　　　D. 做话题

9. 以下属于病毒营销的案例有（　　）。

A. 宏基 "南非丢本 MM" 浪漫营销　　　　　B. 贾君鹏网络事件

C. 支付宝集福　　　　　　　　　　　　　D. 蒙牛赞助超级女声

10. 以服务营销著称的企业有（　　）。

A. 海底捞　　　B. 世纪华联　　　C. 胖东来　　　D. 星巴克

二、请选择一个问答平台发布一篇软文，宣传产品信息。（本题共 15 分）

三、请根据"三点一线黄金成交"原理，设计一个成交客户的计划。（本题共 20 分）

四、案例分析（本题共 15 分）

中国邮政 2016 "随手拍邮筒"

2016 年 4 月 9 日晚，鹿晗在上海举办个人演唱会。但是在演唱会的前一天，即 4 月 8 日晚 11 点，他在微博上晒出了自己与一个邮筒的合影。这个位于上海外滩的邮筒很快成为粉丝们的关注焦点。很多网友赶来与这个邮筒合影，队伍最长时达到 200 米，甚至还有人熬夜排队等候，痴痴地等到天亮。鹿晗的这一次博文推送给中国邮政带来了机会。鹿晗邮筒暴热后，中国邮政立刻建立"外滩网红邮筒"微博账号，给邮筒装上鹿角，并开始发行"外滩网红邮筒"明信片，抓住邮政与旅游的联系，在五一节日期间，联合微博随手拍进行"随手拍邮筒"活动，并向鹿晗的粉丝推送活动信息，使"随手拍邮筒"微博获得了近 2 亿的阅读量，38 万人参与活动。

请分析该次活动成功的原因。

五、请根据自己的产品，设计一个病毒营销的计划。（本题共 20 分）

项目七
把客户服务到
"极致"

经过对成交流程的优化后，张晓所在营销部门的成交率越来越高，客户也越来越多，此时如何提升客户服务就成为营销部门高层关注的问题了。成交客户很重要，服务好客户更重要。有成交没有服务，就是一锤子买卖，客户下次肯定不会续单了。在"新零售"时代，很多企业可以复制别人的技术、产品，但是服务还是难以复制的。比如以服务知名的企业除了海底捞、胖东来等，又能有多少家呢？所以，服务已经成为现代企业竞争力的表现。张晓在顺利完成优化成交标准的任务后，在服务客户方面的水平也日渐提升，并通过良好的服务提升了客户满意度，为自己赢得了更多客户。她是怎么做的呢？

培训（学习）目标

1. 容易忽视的售前服务。
2. 随机应变的售中服务。
3. 后发制人的售后服务。
4. 建立企业服务流程标准。
5. 处理客户投诉的方法。

任务 1　一个重颜色的女客户

有一次，张晓通过阿里巴巴网站了解到一个服装公司需要做纸质吊牌。于是，她打电话联系对方的采购部门，并约定带样品前去洽谈。经过洽谈，客户有了意向，并决定打几个样品看看质量如何。于是，她给张晓开了一个吊牌样品单，要求印制一款吊牌样品，三个颜色，每个颜色一个，共三个样品。

张晓把样品单交给样品部，由样品部安排制样。样品做出来后，张晓看了下颜色，觉得可以。然后拍照给客户看，客户也说还行。于是，张晓立刻让快递将样品寄给客户。但没想到对方是一个很重颜色的女客户，之后的过程可谓让张晓耗尽了心思。这到底是怎么回事呢？

客户收到样品后立刻打电话给张晓，表示"颜色不行，需要重做"。于是张晓找到印刷机师傅，重新调颜色。为了调到最适合客户原色样的颜色，整整花了三个小时，不断调、不断看、不断改。一不小心，张晓的新衣服也被染色了。心痛之余，她把自认为满意的色样再次寄给了客户。

谁知客户拿到样品后，不但没有感谢，反而来电发飙道："怎么搞的，弄了这么久，一个颜色还是没弄好，简直是耽搁我们的时间，你们的技术怎么这么差？"张晓也有脾气，一听便火冒三丈。为了做这个样品，她和采购员一起去找材料，和样品师傅商量做图案，和印刷师傅一起调颜色，真的花了很多时间，还把一件新衣服给毁了。另外，虽然只是做几个样品，但其成本和做几百个样品差不多，因为是同样的生产流程，需要同样多的材料和人工、水电费等成本。彩色印刷机一开动，出来的不是三个样品，而是几百个样品，多余的只能忍痛扔掉。并且公司没有收客户一分钱，连快递都是免费。花了这么多成本、这么多心血，客户还在抱怨，张晓也火了。她刚想顶过去："开始不是拍照给你看了吗？你不是说可以吗？怎么收到后又说不可以呢？"后面还是把这些话咽了下去。她想：毕竟是客户，可能之前拍照效果和实际有出入吧。她把火气往下压了压，待情绪平静下来后对客户说："不好意思呀，我们调颜色调了三个小时，也耗费了几百个样品的材料，还是没能达到您的要求。您能把颜色不对的地方指出来吗？"然后客户噼里啪啦地把不对的地方说了一遍。张晓听完后，觉得客户说得有道理，的确是没有满足客户对颜色的要求。于是，她诚恳地对客户说："很抱歉，是我们没做好。那让我们再试一次可以吗？"客户同意了。

第二次修改，客户不满意的颜色主要是红色，其他的颜色还挺满意的。在印刷行业，红色有绛红、大红、朱红、嫣红、深红、水红、橘红、杏红等至少三四十种，要在这么多红颜色里找到最贴近客户需要的颜色，真的特别困难。于是，张晓又找到印刷机马师傅，说明了来意，希望能再打一次样板。

这次，轮到马师傅发飙了，说了一大堆"浪费时间、浪费成本、浪费精力""客户故意刁难，这样的客户不要接，以后做大货更麻烦"之类的牢骚话。然后表示，他现在很忙，没时间修改。这个时候，两边都对她发飙，张晓觉得自己被夹在中间成了一块三明治。如果是在学校，心高气傲、自尊心强的张晓肯定会甩一句："你不做算了，又不是我叫你做，是客户叫你做，这是公司的事，不是我个人的事，你自己看着办。"但这里不是学校，是企业。在企业里，领导既重视业绩这一结果，也重视协作这一过程，没有良好的协作过程，就没有令人满意的销售结果。也许，做营销人员的一大好处，就是能让自己的情商大大提高。而协作和人际关系密切相关，没有好的人际关系，就难以得到他人的协作。为了得到马师傅的协作，张晓说了很多好话，并强调这个客户是花了很多时间才联系上的，做业务不容易，希望能帮帮忙。她询问："如果上午忙，是否可以下午或者晚上抽空弄下？"马师傅被张晓磨得实在没辙了，毕竟是同事，关键是平时关系也不错。以往张晓每次看到马师傅，都会热情打招呼。当然不仅是马师傅，生产部其他员工，凡是认识的，她都会主动打招呼。她认为人与人之间应该互相尊重。不像有些营销人员，看到上级领导就像见到知己，看到操作员工就像见到陌生人。马师傅想了想说："张晓，和你说实话吧，如果换成别人，我肯定不搭理他。做货都忙不过来，连喝水的时间都没有。这样吧，晚上我抽空再弄一下。最后一次啊，如果还不行，我也无能为力了。"张晓确认了马师傅说话时的眼神，这一次绝对是真的。万一这一次又失败了，怎么办呢？张晓很担心。沉思良久，她突然想起老师曾经说过的一句话："只要思想不滑坡，办法总比困难多。"为了让这最后一次不再失败，张晓决定放手一试。她主动找到印刷部门的负责人，向他说起这个难题。印刷部负责人告诉张晓，现在分厂调颜色技术最好的只有马师傅。当然，公司有一个最厉害的师傅姓刘，但在另外一个分厂。张晓一听大喜，觉得事情有了转机。于是，她又找到老秦，请求老秦找营销部李副总向上级汇报一下该情况。最后，老秦和营销部的李副总都被张晓说动了，应该说是被她的敬业精神、服务态度感动了，一行三人又去找公司的夏副总，夏副总很赞赏并很支持她的做法，表示他会安排人把刘师傅接过来，和马师傅协作，把颜色调好。当天晚上，终于把刘师傅盼来了。张晓犹如看到了救星，立刻热情地上前打招呼，邀请他和马师傅一起讨论解决方案，并不断调墨、试错。两位师傅竭力协作，调制了近两个小时，终于调到了最接近客户要求的颜色。然后立刻上机印刷，选了三个样品。之后又分别调了两次相近的颜色，各印刷三个样品。一共三个颜色，九个样品。六个样品公司留底，三个样品供客户选择，包括一个主样、两个参样。当天晚上张晓把样品像宝贝一样捧在怀里，放到办公桌上，小心翼翼地铺开，以便快速晾干。第二天一上班，张晓就立刻叫快递把样品寄给了客户。

两天后，客户打来电话，能听出来电话那头非常惊喜，说这是颜色调得最满意的一次，样品打得非常好，并且还有两个参考样品，这几个参考样品其实都不错，有可能以后会用到。当天，客户就发来了采购单。后来，张晓和这个客户经常交流，成了很好的朋友。这个客户也因为张晓提供的优质服务，为她介绍了很多客户。这，就是客户服务的价值。

> **营销法则十三**
>
> 客户的抱怨，
> 就是给你的成交机会。

训练
问答

1. 你如何评价张晓的服务？为什么客户对她的态度有了变化？

2. 如果换成你，遇到这样的情况，你会如何处理？

任务 2 不要让服务短路

按照流程，企业服务包括售前、售中与售后服务。一些营销人员往往只重视售前、售中服务，一旦交易成功，客户付完货款，态度就转变了，服务就短路了。这种"变色龙"类型的营销人员是很难和客户维持长期合作关系的。

老秦是张晓的业务主管，也算是营销部的老员工了，他的资历和敬业精神在公司是有目共睹的。所以夏副总决定让他与人事部共同组织一次针对营销部员工，以"客户服务"为主题的培训。老秦知道一个完整的服务流程包括售前、售中和售后服务，所以，"服务流程"课程是这次培训的重中之重。

2.1　容易忽视的售前服务

对话一：产品找不到了（一）

一次，有个淘宝买家通过旺旺联系"智帮家"店铺的客服。以下是他们的对话。

买家：请问我以前买过的一款电动清洁机（洗碗机）怎么没货了？

客服：怎么可能呢？我们仓库里有货呀！

买家：你看嘛，找不到了！

客服：（内心一惊，心想麻烦了）那我看看吧。

客服仔细查看店铺产品，果真找不到电动清洁机了，这是店铺最畅销的产品。后来终于明白，原来店铺显示的库存数量已经变为零了。最近销量比较大，数据没有及时更新，清洁机就被残忍地下架了，其实库存是很充足的。

客户在店铺内找不到产品，其满意度肯定会降低，对店铺的评价也会降低。另外，按照电商平台的规则，下架后该产品的权重也就降低了，这又是一大损失。这就是售前服务问题导致的后果：售前服务不周到，客户无奈把头摇。

售前服务是企业在未与顾客发生交易之前为促进成交所开展的一系列服务工作。售前服务的最大要求就是准备充分、周到、全面，包括线上线下对接、完善购物渠道、设计购物环境、提高购物体验、准备充足货源、设计产品陈列、突出产品卖点等。

售前服务与售中、售后服务的最大区别就在于，消费者事先并不知道有这个产品或服务，属于客户认知产品的前奏。如果售前服务做不好，也就没有机会做售中、售后服务了。售前服务的关键就是考虑周全！

另外，好的售前服务有助于提升成交概率、提高成交质量。

训练

售前服务还有哪些要求呢？请写下来。

思维拓展

2.2 随机应变的售中服务

在上述案例中，买家反映找不到电动清洁机了，由于售前服务没做好，后面的成交就有些难了。以下是他们后续的对话。

对话二：产品找不到（二）

买家：对吧？是没有这款产品了吧？

客服：不好意思，因为最近买的人比较多，电商店铺的库存显示为零，但实际上货还是很多的，只是忘记修改库存数量了。

买家：这个清洁机能放入水里吗？

客服：你好，请问你买这个多功能电动清洁机主要是什么用途呢？洗碗、洗盘子吗？

买家：我看到产品详情页说它防水，所以除了洗碗、洗盘子，我还想再买个用来刷鱼缸。

客服：这个完全可以。"智帮家"多功能清洁机有七级防水功效，扔进水里也没事的。它还可以用来清洁抽油烟机、擦皮鞋呢，相信聪明的你一定会发现它更多的用途！

买家：（微笑表情包）对了，那价格呢？

客服：你看，现在可以看到宝贝了，价格是一样的呢。

（客服在交流的同时，赶紧修改产品库存数据，上架产品，然后把链接发给买家。）

买家：嗯，看到了。可以优惠一点吗？我都第二次买啦！

（这下客服犯难了，价格是统一的，自己不能随意变动。但由于售前服务没做好，买家本来就不满，如果再不做些让利，就可能会失去这个客户。）

客服：不好意思，我们是统一标价的呀，价格童叟无欺呢。

买家：那，算了吧。

客服：亲，这样吧，因为价格是公司规定的，我没有权力随意更改，敬请理解。但我个人可以送你一个小礼品，你看可以吗？

（客服拍了一张礼品的照片，是一块带按摩功能的沐浴垫。）

买家：好的呀，那一起发过来吧，今天能发货吗？

客服：你放心，下午六点前肯定发货。

最后，这笔交易终于成交了。这就是售中服务。

售中服务是指在产品销售过程中为顾客提供的系列服务，具体是指营销人员在与客户洽谈的过程中，与客户充分沟通，深入了解客户需求、问题、买点，然后介绍产品卖点，让客户体验产品，把卖点向买点、成交点转化等一系列营销过程中所提供的服务。售中服务在整个服务流程中起着关键性与决定性作用。售中服务的关键就是要击中客户需求、问题，让客户满意！如果一个企业的售中服务做得不好，售前服务就是无价值的，也就不会有售后服务。

作为一个合格的营销人员，除了要拥有专业的产品知识、营销技能，还必须拥有过硬的专业素质和处变不惊的业务能力，为客户提供卓越的售中服务。

训练
案例分析

1. 请问本案例中客服的售中服务采用了哪些成交技巧？

2. 你认为该客服的售中服务如何？还有哪些地方有待改进？

2.3　后发制人的售后服务

在上述案例中，产品被售出后三天，买家又联系了客服。以下是他们的对话。

对话三：产品找不到了（三）

买家：亲，在吗？

客服：亲，在的。有什么需要帮助的吗？

买家：我想退货！

客服：（内心一惊，故作镇定）亲，请问为什么呢？

买家：我刚买的电动清洁机一动不动。

客服：请问电池有掉落吗？

买家：没有。收到货里面就有电池。

客服：那你能否检查下，电池正负极是否装反。

买家：我看了，没有装反。

客服：那开关呢，有松动吗？

买家：没有呀。

客服：那就奇怪啦！一般而言，这款产品极少出现这样的现象呀？

买家：（生气表情包）那你什么意思，难道觉得我在骗你吗？

客服：不是不是。亲，你误会我的意思了。我在想到底是什么原因呢？

买家：没有原因，就是质量不好，我退货！

客服：（浏览客户数据，发现客户以前的交易信息，他是第二次购买）亲，第一次买得还好用吗？

（内心紧张，生怕两次买的要一起退货）

买家：第一次买的还好，在用。

客服：（心理略放松些）请问有被快递摔过的痕迹吗？

买家：没有。（随后买家拍了一张照片，的确无破损）

买家：怎么说？我现在可以申请退货吧！

（"滴"的一声，千牛响起了一个刺耳的声音。客服知道，那是买家申请退货后平台的提醒！客服紧张、失望。怎么办？处理售后问题很麻烦呀！）

客服：亲，我看到你的退货申请了。麻烦你，能否把电池盖拍张照片发给我？

买家：你这什么意思？我不是说了电池没装错嘛！不相信我？

客服：亲，请别误会，这是我们的一个流程，希望你可以理解。我们会给你处理好退货事宜的。你相信我好吗？

买家：（拍了照片过来）

客服：（眼睛一亮，原来是发货时物流人员给装反电池了，买家也没有仔细看）亲，我看到的确是电池装反了，麻烦你重装下电池试试。

买家：是吗？我看看。

几分钟后……

买家：亲，不好意思呀，我没注意看，的确是装反了，可以用的。

客服：亲，请问还需要退货吗？

买家：不需要了，如果要退货我干吗买呢？就这个了，不好意思呀。

客户：不好意思的是我们，我们发货前没装好电池，耽搁你时间了，对不起呀！

买家：（微笑表情包）你们服务不错。

客服：谢谢你的支持和理解！烦请撤销一下退货好吗？

买家：好的。

（"滴"的一声，千牛又响起了一个悦耳的声音。客服道，那是买家撤销退货了）看来，做售后服务，既需要耐心，也需要细心。

售后服务，就是在商品出售以后为客户所提供的各种服务活动，包括产品的维修、保养、退换等。从销售工作来看，售后服务本身就是一种促销手段。在提供售后服务的过程中，随着对客户服务的跟进，可以了解客户使用产品的状况，客户对产品的抱怨或者建议、评价等，以及客户对产品的真实想法。通过意见和想法的征集，既可以提升公司的服务质量、增加客户对公司的好感度、提升公司在客户心中的形象，还可以为公司营销、产品、技术等部门提供相关数据，有助于公司改进产品，挖掘、满足客户需求。

售后服务的关键在于后发制人。也就是说，要先弄清客户抱怨的情况，然后请客户坐下来，最好是端杯水让客户喝水"消消火"，仔细聆听客户的心声之后，再仔细分析客户提出的问题，只要找到原因，主动权就在你了。一般而言，如果是商家的问题，可以采取一道歉、二理解、三补偿的做法，快刀斩乱麻地解决客户抱怨；如果是买家自己的问题，可以采取一道歉、二证据、三解释的做法，让买家明白自己的确误解了卖家。当然，每个客户遇到的问题不同，每个客户的脾气、素质也不一样，客服处理的步骤也不尽一样，但处理的逻辑和规律是一样的。

售后服务应该通过提供标准的售后流程、卓越的服务品质来提高企业的信誉，提升客户对产品的信任，促进客户日后的复购。售后服务是提高客户粘性与推动销量的保证。客户对售后服务的评价一般有以下三种类型。

（一）满意

对售后服务满意的客户将会成为企业的忠诚客户，因此要加强对忠诚客户的管理，提供增值价值，以提升客户粘性和扩大忠诚客户群体。

（二）一般

认为公司售后服务一般的客户，可能对公司售后有一些意见、不满或误解。对于这一类客户，也需要予以重视。要了解客户的不满之处，分析人员、产品及流程等需要改进之处。另外，当有新品或者迭代产品出来的时候，可以联系其让其优先体验，以提升其满意度，促进其转化为忠诚客户。

（三）不满意

当客户表示不满意时，尽量不要和客户争执，更不要和客户发生言语冲突。要先弄清楚问题所在，如果问题出在自身，一定要勇于承认，并为客户提供解决方案，以最大程度减少客户损失，提升客户价值。

在以上三种服务类型中，售前服务是基础，没有售前服务，售中服务就没有机会；售中服务是关键，没有售中服务，售前服务和售后服务就形同虚设，失去了意义；售后服务是保障，没有良好的售后服务，售前服务就会事倍功半，售中服务也会困难重重。因此，三种服务，缺一不可，互相影响，互相作用。

在员工们学习了客户服务的流程后，秦主管协助人事部安排大家学习建立服务流程的标准。

1. 该售后客服有哪些可取之处？还有哪些不足？

2. 从客户角度来看，什么样的售后才算是好的售后？

2.4 建立企业服务流程标准

基于对服务流程的研究和分析，老秦和人事部共同做了一个表格，对服务流程、内容、标准、技巧进行了归纳，如表 7-1 所示。

表 7-1 企业服务流程标准

服务流程	服务内容	服务标准	服务技巧
售前服务	产品服务	1. 产品功能满足用户需求 2. 产品质量达到标准 3. 经常上新产品 4. 产品包装简约，便于客户体验 5. 产品展示合理美观 6. 产品组合满足客户需求 7. 无积压、无库存……	1. 通过数据收集和分析了解客户具体需求 2. 严格执行产品质量标准体系 3. 诱导需求，瞄准市场，做好选品 4. 选用方便装拆的包装 5. 根据数据分析进行产品陈列设计 6. 根据客户数据，进行产品组合 7. 科学管理供应链，注意客户需求时间、数量
	宣传服务	1. 进行适当的媒体宣传，便于客户了解产品信息 2. 制作精美的产品样册，便于客户详细了解产品 3. 制作图片或者视频，增加产品动感，便于客户了解使用场景	1. 选择主流自媒体进行宣传，建立自媒体矩阵，如微信公众号、微博、抖音等 2. 强调公司实力及主打产品 3. 产品及使用场景视频制作要构思巧妙，符合热点，并且要可持续生产内容在自媒体发布

服务流程	服务内容	服务标准	服务技巧
售中服务	人员服务	1. 微笑待客，热情周到 2. 了解需求，了解问题，了解买点 3. 察言观色，分析客户心理 4. 介绍产品卖点、凸显产品优势 5. 对客户提出的产品问题对答如流 6. 善于谈判，掌握主动 7. 掌握技巧，推动成交 8. 运输及时，注意包装	1. 练习微笑，发自内心 2. 学会倾听、问问题 3. 学习消费者心理分析 4. 掌握 SWOT 分析，熟悉产品定位 5. 熟悉、精通产品 6. 商务谈判技巧培训 7. 提升成交技巧培训 8. 尽早确定货源时间，做好产品保护措施
	产品服务	1. 推荐客户满意的产品 2. 让客户体验产品 3. 按标准包装产品	1. 针对客户具体需求推荐产品 2. 根据客户使用场景推荐产品让客户体验，并同时进行产品介绍 3. 包装美观、方便携带
售后服务	人员服务	1. 微笑待客，热情沟通 2. 询问原因，分析问题 3. 根据客户要求，解决问题	1. 微笑热情，尊重客户，请客户坐下 2. 倒上一杯水，倾听客户，分析问题 3. 先道歉，然后联系相关部门，加强沟通协作，共同解决问题
	产品服务	1. 维修产品 2. 替换产品 3. 退货	1. 维修时高效、仔细、保质保量 2. 及时替换 3. 了解退货原因，按照公司制度实行退货

请把你们公司服务流程的问题写下来，并提出解决方案。

任务3　如何处理客户投诉

　　有产品就会有投诉，有投诉就需要客服。投诉对企业来说，有时候不一定是坏事，可能是一种特别的互动、提醒或者建议，有助于企业的自我完善和自我成长。最近李晓倩就遇到了投诉，到底是怎么回事呢？

3.1 这是鸡蛋里挑骨头吗

李晓倩最近又遇到了一件烦心事，她之前通过抖音直播的时候，成交了一个客户，但这个客户对她有所抱怨，觉得她在产品方面不够专业，办事效率不高，也不够敬业，比如发信息有时候不及时回复、打电话总是不接等，并因此责备了李晓倩。李晓倩自然不服气，认为有时候忙起来都顾不上看信息，打电话也只有一两次没接，并且是因为自己开会的时候调成了静音，后来忘记调回来了。第二天发现有未接电话后，她立刻就给客户回过去了。她觉得自己做得很尽心，客户纯粹是鸡蛋里挑骨头——没事找事。于是她赶紧辩解，不料越辩解，客户越上火。更让李晓倩没想到的是，客户后来竟然找她的老板投诉她。老板知道后，自然对她是一番批评教育。李晓倩感到十分难过委屈，连老板都不支持自己。一想到自己经历这么多挫折，她又伤心地哭了起来。

当天晚上，她向自己的好朋友张晓倾诉烦恼。张晓耐心听完，很快就找出了问题的症结所在。张晓顺着李晓倩说出客户不对的地方，李晓倩感觉舒服多了。但是紧接着张晓又说道："你看，我顺着你说了客户不对，你是不是怒火就平息了些？其实道理是一样的，客户可能也只是随口抱怨一下，你不必太较真或者与客户发生争执。主动承认错误，有时并不代表你真的做错了，而是为了让客户冷静下来，仔细分析具体原因，更好地找到解决方法。"李晓倩仔细一想，还真是的。客户抱怨是认为自己遭受了损失，这个时候还要与其较真，客户不火才怪呢？"进一步万丈深渊，退一步海阔天空。"有时候，让步就是一种进步。

经过闺蜜的开导之后，李晓倩想通了。为了表示对上次与客户争吵的歉意，几天后她特地带上礼品登门拜访该客户，并真诚地向对方道了歉。客户对小李的行为感到非常惊讶，因为小李当时说话可是十分倔，没想到她会登门道歉。俗话说得好，伸手不打笑脸人，客户在小李诚恳地道歉后表示了谅解，也觉得自己有点过了，不应该为难一个初入职场的小女孩。客户后来表示，以后将与李晓倩加强沟通、好好协作。

3.2 客户为何不提退款

2019 年的春节，李晓倩回家过年了。由于春节大多数快递都是停运的，所以很多企业都放假，自然没人发货，李晓倩也就没有留意电商平台的信息。大年初六那天，她突然想到自己的电商平台，下意识地打开看了下，发现麻烦了，有客户前几天下单了。再一看聊天窗口，客户发了很多消息。主要内容如下。

2月6日：亲，拍了，请尽早发货。亲，在吗？

2月7日：怎么昨天没发货呢？今天一定要发呀！我急要的。

2月9日：怎么回事呀，信息都不回复的？你们怎么做的客服？这么差的服务。再不发我就退款了！

这要是以前，李晓倩早就不耐烦了，肯定会反驳一句："谁不知道春节不发货的呀？哪里还有快递呢？"但是，在这几个月以来所受挫折的打击下，李晓倩获得了快速成长，她立刻回复："亲，实在不好意思。由于我过年过晕了，忘了去看平台交易信息。非常感谢你春节期间还在我们这里下订单，实在对不起，麻烦你申请退款吧，我马上给你安排。祝你新年快乐，家庭幸福，万事如意！"

她这么一说，客户反而不抱怨了："亲，请问后天可以发吗？可以的话，我就不退了，免得麻烦。"李晓倩原以为客户会申请退款，没想到客户还是想让发货。她知道初八公司就上班了，快递也上班了，肯定可以发货，于是肯定地回答："可以发货。"正因为李晓倩这次表现出良好的服务品质，客户对她产生信任并打消了退款的念头。

的确，很多分歧并不是非要争个你黑我白、你对我错，有时候一句"对不起"反而能更好地解决问题。当客户抱怨时，要牢记，我们既是营销员，更是服务员，要把客户的每次抱怨作为售后服务来对待。如果的确是我们有不足之处，不仅要承认不足，还要努力改进，向客户表明一种积极向上的态度，给客户以信心。这样，就会把投诉变成一个促进销售的机会。

这一次"客户服务"培训办得非常成功，让老秦感觉到英雄大有用武之地。后来他还忙里偷闲对人事部的工作进行了更多关注与了解，也与人事部有了更多的协作。没想到后来，这竟然成了他离开营销部的诱因。

 —————— 单元测试

一、判断题（每题8分，共40分）

1.售后服务对于企业来说就是成本。　　　　　　　　　　　　　（　　）

2. 售中服务比售前服务和售后服务都重要。 （　　）

3. 面对客户投诉，关键是要倾听客户，而不是和客户争吵。 （　　）

4. 售后服务不是成交的结束，而是成交的开始。 （　　）

5. 客户说什么都是对的，都要满足。 （　　）

二、问题分析（每题 10 分，共 20 分）

1. 对于李晓倩第一次被投诉，你觉得是客户太挑剔还是其服务品质有问题？

2. 李晓倩的第二次客户服务如何？有哪些进步？

三、操作题（本题共 20 分）

你们公司售后服务存在问题吗？请列举出来，并写出改进的方法。

四、案例写作（本题共 20 分）

请写出一个通过投诉促进成交的案例。

项目八
社群营销怎么"培"客

张晓公司的营销人员在优化成交标准，提升客户服务后，营销绩效很快得到了提升，客户多了起来，订单多了起来，销售额也在逐渐提升。但是问题又来了，由于客户增多，管理起来成本就很高，甚至因为时间不够，难以照顾到所有客户，导致有些客户不满，从而造成一些客户的流失。

客户的流失让营销人员很心痛，毕竟每个客户都是自己铆足了劲开发出来的，耗费了很多心血，就这样白白流失，心里太委屈了。其实，这就是拓客和留客的矛盾，也是很多公司营销部门的通病。业内人士认为，开发一个新客户的成本要超过维护老客户成本的 5～10 倍，并且老客户还可以为公司带来新客户。所以，为了开拓一个新客户而流失一个老客户，绝对是得不偿失的。

该公司营销人员在心痛的同时，很惊讶地发现，张晓却极少遇到客户流失的问题，她是如何在拓客的同时，做到了留客呢？有人开始向她取经了……

张晓后来向领导提了建议，要想在开发新客户的同时留住老客户，需要用到社群管理。

培训（学习）目标

1. 认知社群。
2. 社群的定位。
3. 社群规则的建立。
4. 塑造社群的核心价值。
5. "2W2Q"价值输出模式。
6. 社群营销的两大原则。
7. 打造个人 IP 的"WADV"定位法。

张晓上大学时就学过社群营销相关课程，并且跟着老师做过一些社群运营实战项目，因此在这方面比较有经验。她认为，要想在拓客的同时留客，必须做社群。建立一个或若干个社群，把潜在客户都导入其中。这样，就像修建好鱼塘，把鱼养在鱼塘里一样，鱼跑不掉，还容易互动。另外，社群不但可以留住老客户，还可以裂变新客户。所以，社群能够培客。"培"原意指的是给植物或墙堤等的根基垒土，以稳而固之，如《淮南子·齐俗》中的"凿培而遁之"、《礼记·中庸》中的"故栽者培之"等。这里的"培"指的是培养客户，即与老客户加强互动，培养感情，并通过情感营销来维系关系，给客户以归属感，促使老客户带动新客户。

那么如何培客？如何建立社群呢？营销总监邀请在杭州做社群营销的郭老师来到公司，讲了为期三天两夜的"企业社群运营"培训课程。通过学习，营销人员知道了社群运营需要一定的规则和价值。尤其核心价值，是社群运营的关键。没有核心价值，就不成为社群。

任务 1　初识社群

随着传统互联网的衰落，移动互联网的兴起，社群营销已经成为一大风口，释放出巨大的红利。许多企业都在探索社群营销的玩法，希望可以借助社群营销走出销售困境。但是，并非每个人都适合建立社群。

1.1　你适合建立社群吗

在建立社群之初，一定要想清楚：我们凭什么构建社群？有什么资源和能

力？具备哪些条件？虽不能像现在的一些网红大咖一声高呼就万众响应、粉丝如云，但至少也得一呼百应。最关键的是，你得有自己的核心价值，能输出价值，并且有时间和精力去管理社群。

即便是很多社群的知名领袖，建立社群也不是一蹴而就的，往往要克服重重困难，绞尽脑汁地寻找第一批种子用户。比如"罗辑思维"的创始人罗振宇在 2012 年为了建立社群，坚持每天早上 6 点起床，然后录一段时长 60 秒的关于各类知识的音频，在 6 点半左右通过微信发布。到了 2013 年 3 月，他的微信粉丝超过一万。罗振宇计划做一些线上、线下活动，加强粉丝沟通，聚集核心用户，打造价值社群。但团队中只有一位伙伴表示赞同，其他伙伴均表示反对，甚至有人立刻跳出来表示要辞职。但罗振宇坚持自己的想法，打算建立核心价值社群，让自己的粉丝产生链接，相互影响，整合资源，实现价值。最终，罗振宇成功打造出"罗辑思维"这一国内知名社群，市场估值达 70 亿元。又如小米早期的 100 个核心粉丝，就是小米原副总裁黎万强花了九牛二虎之力找到的。为了找到这 100 个核心用户，黎万强到处泡论坛、发帖子，到处宣传，精心挑选，花了不少时间和精力。

所以个人认为，建立社群有一些必备条件，不具备这些必备条件，建立的就可能是"灌水"的广告群、"无聊"的吹牛群、"死寂"的僵尸群，而不是有价值的社群。那么，建立社群需要哪些条件呢？

首先，要有超级体验，要能提供超级爽品或者服务。超级爽品，意味着高颜值、高品质、高价值的产品。比如小米的小巧可爱、智能遥控的插座、科沃斯的智能识别灰尘、自动回充的扫地机都可以说是超级爽品；超级服务，意味着超用心、超周到、超期待的服务。比如海底捞的贴心、暖心、用心、真心、诚心的五"心"级服务。你有超级爽品或服务吗？如果没有，建立社群将徒劳无功，还会浪费时间和资金，真正是赔了夫人又折兵。

其次，要有社群精神领袖。社群不像公司，没有严谨的规章制度对每个成员的权利及义务进行约束。那么要想保证社群群体行为的自制和有效，就需要精神领袖的号召力和感染力。尽管优秀的社群是去中心化、多点运营的，但是在社群运营前期必须中心化，以社群领袖为核心，通过前期中心化社群的运作，打造若干分社群领袖，驱动去中心化社群的形成，实现多点运营，相互并联，让社群自管理、自运营、自裂变、自变现，这是成熟的社群管理模式。比如中国第一匠人社群"匠群会"，由爆品思维首倡者老徐倡导，杭州"新零售"导师郭胜、上海飞行俱乐部肖总等人联合发起。"匠群会"致力于"倡导匠人精神，助力匠人成长"，其创始人老徐（徐荣华）就是一个精神领袖，在一年左右的时间内就打造出十几个区域分社群，培养了千位社群领袖，可利用的私域流量达数千万，并且这个数字还在不断增加。

最后，要有社群的管理团队。社群不是一个公司，但是经营起来有时候比公司还难，因为公司有利益绑定，有部门协作和职责分工。但社群不同，社群没有利益绑定，也没有部门协作和职责分工，因此需要同频、同道、同心，但又有不同专长、资源、个性的人来共同运作。由此可见，组建社群团队非常不容易，需要有共同认知和目标，需要有远见、魄力和勇气。比如一个产品社群，可能需要懂产品、会营销、善管理的人才。当然，社群到底需要什么样的管理团队，和社群的目标定位等因素有关。

有的社群在不断创新管理模式，比如"匠群会"把社群作为流量入口，然后成立商业公司进行商业变现。因此，社群团队也是公司的管理团队，这种模式有利于提升社群的商业效率和效益。

看到这里，估计有些读者开始担心了，如果不具备建立社群的条件，就不能玩社群吗？答案是肯定的。但不是自建社群，而是从加入别人的社群入手。尽管有些是收费的，但是可以蹭流量、蹭资源。最主要的是可以边学习、边摸索，为以后建立社群打下基础。

1.2　社群运营的三大病症

现在的很多社群，都有三大毛病。如果有毛病而不去改进，社群是没法变现盈利的。社群运营的三大病症都有哪些具体表现呢？这三大病症就是忽视人的价值与作用，表现在以下方面。

（1）只图向他人索取

"天下熙熙，皆为利来；天下攘攘，皆为利往。"人们追求利益是无可厚非的事。但有的人求利太急太切，根本不顾及他人感受。建立社群后，只顾发图片、视频等各类广告，一心只想在群里销售产品，成交客户，结果发的东西谁都不看，浪费了自己的时间不说，也污染了社群环境，结果就是引起众怒，大家纷纷退群。

如果你先多了解别人、多和别人交流、多发小红包，可能就会增加大家对你的好感度，进而培养起对你的信任感。没有信任感，怎么可能在社群成交呢？

（2）懒得与他人互动

群主上任三把火，可三把火熄灭之后呢？懒劲就来了：懒得发言、懒得互动、懒得付出。理由是：自己比较忙。这类群主虽然不愿交流、不愿协作、不愿付出，但不时冒泡，简单粗暴地发个产品链接骚扰下群友还是会的。因此，最后的结局也一样，社群成员陆陆续续退群，甚至不会和群主说一声再见。

进行社群营销，就和养花一样，要花点心思、花点时间、花点精力，比如聊天、讨论、点赞、评论、发福利等。如果自己很忙，每周互动一次总可以吧，看到别人好的言论或资讯，点个赞，评论下，也就占用几十秒的时间。有谁比小米创始人雷军更忙呢？他还会不时地在今日头条、微博等自媒体发个话题，和粉丝进行互动。如果连互动的时间都没有，那就没法做社群营销了。

这几年，社群都是风口。雷军有一句话："站在风口上，连猪都会飞起。"我们已经站在了风口，能借势飞起来吗？

（3）缺乏利他价值

这算是比较严重的一个问题。前面的问题犹如一点外科小疾，搽点药还是容易治好的。这个问题犹如内科顽疾，可能需要长期服药，同时需要良好的心态配合治疗。所以，如果缺乏利他价值，社群基本上是做不起来的。

看到这里，请问问自己：是否有利他的意识和价值？意识还好，可以培养；价值呢？就是你能为社群成员提供什么价值呢？如果对于别人来说，既不能学到知识，又不能拓展人脉，更不能获得资源，那别人为什么还要花时间待在你的社群里呢？所以，没有利他价值就别给大家添乱了，先多花时间学习，多向别人请教，多去实践试错，多多整合资源吧。能做到这些，你一定会打造属于自己的社群。

编者在建设"杭州匠群会"社群时，就带领团队研发了一套社群核心价值管理系统，以加强社群的价值输出以及成员付出、价值、能力与身份等级的统一。让有价值有付出的人得到回报，让无价值无付出的人一无所获，打造一个价值获得、提升、流通的社交闭环。

当然，价值也是需要定位的：你计划向别人提供什么类型的价值？这个价值稀缺吗？别人有需求吗？这些会在后面进行详细介绍。

总之，三大病症的根源就是不懂人性。那么如何读懂人性呢？

任务 2 读懂人性——开启 社群运营的大门

要想开启社群运营的大门，就需要一把金钥匙——人性之钥。如果不理解人性，不弄透人性，做社群就犹如盲人摸象，找不到运营的逻辑和方法。那么如何读懂人性？

2.1 读懂人性

无论是孟子的"人性本善说"，还是荀子的"人性本恶说"，都撇除不了人有追求名誉和利益的趋向。尽管世间不乏淡泊明志、视名利如粪土的高士，但大多数人都比较重视名与利。追求名利并无不妥，只要通过正当的手段就无可厚非。

追求名誉。无论是在现实世界还是在虚拟世界，很多人对职位、身份、名望的追求都乐此不疲。所以，如果你能给社群成员提供一个阶梯式的身份晋升体系，能让别人看到唾手可得的梦想和目标，就会增加社群成员的归属感、增强他们参与社群活动的动力，从而提升社群运营的效率。当然，身份、头衔的高低需要和个人的能力、价值与付出挂钩。这就需要制定一个公平合理的制度。

追求利益。任何人进入社群，都希望可以获得一定的利益。比如推广产品，成交客户，找到资源等。并且这个利益必须是可持续的。如果进入社群仅能获得一次性利益，用户享受完就跑了，社群也就散了。

因此，要有计划且定时定量地输出利益。定时指的是有一定的时间规律，让社群用户永远充满期待，天天都能在社群获得价值；让他们相信，在这个社群，今天是美好的，明天一定是更美好的。定量指的是每一次利益输出不能太多，也不能太少。如果你去钓鱼，给的诱饵太少，鱼儿不上钩；给的诱饵太多，鱼儿随便就吃饱了，根本无须咬钩。

另外，在提供利益的时候，不要立刻追问回报，这样可能会让对方不自在，甚至引起对方反感，最终只能是吃力不讨好！

2.2 做一个"三好"学生

了解了人性之后，我们要做一个"三好"学生，以打开用户的心灵之门。

2.2.1　学会做好人

任何商业活动，离不开人！尤其是社群营销，更离不开对人的经营。人是核心，做社群就是做人。如果不会做人，建立的社群基本上就逃不出这个怪圈：心血来潮建群，热情十足管群，费尽心思拉群，绞尽脑汁扩群，争先恐后退群，不久之后死群！

要做好人，首先就要对"好"进行正确的定位。虽然网络这个虚拟世界模糊了对人的认知，但是你在群里的一举一动、一言一语都是在给自己画像，都是在给自己贴标签。前面说过，社群是以人为核心的。所以，在社群中第一个要思考的问题就是：你打算做一个什么样的人？是做一个"坏"人、一个"中性"人，还是一个"好"人？当然，社群中的"坏人""中性人""好人"和生活中的相应还是有一些区别的。社群中的"坏人"指的是不适合社群，或者污染社群环境、扰乱社群秩序的人，并不是说这样的人本质很坏；"中性人"指的是在社群中长期潜水，不妨碍社群秩序，也不带给社群利益的人；"好人"指的是在社群中能活跃气氛，愿意利他的人。"坏人"一定会遭到群起而攻之，"中性人"一定会遇到群起而冷之，"好人"一定会受到群起而捧之。

2.2.2　学会说好话

建立或进入社群之后，就要经常和社群其他成员进行沟通互动。要学会多说鼓励支持他人的话，不说贬低打击他人的话。因为一句狠话，可能会直接得罪一个人，间接得罪一大群人。社群是以人为中心来连接的，每个人的背后，都连接了无数个人，而无数个人的背后，就是无数个巨大的流量池。当你善于点赞、互动和评价时，你就会被更多的社群成员认识并获得他们的好感，这就为以后的合作打下了基础。比如有人在群里发了一些有价值的视频，你点赞或者提出一些看法和建议，这样他们就会感激你。不断和他人进行互动，就会不断产生连接，也会不断增强社群的粘性。总的来说，说好话的本质就是尊重、关注、关心每一个社群用户，让他们感觉到自己在社群中的重要性，从而产生一种归属感。

2.2.3　学会做好事

我们要学雷锋，做好事。要尽力去帮助社群用户，了解他们工作或者生活中的问题或者困难，提供一些可以解决他们问题或困难的方案。要把助人为乐的思想融入社群中，这样的社群才有生命力。如果总是想着自己的利益，只图索取不思付出，社群流量终会枯竭。

当你不断地为别人提供资源、提供帮助的时候，就是在为自己种下收获的种子。某一天，当你需要资源、需要协作的时候，你一定会得到很多人的协作，获得意想不到的资源。尤其在你深陷困境的时候，帮助你的往往是那些被你帮助过的、对你心存感恩的人！

任务 3　社群定位

营销部李副总指示张晓在社群运营培训结束之后筹备建立社群，由他从五个业务组中选拔几个营销人员加入社群团队，并由她管理，直接对李副总负责。下面我们一起来看看张晓是怎么玩社群的……

社群有很多类型，比如产品型社群、兴趣型社群、品牌型社群、知识型社群等。有很多企业在建立社群之初，不对社群进行定位，只卖产品，以致社群很快就解散了。因为产品不同，社群基因不同，社群运营效果也不同。有些企业产品系列少，购买频率低，缺乏用户粘性，买一个用十年，就不适合做产品型社群，一做必死。因为你的产品别人买了一次，接下来很多年都不会再买了，产品型社群对他来说没什么价值，毕竟谁也不想一直吊在一棵树上。

张晓认为，社群定位非常重要，决定了社群的发展方向。那如何对社群进行定位呢？

3.1　影响社群定位的因素

定位就是通过聚焦，体现核心价值，在用户心中抢夺一个独一无二的位置。定位是一个非常重要的工具。对社群进行定位，首先要基于以下几个方面去考虑。

3.1.1　建立社群的目的

建立社群的目的是什么？是营销产品、学习成长、提升品牌影响力，还是纯粹的公益活动或兴趣爱好？社群目标非常关键，对社群运营起着导向性作用。很多人建立社群都是一时兴起，没有清晰的目标，使进群的成员如同坠入云里雾里，不久就纷纷弃群而去。群主的宝座还没坐热，社群就寿终正寝了。

3.1.2　社群的目标人群

你的社群的目标人群是像"正和岛"社群那样拥有一亿以上身价的知名企业家还是小型企业的老总？是意气风发的创业者还是朝九晚五的工薪阶层？是频上热搜的网红还是心比天高的粉丝？

建立社群后，要根据社群目标来确定自己的用户群体。如果不限范围，不设边界，社群迟早会乱得一塌糊涂，难以运营！

3.1.3　社群资源

社群资源就是社群运营的基础和本钱。如果连本钱都没有，社群从何做起？如果没有资源，社群就成了无源之水、无本之木。

万丈高楼平地起，要把社群建成一座高楼大厦，就必须打出坚实的地基。只有资源才能更好地夯实地基。你建立社群具备什么资源？是人脉、信息、资金、技术还是产品？如果什么都没有，完全空手套白狼一定会让自己失望，除非你是营销的顶级高手。

现在也有一些资源对接工具，可以帮助一些商业社群对接更多资源。比如由杭州匠群会新零售研究团队运用独创的社群、营销、互联网及小程序技术，打造出一款商业微信群裂变＆变现的小程序"慧对接"，就可以把商业社群的核心需求和资源数据打通，并深度挖掘、加工和利用这些数据，帮助群主（B端）和群内成员（C端）交互和对接，以获取所需要的商业资源，如客户、供应链、合作商等，提升商业社群的变现能力。

3.1.4　社群用户的共同需求

社群用户具备什么特征？有什么共同需求？注意，这里说的是共同需求，而非某个人或者群主的需求。

社群如果不能瞄准核心用户的共同需求，就会缺乏用户粘性，从而变得松松垮垮、懒懒散散。过不了几天，群友就会将群束之高阁，每天也就只有群主在群里自言自语、自娱自乐了。

3.1.5　社群核能

核能是现在比较热的一个词，体现了最大的优势或者价值。你或者你的团队具备什么核能？具备什么差异化的优势？能长期、源源不断地为社群成员输出什么价值？注意，需要输出可持续价值，而不是一次性价值。

3.2　社群定位三大步骤

社群是一个组织，也是一种模式，更是一种生态。优秀的社群一定是资源互补、合作共赢的。因此，群主一定要分析社群用户的具体需求、需求背后的问题、需求的细分场景、需求的满足条件等。为了更好地进行社群定位，这里介绍三个步骤以抛砖引玉。

3.2.1　给用户画像

进行社群定位，第一步就是给社群成员画像。可以采用九宫格画像方法，把用户的几大主要特征找出来，比如收入、年龄、素质、教育、习惯等。用户的主要特征越具体，用户画像就越清晰。用户画像越清晰，分析用户的需求和问题就越容易。否则，社群运营终将会"不识庐山真面目，只缘身在此山中"！

3.2.2　找到问题

在给用户画像之后，不仅要分析用户需求、具体需求，还要分析其动机及动机背后的问题。这些问题是如何产生的？会带来什么后果？分析需求动机背后的问题永远比分析需求更重要。需求是表面的，问题是深层的。不同用户可以有相同的需求，但动机及其背后的问题则不尽相同。对用户"痛"点问题，找得越早、越准、越小，就越能对症下药，满足用户需求，提高用户满意度。

3.2.3　找到"乐"点

找到用户"痛"点，的确在用户有刚需或者需求高频的时候能发挥作用。但当某些产品或者服务不是刚需或不够高频时，就难以切中用户的"痛"点，因为用户根本不"痛"，即没有购买动机。而这个时候，"乐"点就显得尤为重要。寻找"乐"点，也是非常符合人性的。每个人不管追求什么，无论是物质还是精神，都能获得快乐。人生无一不是追求快乐的过程。这里的快乐指的是追求价值、奉献价值的快乐，而非庸俗低俗、腐败糜烂的快乐。

因此，除了了解用户"痛"点，还需要了解用户"乐"点。当用户"乐"

点不清晰时，甚至要诱引、打造用户"乐"点、诱导客户需求。基于社群的因素和社群定位的步骤，张晓和团队成员们经过讨论决定做一个用户社群。为什么不做产品型社群？张晓认为，产品型社群以销售公司产品、提升销售业绩为主，而用户社群以维系客户关系，做好客户服务为主。从社群运营可持续的角度来看，做用户社群更具价值和意义。

营销法则十四

让社群用户收获快乐，

这是社群运营的基础；

让社群用户获得利益，

这是社群营销的精髓。

任务 4　设定社群规则

俗话说，"无规矩不成方圆"。要建立社群，运营社群，设定社群规则尤为重要。

4.1　设定社群门槛

设定社群门槛是社群运营最基本的规则。

4.1.1　为什么要设定社群门槛

社群门槛既是条件，也是标准。也就是说，要对进入社群的用户设定标准，设置要求，宁缺毋滥。否则，什么人都允许进来，会把社群弄得乌烟瘴气：

有的人心怀不满，散布污言秽语；

有的人无聊空虚，总聊风花雪月；

有的人素质低下，总是脏话连篇；

有的人自负爆棚，讲话气焰嚣张；

……

这些都会影响到社群生态。这个时候，要想再去管理好社群，提升社群的运营效率，实现社群的价值，就为时已晚了。

设定社群门槛，能吸引精准的潜在用户，他们有需求、有信任、有黏性。另外，他们还能相互沟通、相互协作、相互支持，共建共享私域流量。每个社群成员既可能是客户，又可能是合作伙伴甚至合伙人。

设定社群门槛，获得精准的客户群体，就是要追求社群质量。追求社群质量首先是求质，要求入群成员满足一定的条件；其次是追求量，要求入群成员达到一定的数量。

4.1.2　如何设定社群门槛

首先，以客户画像作为根据。比如，工作性质、职位、收入、专业、特长等。其次，设定进群权限。为了确保每个进入社群的用户符合门槛要求，进入社群必须由管理员审核进入，而非邀请即入。同时，对每个计划邀请进入社群或者有意进入社群的用户进行条件审核，如果不符合门槛要求，或者不知道是否符合门槛要求，就要拒绝加入。最后，告知门槛条件。设定社群门槛后，要用小喇叭告知所有社群成员，便于大家根据门槛要求拉新，同时接受社群的条件审核。

另外，在社群运营过程中，有时候会因为实际运营的变化对社群门槛进行微调，这就需要发布社群公告。但是不宜大幅度调整门槛条件，这样会让社群成员觉得群主有些变化无常，和群主的友谊也就难以地久天长了。

4.1.3　张晓的社群门槛

张晓确定了做用户社群后，很快就设定了社群门槛。

（1）社群用户要求为公司的准客户或者很有意向的潜在客户。

（2）社群用户要求为采购、营销、产品设计、管理等岗位人员。

（3）要求具备一定的职业素养和文化素质。

（4）愿意与社群成员互相交流、互相学习、互相协作、互享资源。

4.2　设定社群规则

社群规则是社群有序运行的保证，有助于约束全体社群用户的言行。

4.2.1　设定社群规则的注意事项

设定社群规则要注意"简""适""全"三个方面。

简：指的是社群规则一定要简单，包括社群规则的内容和发布的形式都要简单。大道至简，少即是多。简单的规则，才更容易理解和执行。太繁缛的规则，则会让人头晕目眩，无所适从。如此一来，规则也就形同虚设。

适：指的是社群规则要适合实际情况，不要做其他社群规则的搬运工，否则在实施过程中会困难重重。设定社群规则，要针对社群的精准定位、目标人群，量体裁衣、量身定制。

全：指的是制定社群规则的时候要考虑全面，比如把一些重要的注意事项都考虑进去，不要朝令夕改。

4.2.2　张晓制定的社群规则

（1）进群后必须把昵称修改为公司名称加个人昵称。

（2）进群后不可随意发广告。第 1、2 次提醒，第 3 次警示，第 4 次驱逐出群。如需要发广告，请联系群管理员审核。由社群统筹安排，暂定每周日晚上为广告发布时间。

（3）不可发涉黄赌毒等违法信息。

（4）社群倡导和谐的交流环境，严禁与人交恶。

（5）不可在社群随意攻击公司、诋毁他人或产品。

（6）对公司产品有疑问，有需要操作咨询、维修等服务的，请联系社群客服。

（7）社群成员间的生意合作请注意风险防范，若有损失由其自行负责，与本公司无关。

（8）若潜在客户进入社群后，半年内仍未产生任何合作，则移出该潜在客户到备选群。

在张晓制定了社群规则后，开始总有人会发一些图片、视频、链接等广告信息，张晓要求社群管理人员必须及时提醒。后来，在社群管理人员的共同调频下，社群用户变得有秩序了，发广告的也越来越少了。

4.3　李晓倩的广告

有一次，李晓倩突然在群里发了一则产品及抖音的二维码广告信息。正好被张晓看到，她扫描二维码看了下，很是惊讶。为了维护社群的正常秩序，张晓马上在群里提醒李晓倩："晓倩，请勿随意发广告，周日晚是发广告时间。谢谢支持。"

李晓倩在群里发了个笑脸，说了句"哦，不好意思"，然后立马就给张晓私发信息兴师问罪："你干吗不私下提醒我，还在群里当面说？我以后再也不到你群里发信息了。你那句'谢谢支持'特刺耳。"张晓看到闺蜜很不高兴，怀疑自己做得真有些不妥。如果是一般的用户，这么提醒是可以的，但对闺蜜这么做合适吗？她其实也想到了私下和李晓倩说，但觉得在群里说效果更好，提醒她的同时也提醒了别人。没想到闺蜜这么火。后来，李晓倩有一段时间都不太搭理张晓。张晓这时才强烈地意识到，管理社群最难的就在于对社群成员的管理。

1. 张晓直接在群里批评李晓倩对吗？有没有更好的沟通方式？

2. 当你的社群有用户不守规则，甚至你的朋友也这么做时，你会如何处理？

任务5　社群的核心价值

设定社群门槛和规则后，就需要建立社群核心价值了。一般优秀的社群都有其核心价值，比如小米的社群，定位是用户社群，提供的是用户互动参与的核心价值；罗振宇的罗辑思维社群，定位是知识社群，提供的是知识经济的核心价值。每个社群都应该有自己的核心价值，核心价值是基于社群定位、社群对象、社群资源的差异化价值。

社群核心价值犹如汽车的发动机，是社群的动力系统。社群核心价值包括社群核心价值点的确定，社群核心价值的构建，社群核心价值的输出传递等。社群核心价值是影响社群成败的关键。

5.1　寻找核心价值点

核心价值，是社群最重要的价值，也是社群存在和发展的前提。要建立社群核心价值，首先要找到一个核心价值点。核心价值点相当于一个引子，是用来聚焦、深挖、引爆社群价值的。核心价值点也是社群核心价值的"导航"，点在哪里，核心价值就会走向哪里。核心价值点要尽量做到小而美，不是大而全。确定社群核心价值点的步骤如下。

（1）调查用户需求结构

没有调查就没有发言权。经过调查，了解社群用户的状况、群体特点、文化特质、个性偏好、消费习惯等，分析用户的表面需求、具体需求、动机及痛点、乐点。不了解用户需求结构就去设计价值点，属于自作多情，这样用户会移情别恋。

（2）调查社群环境

社群环境包括政治环境、经济环境、商业环境、文化环境等。政治环境包括政府对社群发展的相关政策；经济环境主要指经济政策和发展；商业环境主要指企业运营与发展，零售发展现状及趋势；文化环境主要指主流文化、社群文化等。社群是船，环境是水，水可载舟，亦可覆舟。

（3）挖掘社群核心优势、资源

社群核心优势决定了社群价值的质，体现了差异化核心价值，是社群价值之核；社群资源决定了社群价值的量，是社群价值之源。社群核心优势和资源就决定了社群价值的质量。

（4）提炼核心价值点

根据以上三点，对核心价值点进行提炼，找到最具意义、最具影响、最有市场、最有需求的核心价值点。这点非常重要。如果价值点提炼得不够精准，后面的核心价值就难以建立。

> **营销法则十五**
>
> 社群核心价值点越小，
> 营销力就越强，
> 就越能穿透社群用户的需求。

5.2 如何塑造核心价值

确定了社群的核心价值点后，就要尽力去塑造社群核心价值。核心价值点是核心价值的定位或聚焦的方向，而核心价值是以核心价值点为核心，不断淬炼而形成的系列价值。如果说核心价值点是一颗种子，那么核心价值就是一棵大树。

核心价值建立成功与否在于价值体系的内容打造及层次设计。比如社群"匠群会"，其核心价值点是流量。围绕核心价值点，"匠群会"为所有社群用户提供了共享私域流量的核心价值，并设计了"爆品思维""社群思维"等价值内容模块。围绕这两大价值模块，设计了不同层次、不同形式的价值内容，如培训、会议、路演、下午茶、资源对接活动等。以核心价值为基础，"匠群会"为社群用户提供了爆品打造、社群营销、流量变现的匠心服务。

5.3 "2W2Q"价值输出模式

核心价值像货币一样，必须进入流通，将价值输出、传递，这样价值才能得到验证、认可、传播并不断增值。如果把价值紧紧捂在口袋里，那么价值迟早会变质，并不断贬值。核心价值应该如何输出呢？

5.3.1 "2W2Q"输出模式

编者认为，核心价值可以采取"2W2Q"输出模式：社群在什么时间（When）、通过什么方式（Way），为用户提供什么样的质量（Quality）、多少数量（Quantity）的核心价值？时间、方式、质量、数量是核心价值输出的四驾马车。

时间（When）：价值输出的时间设置，包括三个方面：一是价值输出时间节点的选择。比如是选择早上、中午还是晚上；工作日还是休息日；平日还是节假日。二是价值输出时间的长短。比如输出的是课程，则课时有多长。三是价值输出时间的频率，比如价值输出是每周一次还是每日一次。

方式（Way）：价值输出方式，可以选择培训、讲座、赠送、体验、活动等方式。具体方式的选择，要依据价值的性质而定。比如核心价值是产品，则可以选择免费体验产品、免费赠送样品、生产现场参观等价值输出方式。

质量（Quality）：指的是每次输出价值的质量，价值输出的质量是价值输出中非常关键的因素。价值输出的质量决定了社群用户需求满足的程度。由于社群运营的需要，应对输出价值进行质量的评估，细分等级，并按照需要在不同时候输出不同质量等级的价值。价值的质量是比较而言的，比如选择课程的输出方式，如果提供的是名师线下的课程，则质量较高；如果提供的是到处下载的线上课程，则质量较低。

数量（Quantity）：指的是每次输出价值的数量。如果价值输出是赠送样品，则指的是样品的数量；如果价值输出是知识，则指的是知识容量的多少。

价值输出，就是时间、方式、质量与数量的组合。

5.3.2　价值传递

价值传递是指对社群价值进行宣传和传递，使他人获得所需要的价值。也就是说，社群在价值输出的时候，同样需要群成员响应和接龙，把价值输出的方式传递下去，并影响到每一个社群新人，打造一个价值输出和获得的闭环。

在很多社群中，有很多人采取打一枪换一个地方的方式混流量，根本就不愿意沉淀下来输出价值。那么在价值传递过程中，如何鼓励社群成员心甘情愿地输出价值呢？为了让社群成员自愿输出价值，社群必须给予其回报，即给他们以特别的价值输出。当然，从人性角度来看，并非每个人都愿意无私输出价值。

给社群成员以回报，至少应该从以下三个方面考虑。

一是根据社群成员对社群价值的宣传方式、传播效果，确定其应该得到多少价值的回报。

二是为每个社群用户的拉新（邀请符合社群门槛要求的新伙伴进群）提供什么样的记录和激励方式。

三是对每个为社群提供其他价值的成员进行价值评价，并根据评价的等级给予其一定的回报，比如发放奖品、活动入场券等。

只有建立了核心价值，才能产生强裂变。如果社群不具备核心价值，不能给用户赋能，这个群必将成为僵尸群。

5.4　张晓如何建立社群核心价值

张晓通过头脑风暴的方式，组织大家一起交流讨论，先找到核心价值点。其中，有一个新员工提出的以"创造商标价值"为核心价值点的建议得到了大家的认同。如果一个社群仅仅是停留在聊天、售后服务等方面，这个社群就缺乏深度和核心价值，也缺乏商业价值。这个价值点非常迎合他们企业的资源和实情，也非常符合他们企业的发展方向。于是，张晓确定了这个价值点，并开始讨论如何以价值点为核心建立有层次的核心价值体系。最后，他们建立的社群核心价值体系如图 8-1 所示。

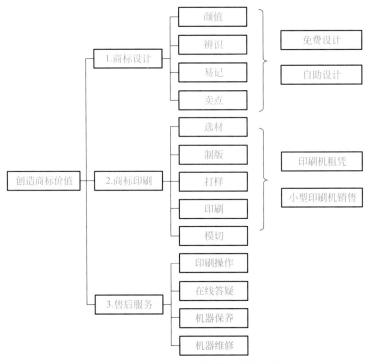

图 8-1　张晓建立的社群核心价值体系

首先，张晓设计了核心价值体系。她把价值分为三个层次，包括：商标设计、商标印刷、售后服务等。商标设计价值包括商标设计的美观、辨识度、易记忆、突出产品卖点等。为了输出价值，他们除了提供免费设计服务外，还和第三方合作开发了一款自助设计软件，有助于客户 DIY 商标、LOGO 的设计等。他们还经常举办各类设计比赛，深深吸引了群里的用户，提高了大家对商标、LOGO 等内容设计的积极性和参与度。有很多企业的采购和产品设计人员成了这些活动的忠实粉丝。商标印刷价值包括商标的制版、打样、印刷等。为了输出价值，他们提供了印刷机租赁、小型印刷机销售等服务。

由于大家白天比较忙，再加上国外客户有时差，他们运用"2W2Q"价值输出模式，社群交流时间一般为 18：30—20：30。对于商标设计、印刷、产品使用、保养等简单问题，由社群管理人员随时在线解答；对于商标设计、印刷等知识，每周定期发布文章；对于 DIY 作品讨论、评价，一般每周举办一次；对于商标设计、印刷知识等各类比赛活动，一般 1 ～ 3 个月举办一次。当然还有一些让人尖叫的活动，比如直播抽奖、秒杀好物等。

任务 6　社群营销

6.1　社群营销的两大原则

6.1.1　多互动

社群营销必须以价值体系为核心，以用户互动为重点。一个社群没有互动，就是一潭死水，也就没有办法输出、传递、实现价值。互动是社群营销的基础，是价值实现的前提。要做好一个社群，必须策划各类形式的互动，比如线上讨论、投票、课程、协作，线下体验、交流等。无论是线上互动还是线下互动都要促进社群成员互动的广度、深度和高度，提升协作共赢的效果。互动的广度指的是要进行多维度互动，比如群内交流、线下会议、线上学习、外出游学等；互动的深度指的是互动要有一定的价值深度，比如游学时课程要有深度，要真正能帮助到社群成员，而不仅仅是游乐；互动的高度指的是互动境界要高，比如多发起一些互相协作的活动，提高社群成员的协作精神。

6.1.2　重线下

社群营销要注意线上线下结合。由于网络的先天缺陷，社群营销不能仅限于线上，线上勾兑会因为缺乏信任或者获取信任的成本过高而出现后劲不足，让你在社群营销这条坎坷不平的路上不断摔跟头。

建立社群之后，一定要重视线下活动，增加社群的活力和粘性。因此，在线下和客户勾兑就成了必不可少的环节。在互联网时代，很多客户的成交都是通过电商平台如淘宝、京东等实现的，从流程上来讲这些交易的确无须和客户见面就可实现。但是，线上成交的客户由于没有线下的深度商谈，缺乏信任基础，即没有"根"，合作关系往往不是很牢固，一有风吹草动，就一拍即散，导致合作夭折。曾经有一个客户，经常在淘宝店铺"智帮家"团购扫地机，每次至少买十几台。后来，这个客户突然就不下单了，旺旺联系她也不回复。是她真的没有需求了吗？应该不是，很可能是她在其他供应商处进行采购了。由此可见，如果能抽空对线上客户进行线下拜访，建立一定的信任基础和情感连接，就不会轻易流失客户。至少客户会告知，其为什么对现有产品或者服务不满意？

还有哪些未得到满足的需求？然后，才能有针对性地解决。

因此，对于线上成交的客户，再寻机进行线下勾兑还是很重要的。对于潜在客户，如果采取线上邀约、线下勾兑，就更能促进相互了解，增进双方友谊，增加成交机会。

6.2　张晓怎么玩转社群

张晓是从以下几方面玩转社群的。

6.2.1　关注有福利

凡符合社群门槛要求的用户，扫描社群二维码并关注后，均可获得企业赠送的一个自助设计软件的账号，以后可以自助设计各类图片、LOGO 等。这个价值输出，让很多潜在用户产生了兴趣，纷纷关注进群。

6.2.2　举行设计比赛

定期举行设计比赛，主题是"人人都是设计师"，由赞助商提供奖品。几乎参与报名的人员均能获奖，奖品包括各类实体、虚拟产品。参赛人员可以利用智能设计软件自助设计，也可以利用专业设计软件精心设计。设计比赛充分展现了设计人员的实力，调动了社群用户学习和参与设计的积极性，同时对参与活动的企业进行了宣传，可谓一举多得。

6.2.3　拉新有奖

凡拉新潜在客户进群者，都会获得社群的奖励。奖品按照拉新 1 ～ 2 人、3 ～ 5 人、6 人以上分为三档。按照不同档次发放不同价值的奖品，比如挎包、鞋子、小夜灯、加湿器等。最关键的是这些奖品不用企业花钱，都是客户作为赠品送给企业的。

6.2.4　共建、共享社群

社群中的成员，只要再去建立社群，张晓都会为其赋能。张晓整合了一些社群营销师资源，为这些分社群提供免费培训服务，赢得了很多客户的点赞。

后来，张晓考取了由人力资源部颁发的"企业培训师"资格证，经常在客户的社群中讲课，并获得了"社群专家"的外号。张晓知道，这只是外号，还不是称号。她也清楚，在社群领域，自己才刚入门，与专家的水平相差很远，还有很长的路要走。继续加油吧！经过社群共建共享后，张晓又获得了很多客户的社群资源，导入了很多流量，也成交了不少客户。

营销法则十六

线上沟通十次不如线下勾兑一次，

线下勾兑十次不如大家协作一次。

任务7 打造个人IP的"WADV"定位法

IP的全称为"Intellectual Property"，是"知识产权"的意思。在社交自媒体时代，IP就是在某行业具有较大影响力，因为价值输出及个性特征而拥有巨大粉丝流量的个体。比如锤子科技创始人罗永浩、高呼"让世界爱上中国造"的董明珠都是行业内的大IP。张晓认为，要做好社群营销，必须努力成为社群领袖；而要成为社群领袖，必须打造自己的IP。

IP和人设有何关联？如果说人设是人的形象设计，是给别人一个有特色的形象的展示，IP就是与自己的工作或事业相关联，能提供某种专业价值的输出。人设更多表现外在形象，而IP更多体现内在价值；一个营销人员，能比较容易地打造自己的人设，但是不一定能打造好自己的IP。要玩转社群，关键就在于打造个人IP。

7.1 了解IP

7.1.1 个人IP的三大特征

经过分析，张晓发现个人IP的三大特征是"个性、专长、互动"。

首先是个性，个人 IP 必须有自己的个性特点，比如一身正气、敢于直言的央视著名主持白岩松。其次是专长，个人 IP 要有专长、能利他，如原谷歌全球副总裁、大中华区总裁、创新工场创始人李开复，因为知识渊博，致力于对大学生成长的关心，赢得了很多粉丝的尊敬。最后是互动，个人 IP 要经常和大众互动。比如很多院士都有个性、有专长，但是不太和大众互动，没有了传播的途径，所以就无法成为 IP。而有的院士就是 IP，比如钟南山院士，他的互动性很强，在 2020 年的新冠疫情爆发期间，多次通过媒体和大众互动，让大家了解到更多的病毒知识、了解到国家的防控措施，增强了人民大众的防疫意识和抗疫信心，为当时百姓的疫情恐慌打了一剂强心针。钟南山院士，从 2003 年的"非典"到 2020 年的"新冠"，始终是抗疫前线的英雄，因而是疫情防控的大 IP。他的许多关于疫情防控知识的视频，一直被各类自媒体转发和传播。

7.1.2　为什么要打造个人 IP

IP 营销符合营销发展的趋势。为什么这么说呢？我们先了解下中国营销发展的几个阶段。编者认为，中国营销至少经历了以下九个阶段。

营销 1.0，计划时代，时间是 20 世纪 50—70 年代。企业产品不愁销路，由国家代购包销，可以说是"皇帝女儿不愁嫁"的时代。

营销 2.0，产量时代，时间是 20 世纪 80 年代初、中期。企业只要生产出产品就能销售，产量越大，利润越大。哪怕产品质量差，也不愁没人买，所以当时企业只重视产量，为了牟取利益，不惜偷工减料，导致假货横行，消费者苦不堪言。

营销 3.0，质量时代，时间是 20 世纪 80 年代中、后期。以海尔张瑞敏为代表，砸掉了一批质量不过关的冰箱，提出"质量是企业的生命"的口号，震惊了企业界，推动企业迈进"重视产品质量"的新时代。

营销 4.0，推销时代，时间是 20 世纪 90 年代初期。由于企业竞争激烈，产能过剩，很多企业产品库存增多，促使企业实施"走出去"战略，主动出击，推销产品，减少库存。这一时代诞生了很多销售高手，董明珠就是其中之一。

营销 5.0，品牌时代，时间是 20 世纪 90 年代中、后期。由于竞争加剧，企业迫于形势，大力抢夺权威媒体资源，对产品进行宣传，打造自己的品牌。这一时代诞生了诸多知名品牌，如 TCL 等。

营销 6.0，互联网时代，时间是 20 世纪 90 年代末—21 世纪 10 年代初，以阿里巴巴的诞生为标志，开启了中国网络购物的先河。

营销 7.0，移动互联网时代，时间是 21 世纪 10 年代初、中期。到 2013 年年底，中国手机网民达 5.57 亿，占总网民比例 85.8%。另外，随着手机、Wi-Fi 的普及，移动互联网营销得到了极大的发展。

营销 8.0，社交电商时代，时间是 21 世纪 10 年代中期。随着社交聊天工具的普及，尤其是微信的广泛使用，社交电商获得了很大发展，如微商、拼多多等。

营销 9.0，"新零售"时代，时间是 21 世纪 10 年代中、后期。传统电商、微商由于先天不足，发展受阻，以盒马鲜生的诞生为标志，线上线下的融合推动了新零售的发展。

随着自媒体的成熟和兴盛，社交新零售将成为"新零售"时代一道亮丽的风景线。社交新零售，重视个人的价值及符号，重视个人私域流量的变现。营销人员的工作，由以前的销售产品获取客户，变成了现在的销售自己获取流量。打造个人 IP 就是为了更好地销售自己，更多地获取流量，更快地获得精准客户。

7.1.3　打造个人 IP 的四大优势

(1) 让客户更快接受你，更快认知产品

有了个人 IP，用户就无须花费更多的时间去调查了解你。那么，"这个人信用怎么样""这个人可靠吗"等这些担心就变得多余。由于客户信任、认同、熟悉你，所以也无须劳心费力地去了解你销售的产品。个人 IP 降低了客户认知、商家宣传的双重成本，实现了企业和客户的共赢。

(2) 让客户更信任你，更信赖产品

客户知道，你和产品相互绑定，你是产品的代言人，产品是你的价值交付物。你怎么样，你的产品就怎么样。你有诚信，你的产品质量就不会差；你快乐、幽默，你的产品就会把快乐、幽默带给用户。

董明珠曾经在一个公众场合被人笑侃："你能否不要总是提到格力？"董明珠说："那不可能，我已经和格力绑定了。"可见，打造个人 IP 十分重要。

(3) 让自己增值，让产品溢价

打造个人 IP，一方面可以提升自己的价值，另一方面可以使自己的产品获得溢价。这样你的产品无须经常打折扣，搞促销，同样也会有忠诚的客户去购买。当然这里并不是说有了个人 IP 就可以故意抬高价格，这样做是玩火自焚，会导致自己的 IP 崩塌。打造一个 IP，需要长期积累；而毁掉一个 IP，只需要举手之间。所以，打造好个人 IP 之后，不能躺在名利簿上睡大觉，而要努力维护自己的个人 IP 内涵。

（4）让自己快乐赚钱，让用户快乐花钱

传统营销就是疲劳营销，既要动脑，又要动腿，还要动嘴。而打造个人 IP，建立自我品牌，打造商业系统，利用自己的号召力，可以获取庞大的粉丝群体，获得大批精准客户，让成交自动自发。客户对传统购物模式可能会感到烦心，因为要排队，要顾虑质量，要担心售后。但是，当客户成为粉丝，他不仅采购到了产品，而且还采购到了快乐，这种快乐不仅和产品有关，还和体验有关。这种体验是一种社交的互动、娱乐的互动，也是 IP 的互动。

打造 IP 有这么多好处，那怎么打造自己的 IP 呢？

7.2 打造自己的 IP

打造 IP 包括三大步骤：IP 定位、IP 赋能、IP 宣传。

7.2.1 "WADV" 定位法

IP 定位就是给个人的 IP 打上标签，或者打上 IP 标识。

（1）为什么要进行 IP 定位

在自媒体时代，草根逆袭已不再是传奇。君不见一个微博博主，靠着内容营销的独门神器，获得数百万流量轻而易举；一个微信达人，靠着公众号的众多粉丝，年赚百万不是梦。众多的网络达人，上上网、冲冲浪、聊聊天，生活过得赛神仙。很多娱乐圈流量小生之所以商业价值很高，主要是因为打造了自己的个性 IP，他们不仅颜值高，更重要的是人品好、很暖心、富有个性、识别度高、IP 标识强，能经常上热搜，有很大的流量。而一些老演员，有着不错的演技，出道时间比较早，也有不少观众，但是缺乏标签、缺少互动，大家只有看电视才会想起他，平时在心里面对他没有想念点、情感上没有共鸣点、兴趣上没有共同点、生活中没有接触点，所以他的 IP 标识就弱，商业价值自然就不高。因此，打造个人 IP 的鲜明标识，贴上个性化的标签，给自己的 IP 定位，就显得尤为重要。

那么，个人 IP 应该如何进行自我定位呢？

（2）"WADV" IP 定位模式

"WADV" 定位模式指的是根据个人目标和优势，将个人价值和特征加以绑定的定位模式，"WADV"是四个英文单词的首字母。W 指你是谁（Who），你的职业、岗位、学历等；A 指你的优势（Advantage），比如特长、特色等；D 指你的理想（Dream），比如梦想、目标、人生规划；V 指你的核心价值（Value），你凭什么能实现这一梦想、目标，你的核心价值是什么。

定位就是借助于对"WADV"的分析，根据理想（Dream）、优势（Advantage），提炼出实现目标的方法，即你的核心价值（Value），最后进行符号传播，让用户记住你的核心价值。

（3）张晓是怎样定位 IP 的

张晓借助于以上定位工具，准备打造自己的 IP 定位。

首先分析我是谁（Who）：一个跨国公司的营销员，大学本科毕业，市场营销专业；其次，我有什么优势（Advantage）：较强的人际沟通能力、商务谈判能力、社群营销能力等；再次，我的梦想（Dream）是什么：成为公司的营销总监，甚至自己开一家公司；最后，我要实现哪些核心价值（Value）：不断提升社群营销技能、提升销售业绩。

通过对"WADV"定位工具的分析，张晓以自己的人设定位为基础，确定其 IP 定位是"×× 商标厂社群营销阿晓"，"×× 商标厂"是其企业简称，以告诉别人她是哪家企业的、做什么行业；"社群营销"是其主要营销技能，体现其核心价值；"阿晓"是其个人信息，以阿晓代替张晓，既符合广东人的称呼习惯，也让人感觉更加亲切。这样，张晓的 IP 定位就完成了。

7.2.2　IP 赋能

当然，张晓的 IP 定位还只是万里长征刚走了第一步，更关键的还在于 IP 具有价值，能够利他，为他人赋能。要让 IP 为他人赋能，先要赋能自己的 IP。所以 IP 赋能包括两个方面：一方面是赋能自己的 IP，另一方面是赋能用户。赋能 IP 是前提，IP 赋能是结果。如何赋能 IP，没有捷径，唯有学习、实践、提高，让自己成为行业的专家！

如果说通过地推获取客户是陆战，通过广告获取客户是空战，通过论坛获取客户是海战，那么"新零售"时代的客户争夺战简直可以说是肉搏战了。就连心比天高的罗永浩、高举高打的董明珠、运筹帷幄的雷军都放下矜持，不失时机地走向了直播一线，向广大粉丝们抛出了"秀"球，可见竞争有多么现实和残酷，可以说，"新零售"时代的营销，不仅是交换价值和使用价值，更是交换附加价值和增值价值。只要 IP 赋能，一切皆有可能。

为了让自己的 IP 更具价值，张晓不断地学习各类社群营销课程，并且在实践中不断探索、总结。后来，她成为公司的一个资深社群营销培训师。也许，她荣获的"社群专家"的外号倒真成了"称号"。

7.2.3 IP 宣传

上次张晓在社群里看到李晓倩发的广告，扫描抖音账号的二维码后她大吃一惊。张晓发现李晓倩的抖音账号发布了一百多个视频，她的粉丝近五万，而自己的抖音账号只有几千个粉丝。"三人行，必有我师呀！"看来要做 IP 宣传，玩转自媒体，还需要向李晓倩学习！

在"新零售"时代，"酒香也怕巷子深"，因此打造 IP 很重要，宣传自己的 IP 更重要。俗话说"佛要金装，人要衣装"，形象也非常重要，好的形象能提升人的价值。首先，要重视自己的 IP 形象，对自己的 IP 形象进行包装，比如可以贴上某些荣誉头衔进行价值宣传；请第三方拍照片、VCR 进行形象宣传；写软文在自媒体发布进行"润物细无声"的文化宣传；入驻百度百科进行概念宣传；也可以通过抱大腿的方式进行联想宣传。比如雷军创立小米之初，就能很好地借超级 IP 乔布斯打造自己的 IP，人送外号"雷布斯"。他通过网络传播自己的风格和个性，让"雷布斯"风靡江湖。

IP 定位，让 IP 更具个性；IP 赋能，让 IP 更具价值；IP 宣传，让 IP 触达用户。你理解了吗？那就赶快按照这个步骤来操作吧。

 ——————— 单元测试

一、问答题（每小题 15 分，共 60 分）

1. 请按"WADV"定位模式，写出你的个人 IP 定位。

2. 如何提升 IP 价值?

3. 如何对自己的 IP 进行宣传?

4. 请对一个知名自媒体账号进行分析,指出其内容运营方面有哪些值得学习的。

二、案例分析(每小题 5 分,共 15 分)

以下是某社群的社群规则。

(1)入群对象要求为企业经理及以上职位或创业者。

(2)如有拉新,由群管理员审核入群。

(3)注重成员相互沟通协作,共同整合资源。

(4)重视线下勾兑、合作共赢。

(5)请勿发过多无关信息。

(6)请勿随意发广告,如需要发由群管理员统一审核和发布。

(7)如有好的项目或活动,请联系群管理员。

请分析:

1. 上述社群规则包括哪些内容?

2. 上述社群规则的特点是什么?

3. 上述社群规则还存在什么问题?

三、方案设计（本题共 25 分）

请你为自己的产品设计一个社群营销方案。

项目九
营销人员晋升的
必要能力与素质

张晓的快速成长，得到了公司高层的关注。尽管当时她是社群营销项目的负责人，但她的职务级别还是营销人员，即她还属于基层员工。

一天下午，张晓被通知搬宿舍，这让她很吃惊。当时，她住在基层员工宿舍，八个人一间，木架子床，每人分一把小凳子和一张小桌子，没有饭桌，也没有沙发，卫生间也很小，条件很简陋。每次她早起学习的时候，尽管非常小心翼翼，怕吵到睡在上铺的姐妹，但总感觉会影响别人休息，学习起来非常不方便。她多么希望有一个属于自己的独立空间，想学习就学习，想加班就加班。通知她搬宿舍的是人事部副总监阿平，两人平时关系也不错。没想到，阿平把张晓带到了主管宿舍。公司的基层员工宿舍和主管宿舍是分开的，分别在两头。张晓之前从没去过主管宿舍，总感觉他们是"贵族"，离自己的生活很遥远，没承想现在却突然站在了这里！

张晓好奇地打量着"贵族"的豪华房间，一人一间，席梦思床，卫生间很大，有厨房、饭桌、沙发、电脑和电视。这配置也太高级了吧，张晓内心一阵惊喜。不过惊喜之余，她也觉得很忐忑：自己不是主管，为什么要搬进主管宿舍呢？是不是弄错了？于是，她弱弱地问了句："阿平，请问是搬进这里吗？"阿平笑了笑说："是的，公司副总安排的。"这时候，张晓心中涌过一阵暖流，作为一个普通营销人员，连公司副总都会关注她，还特意打破公司规矩，让一个营销人员住进主管宿舍，这是一种什么样的管理思维、激励制度呢？她琢磨不透。

自从住进主管宿舍后，张晓就有了一个梦想，希望自己能成为一个名副其实的业务主管。2019年在家过春节的时候，她也对家人透露了这个想法。但是，她的家人却不是很支持她。这是什么原因呢？

培训（学习）目标

1. 主管应该具备的能力和素质。
2. 如何管理营销团队。
3. 如何打造巅峰营销团队。
4. 如何像杜拉拉一样升职。

任务 1　晋升业务主管难吗

1.1　张晓的选择对吗

升职，是很多营销人员津津乐道、朝思暮想的事情。那么如何才能获得升职？凭学历、业绩、颜值、能力，还是关系？有些营销人员为了升职，费尽了心思，结果竹篮打水一场空。本书的主人公张晓的升职之路如何呢？

说到张晓，有些人觉得她就是一个事业狂，每天坚持很早起来学习，对英语、营销等各类知识都求知若渴。上班后忘我地工作，下班后也是忙着打理业务，很少去逛街、娱乐，甚至一直连个拍拖的对象都没有。

入职六个月后，张晓就成了公司的业务明星，每次的业绩排名不是第一就是第二，这让之前对她颇有微词的人都刮目相看。这个时候，很关照她业务的客户赵总也向她发出了邀请，希望她能去做他们企业的营销主管，管理一个15人的团队。这可是一个难得的机会，晋升好像来得全不费工夫。张晓陷入了思考。

她所在的企业是一家日资企业，尽管她一直不是很喜欢日本企业，但日本企业的管理、文化、制度的确有着独到之处，很值得学习。老板是一个60多岁的日本人，非常勤奋敬业，每月来一次厂里，中午吃饭就叫个外卖，累了就两个凳子拼起来休息一会。这让她非常钦佩。除此之外，企业还会因为一个新员工而打破公司的制度。这对于一个跨国集团来讲，是非常不容易的，说明了企业对人才的重视。所以，张晓还是想多在这里学习一些营销、管理之道。再说公司的副总、营销总监、主管老秦对她都不错，她在这里工作很开心。另外，隔行如隔山，服装是她完全不懂的行业，自己也没有把握胜任他们的营销主管职位。赵总的企业是一个小企业，管理也不是很规范，加入他们有一定的风险。而自己和部门的上上下下关系都打理得不错了，大家经常是上班一起协作、下班一起宵夜，相处得非常融洽。出于这些考虑，张晓还是坚持留了下来。一个唾手可得的晋升机会就此飘过，张晓还有机会获得晋升吗？

1.2 苏倩与张晓的晋升之争

前段时间，张晓部门来了一个新人苏倩，她是一个名校营销专业的实习生，也正是上次张晓在展会上认识的那位美女，受李副总邀请而来。她不但人很漂亮，打扮也很时尚，性格活泼开朗，永远自带阳光。她恰巧被分配在张晓这组，两人同在老秦领导下共事。苏倩因为自己来自名校，在校期间成绩优异，专业知识扎实，有很强的优越感。公司开会的时候，她经常亮出一些很专业的词汇，于是大家觉得她非常专业，很多人都对她投去崇拜的目光。由于苏倩刚来，老秦在业务上对她进行了一些指导。但苏倩对老秦的一些指导很不以为然，认为自己懂得更多、学得更专业。

苏倩在顺利通过两个月的实习期后，为了尽快显示自己的优势地位，开会时总是积极发言，口若悬河，俨如一位营销大咖。另外，她还经常出入于秦主管、李副总的办公室。要知道，作为公司的营销人员，能经常出入副总监的办公室，那简直就是一种荣耀呀，这让其他人非常羡慕。自上次老秦参与人事部培训合作后，公司就传出了"老秦要去人事部"的风声，所以大家一致认为，如果老秦去了人事部，张晓和苏倩是最有可能代替老秦的人选。

一段时间之后，大家发现张晓成长很快，逐渐可以独立处理很多业务，能够独自与大客户洽谈、带团队、管社群、与部门协作、连接线上线下资源，把工作做得有声有色。而苏倩却一直在大走关系路线、形象路线，对于业务基本上是应付了事。

没多久，"老秦去人事部"的消息得到了证实。老秦很快就要去人事部担任培训主管了，因此业务主管的职位空缺了出来。营销部决定从老秦的团队中选一个人来代替老秦，担任业务主管。

这个时候，苏倩满怀信心。她认为凭她的学历、人脉、能力、颜值，主管这一职务没有谁比她更合适。因此这段时间，她加快了公关的步伐，每天打扮得花枝招展，频繁地在营销总监、营销副总监甚至公司副总的办公室飘来飘去。与此同时，营销部关于两人谁能晋升的推测被传得沸沸扬扬：有的说苏倩学历高、交际好、颜值高，适合做主管；有的说张晓踏实、能干、有人缘，适合做主管。有的说李副总监更倾向于提拔苏倩，而不是张晓，因为担心张晓能力太强，会挤掉自己；也有的说刘总监更倾向于提拔张晓，他觉得苏倩不实在；还有的说公司副总说了算，两个总监没权力。立刻又有人跳出来反驳，一个业务主管还要公司副总来定？部门副总或总监就可以定了。因此，说什么的都有。而张晓对这一切置若罔闻，依然是默默地努力工作。

几天后，公司出公告了，新的业务主管是张晓！苏倩听到这个消息，犹如当头一棒，顿时瘫坐在椅子上，难过不已。她寻思："我是一个 C 位出道的人。想当年在学校，当班干部都是老师主动找我，我还要看愿不愿意，职位还得由我自己来选。怎么从大学出来实习，想升个业务主管就这么难？"瞬间，她有了想走的念头。

1. 上述案例中，苏倩为什么没能升为业务主管？

2. 你认为苏倩要想完胜张晓，她应该如何做？

3. 你认为晋升为营销主管后，还有哪些要遵守的规则？

1.3 营销主管需要遵守的规则

（1）上级不会适应你，只有你去适应上级

很多刚获得晋升的业务主管，由于职位的变更，有时候很难适应上级。以前是归别人管，现在是归别人管的同时还要管别人。在工作过程中，需要接触的人更多，处理的事更复杂。作为营销人员时，和营销副总、营销总监接触甚少；成为业务主管后，要经常和这些领导打交道。遇到一些比较强势的领导，有些主管往往会觉得上级很难相处而陷入工作困境。如果和领导关系处理不好，就会缺乏工作激情，也就干不出业绩。所以，不要幻想让上级适应你，只有你去适应上级。要沉下心来，多多了解上级的个性，发现他的优点，而不是盯着他的缺陷。既然他能被公司提拔为上级，一定有他的过人之处。你需要虚心地学习，而不是自视清高。另外，作为一个业务主管，不仅要和上级领导处理好关系，而且还要处理好与各部门之间的关系。

（2）要做好业绩，离不开各部门的协作

张晓以前就很清楚这一点，比如生产部在生产产品的时候，有时候不一定会以拿到订单的顺序安排生产，而是会以与营销人员的关系来安排生产。如果客户的订单不是很急，还好一些。如果特别急，生产进度较慢，就有可能让客户不满。担任业务主管后，承担的任务更多，身上的担子更重，更需要加强与部门之间的协作。

（3）承担重要的任务，别永远都是 A 方案

在承担重要任务时，别仅仅想到一种方案 A。因为，世界是复杂的，环境是多变的，如果遇到不可预测的情况，就会影响 A 方案的执行。因此，凡事不能一味往好的方面去想，也要想到不利因素，建立一套失败预防机制，万一某个条件达不到，导致 A 方案失败，可以按 B 方案去执行，做到兵来将挡、水来土掩。甚至当 B 方案不行时，还有 C 方案。就像下围棋，你计划要走的每一步，都可能会因为对手的下法而发生变化，而必须对这个变化了然于胸。想得远，才能行得更远。另外，执行重要任务时，遇到一些情况发生变化，要及时向领导汇报，让领导熟悉情况，也对你放心。

一个业务主管，首先要了解一些职场规则，让自己在职场游刃有余，才有时间、有精力去管理团队，带好团队！

任务 2　如何管理营销团队

张晓深深地明白，作为主管，管事容易，管人难。

2.1　阿青为什么变了

张晓刚担任业务主管时，不仅要开发市场，还要管理团队。由于刚上任，有些事情做起来没头绪，天天忙得团团转，能安静坐下来喝上一杯茶都是忙里偷闲。后来，部门给她配了一个助理阿青。因为工作太忙碌，所以张晓对阿青谈不上热情，甚至常常会因为一些棘手问题对她进行抱怨。没过多久，她发现阿青的工作积极性逐渐降低了，工作效率也变得非常低，总是要在任务截止前才赶紧完成。这样的工作态度和效率让张晓很生气。要知道阿青是助理，是来协助主管做好工作的。如果她不好好完成任务，就会影响张晓的工作进度。阿青的收入是稳定的，不论绩效如何，都有固定的薪水。但张晓作为管理人员，收入是和业绩挂钩的，谁不想把业绩做得更好一些呢？

"难道她是故意针对我吗？如果她一直如此，于自己、于公司都是不利的。"怀着这样的疑问，张晓趁着一个午休把她叫到会议室进行沟通。张晓单刀直入地说明了想法，阿青似乎有些羞愧，但还是坦然承认了她最近的消极怠工。因为张晓偶尔把怨气发作到阿青身上，所以她总是带着不满的情绪工作，效率自然不高。张晓仔细回想了这段时间自己的所作所为，发现自己的确做得不对，于是诚恳地向阿青道歉了。阿青也是个大度的"90后"姑娘，摆摆手微笑着接受了歉意。第二天为表歉意，张晓还带了小蛋糕作为下午茶送给阿青。后来，张晓发现阿青好像换了一个人，每天的笑声多了起来，工作效率也提高了不少。

这件事对张晓触动很大。作为一个业务主管，如果不懂得管理团队，不了解下属的想法和需求，不去挖掘下属的潜力，仅靠自己的力量是没法做出业绩的。

2.2　业务主管应具备的能力和素质

经过不断的学习和实践，张晓总结了一个优秀的业务主管应具备的能力和素质。

2.2.1　治心

管理的核心，就是治"心"！作为一个主管，不能收其心，就必将失人心。只有收心，才能得到下属拥护，才能使团队凝心尽力，提升业绩。

2003年，一家电商公司遭遇了严峻的"非典"危机，整栋办公大楼被封，员工均在家自行隔离，无法在单位办公。在宣布隔离的当天，尽管员工染上"非典"不能算公司的过错，但该公司总裁还是给员工写了一封情深意切的道歉邮件。以下是部分内容。

"各位战友：

从今天开始，我们就要像海军陆战队的士兵一样在各自的家里展开工作了！

从来没有一家公司遭遇过这样的挑战！

从来没有机会让我们可以如此团结一致面对挑战！

当然，今天我们还有一个最大的令人羡慕的机会：那就是我们不仅可以为自己，也可以为我们国家在特殊情况下必须在家上班积累大量的经验！

看到这两天大家的团队精神和为使命拼搏的精神，我想再次和大家说一声：我们应该为自己骄傲！"

就是这样一封又一封的邮件，公司总裁感染了自己，感动了员工，让内心忐忑的员工重新看到了希望，唤起了激情，最终帮助该公司化危为机！

2.2.2　观察

除了治心，还要用眼，学会观察员工。观察能力不仅是一种营销力，也是一种管理力。作为业务主管，要通过观察下属的言行，敏锐地察觉他们的情绪及变化，并揣摩其思想动态，以便于后续更好地沟通。一般而言，可以通过哪些方面来观察员工呢？主要是通过正面和侧面两个方面。

正面。通过观察其表情、语气、动作等，了解其态度和想法。尽早发现问题的端倪，找到问题的苗头，有助于更好地解决问题。

侧面。比如可以通过其微信朋友圈、抖音账号等工具来了解其态度和想法。当然，如果你的下属不信任你，可能会屏蔽你，让你看不到他的信息。这样，就需要通过其他同事来进行了解了。

有了细致入微的观察，才能有卓有成效的沟通。

2.2.3　沟通

遇到问题，要能及时和部门或员工进行沟通，了解对方的想法，并从公司利益及对方角度考虑问题，打消对方的疑虑或误会。关于沟通技巧，春秋时期军事家、谋略家鬼谷子著的《鬼谷子·捭阖》中讲到了捭阖之术，认为捭阖是世间万物运转的根本。捭阖之术是沟通力的最高武功。捭就是把握说的时机，果断发言，敲山震虎；阖就是机会未到，关闭心门，沉默不语，让对方尽情表达。

捭阖之术，也就是开合有道、张弛有度。作为业务主管，要学会用捭阖之术，了解员工的想法，加强沟通的效率，帮助员工认识到错误的认知，重构正确的认知，使团队成员之间能齐心协力，实现团队目标。

2.2.4　协调

善于与其他部门或业务合作单位进行协调，缓和各方的矛盾，协调各方的利益，做到跨部门协作。为本部门的发展整合资源，获得最大的支持。协调时要注意以下几个方面。

首先，要和谐。和谐是协调的基础，没有和谐的人际关系，协调就是一纸空文，谁也不会搭理你。

其次，要站在对方的利益角度。如果是自己受益，别人受损，哪怕以前你们的关系再和谐，自协调开始，不协调的音符就已经出现了。

最后，要求同存异。只要涉及利益，都会有分歧。请把分歧放到一边，找共同点。求同存异，才能共赢。

2.2.5　规划

做事要深谋远虑，不盯着眼前的蝇头小利，这样才能发现未来更大的利益。富有远见卓识，善于运筹帷幄，下属才会信服，认为自己处在一个有长远前景的团队中。规划总体来说包括两个方面：一是对人的规划；二是对事的规划。规划很重要，但是计划赶不上变化，有时候根据实际情况，对计划进行适度的调整，也是一种明智的选择。

2.2.6　驾驭

高超的"驾驭"就是做事不偏不倚，不玩"裙带关系"，一切唯集体利益至上，对下属一视同仁，不问其学历、不究其户籍、不看其个性，凡工作不当之处必批评、凡工作努力之处必鼓励，让员工有归属感和成就感。另外，在管理中，思考要细、行动要快、沟通要勤。晓以大义，施以恩惠，让员工自发自动，这是驾驭员工的关键。

你认为作为一个业务主管，还需要具备哪些素质和能力呢？

任务 3　如何打造巅峰营销团队

张晓担任业务主管几个月后，掌握了很多管理方面的知识和技能。无论是思想境界还是实际技能，她都有了很大的提升。下一步，她计划的工作重点就是要打造一个巅峰营销团队。那么如何打造一个巅峰营销团队呢？

3.1　让自己更具个人魅力

这里讲一个关于史玉柱的故事。史玉柱是巨人集团的总裁，曾经因为建造巨人大厦，公司资金链断裂，最终破产。当时，很多人以为他无法东山再起。但令人没想到的是，过了几年，他就把脑白金做起来了，而这个团队就是原来巨人的团队。也就是说，在他身陷困境之后，他的高管团队没有弃他而去，一直在等他复出。为什么巨人大厦倒闭了，史玉柱负债2亿多元，从富豪变成"负豪"，甚至好几个月没有发工资，他的核心团队依旧对他充满信心，期待他的复出？他们甚至每个月拿着500元的生活费，一直跟着史玉柱，寻找东山再起的机会。史玉柱，到底有着什么样的个人魅力，能牢牢吸引住他的核心团队？

3.1.1　重视员工利益

史玉柱为了做脑白金项目，借了50万元。接下来做的第一件事就是拿出五万元，补发以前未发的员工工资。这让员工感觉到被信任和被重视，由此增强了团队的凝聚力。

3.1.2　才华出众

史玉柱堪称管理天才，尤其是他的营销天赋更是让人佩服。史玉柱大学学的是数学，研究生学的是软科学，但这丝毫掩饰不住他在营销方面的天赋。在巨人大厦崩盘后的1997年冬，史玉柱召集20多名核心成员召开"太平湖会议"。这次会议确定了"脑白金"项目的构思。用刚借到的50万元做启动资金，实际只用到了 30 万元。按照当时的市场情况，区区 30 万元的资金，根本无法操作一个产品。

但凭着史玉柱对市场的敏锐，他果断选择了脑白金。由于手中的资金太少，史玉柱不敢像以前那样进行战略决战，大规模进攻市场。他选择了"农村包围城市"的战略、"集中优势兵力，各个歼灭敌人"的策略，决定先从一个县级城市开始，获得利润后，再在其他县级城市推广。推广的方式主要是做电视广告。那句家喻户晓的"今年过节不收礼，收礼只收脑白金"的广告词也应运而生！一年半之后，脑白金在全国市场铺开。月销售额高达 1 亿元，利润达 4500 万元。脑白金的销售业绩主要来自乡镇。在当时的乡镇商店，只有两三种保健品，其中一款必定是脑白金。

张晓凭借自己敬业、好学、营销的潜质，展现出一定的人格魅力。当然，她知道自己还需要在远见卓识、幽默风趣等方面加以完善，这样才会成为一个更受欢迎的主管。

在营销部的五个业务组里，张晓的业务组离职率是最低的。大家在一起工作非常和谐、开心和快乐，这也和张晓塑造的积极进取、富有激情的团队精神有关系。

3.2　打造巅峰营销团队

有一次，张晓和中山市的企业培训公司进行合作，由张晓的团队负责邀请企业老总参加一个沙龙，主题是"不得不说——商标的价值"。通过活动，张晓的团队可以推广商标印刷业务、小型商标印刷机销售业务；而培训公司可以推广企业管理课程。双方一拍即合，就达成了合作。他们的分工是：培训公司提供临时工作场地、培训会议室、企业培训师和企业联系方式；张晓的团队负责邀约客户到培训会场，目标是邀请 30 个企业老总。由于之前通过社群、微信、QQ、电话等方式，已经邀约到了 10 位企业老总参加，当天再邀请 20 个企业老总就达到目标了。

当天上午八点半，他们来到培训公司，风尘仆仆但神采奕奕。从东莞开车到中山，要三个来小时，他们估计五点钟就起床出发了，这个时候大多数人都还在被窝里睡大觉。张晓和培训公司负责人简单地寒暄之后，就立刻带着团队来到办公室外面，开始整理队形、喊口号、交代任务、讲解电销的技巧和一些注意事项，并要求每个人立下"军令状"，完成邀约 3 个客户的目标。如果完不成任务，还要说出自罚的措施，以给自己压力和动力。现场的每个人都充满激情，大声喊出了自己的目标。这一幕，让培训公司的人印象深刻。他们在想，这哪里像员工呀，明明是一群"战士"嘛！

他们计划从上午九点开始邀约客户，到下午四点结束。这是一场异常艰难的现场攻坚战。编者做过电话销售，知道电话销售的不易，有时候可能打一个星期的电话也很难找到有意向的客户。

早会结束后，一行人来到了办公室，合作的培训公司比较小，没有那么多空余座位。于是，他们有的靠桌子坐着，有的靠沙发坐着，有的甚至站着就开始工作了。他们拿起手机，开始一个接一个地拨打潜在客户的电话。大多时候，客户因为忙，谢绝参加。他们被谢绝后，继续邀请下一个潜在客户。就这样，电话声此起彼伏，就像一首美妙的营销之歌。

打完两个小时的电话，张晓会让大家休息几分钟，总结一下业绩情况：谁联系到几个有意向的客户，然后主管表扬、大家鼓掌；对于还没有找到意向客户的员工，主管进行鼓励。另外，有成交的员工，会和大家分享成功的技巧、经验，现场的氛围非常热烈。这样一来，找到意向客户的员工干劲更足了，没有找到意向客户的员工也铆足了劲工作。

有些通过电话难以确定的客户，还需登门拜访。团队有个女孩叫王丹露，大学实习生，这次去拜访一个犹豫不决的客户，人生中第一次买了一束鲜花送给一个男士，也就是将要见面的企业老板。她对客户的尊重，感动了客户。客户最后说："我一定会去参加沙龙的。"

王丹露的敬业精神的确让人感动，她只是优秀团队中的一员。当天还有打电话把嗓子喊哑的王之睿；还有以前自视清高，那天即使感冒也主动请缨出战，要求既当电销员又做主持的苏倩……

当天中饭前，一些员工还没有达成目标，他们就在外面进行"自罚"：跑步、做俯卧撑等。到下午四点的时候，他们的业绩出来了，一共联系了30个有意向参加沙龙的企业老总，这个成绩是非常令人赞叹的。按照编者对电销成交概率的推测，能有10个有意向的客户就算非常不错了。

在打完电话后，他们又马不停蹄地奔赴下一个战场——培训会场。这时候，大家进行分工，由电销员转变成司机、接待员、前台、音响师、主持、跑麦员（负责传递话筒的员工）、收银员等。所有的团队成员，没有一个闲着，跑来跑去非常忙碌。仿佛这里不是一个培训场地，而是一个战斗高地。张晓的这个团队，的确是一个巅峰营销团队。

3.3　下属对张晓的评价

能打造出这么一个优秀的巅峰营销团队，除了张晓的个人魅力外，也离不开张晓的管理技巧，以及她对团队文化的塑造。我们听听下属是怎么评价张晓的。

方哥（方平平）：我来公司比张晓早，当时大家都在业务一组，她是我熟知的同事中成长最快的。她的学习能力和营销天赋让人钦佩！

李明：我们的主管做事以身作则，很有激情，进入她的团队，你会立刻发现自己的激情被燃烧起来。

王之睿：阿晓有极强的管理能力，能读懂每个人，能把每个人的潜质挖掘出来。

曹宴：她思考问题非常缜密，比如出去拜访客户，客户会提什么问题，她都会进行预测。另外，有很多交流细节，她都会把握得很好，不卑不亢，进退自如。跟着她，我真的学到了很多营销技能。

王丹露：她就是一个以情感人的高手，很善于打感情牌。对客户、对员工，春风化雨，滋润心田。

苏倩：我在张姐身上学到了很多东西，以前我的确有很多不足之处。她的大度、品格让人感动，所以我愿意跟着她做。从她身上，我学到了脚踏实地、一步一个脚印、不断提升才能实现自己的理想。

 训练
思考

1. 苏倩为什么开始想离开这家公司，最后却没有离开？

2. 张晓是如何打造出巅峰营销团队的？

张晓被升为主管后，公司营销部客户增加很快，公司迫切需要从业务主管中再提拔一位出来担任营销副总，而张晓也是第一个被刘总监推荐，并得到公司全体管理层一致认可的主管。所以她被选上的确是众望所归。张晓和李副总的分工是，张晓负责业务，李副总负责行政。

任务 4　营销总监的三大思维

2019 年过去了，迎来了艰难的 2020 年。相信谁也不会忘记那个足不出户的春节，那段举国抗疫的日子。年后，受新冠肺炎疫情影响，很多企业无法开工，甚至有些企业无力支付经营成本，轰然倒闭。坐在家里的张晓心急如焚，等着疫情转机的到来。这段时间，和全国的普通家庭一样，家人们从没有这么长时间在一起，因而有了更多的交流。老爸经常在她面前唠叨着这么几句话，让她沉默不已："你就不能在中国人开的企业干吗？在中国的企业做也能实现自己的价值呀。"她知道老爸的为人和脾气，很关注国家大事。他经常说：没有国家，就没有家庭，更没有个人。不关心国家，就是不关心家庭，也是不关心自己。他是一个很有正义感和民族尊严感的人。你能说他说得不对吗？但张晓还是想先学东西，提高自己，以后再去中国的企业干或者自己创业，毕竟未来的路还很长呢！

在国家的高度重视下，疫情得到控制，张晓的企业复工了。刚复工时客户很少，企业处于亏损状态。营销部压力巨大，包括市场竞争的激烈、部门之间的矛盾、团队骨干的被撤、部门人心的波动、一些员工的相继离职、企业长时间的停工、公司的销售萎缩等问题让营销部门的运营雪上加霜。这些问题都像一座座大山压在张晓的身上，让张晓几乎陷入窒息，多个晚上难以入眠。

就在这时，张晓曾经帮助过的客户向总监，知道张晓的企业非常困难，就说服自己的爱人，让其找公公帮忙。向总的公公是镇上的企业办主任，掌管着全镇上万个企业。在向总公公的推荐下，一些企业慕名而来，同张晓的公司建立了业务联系。企业终于渡过了一次危机，可以勉强支撑下去。但营销部还是困难重重，可以说是百废待兴。张晓感叹道："路漫漫其修远兮，吾将上下而求索。"

"没有比脚更长的路，没有比人更高的峰。"每当张晓打开电脑，屏幕上就会显示这句话，这是她的座右铭。张晓告诉自己，只要方向正确，就不怕路远。自己一定要咬紧牙关，克服一切困难，前进、前进！

无论如何，张晓凭着自己的情商、智慧和勤奋，硬是站稳了脚跟，把自己负责的工作打理得井井有条。复工后，刘总基本上就放手让张晓去做了。刘总对张晓说，他与公司的合约快要到期了，到期后不再续签，准备和朋友一起做一个直播项目。他觉得张晓年轻，有干劲，建议她先好好历练，尽力把自己的本分做好。另外，人际关系也是很微妙的，要妥善处理好和李副总的关系，不要把关系搞得太僵。作为营销副总，还要有互联网思维、品牌思维、国际化思维等，要抓住用户精准需求、构建私域流量池、重视客户体验、敢于创新，把市场做大做强！

新冠疫情，既是危机，也是机会。刘总创办的直播项目在疫情背景下，立刻做了起来，并且做得风生水起。直播既解决了很多企业卖货的难题，也帮助消费者买到了急需产品。这让公司的人都对刘总佩服不已。于是，他加快了离职的步伐。

刚上班没几个月就面临着人事变动，刘总要走了，正总监的空缺出来了。当时有望升为总监的人选有两个：张晓和李副总。李副总担任副总时间久，经验丰富，和上层关系更好，但缺少互联网和新零售基因；格局和气度不如张晓，尤其是英语口语不行；难以和日企高管交流。没过多久，两人的PK拉开了序幕。首先，董事会9人参与投票，5人支持张晓，她获得了第一候选人提名，赢得了"初选"的小胜，而其中公司老板也就是董事长的一票投给了张晓。后来，公司全体管理层、营销部全体员工都先后进行了投票，张晓获得了80%以上的支持，完美地超越了李副总。随着一周公示的结束，张晓终于如愿以偿地被扶正了。她成了一名真正的营销总监。

张晓深知，作为一名营销总监，至少应该具备以下三大思维。

4.1 互联网思维

互联网思维是和传统营销思维相较而言的。总体来说，互联网经历了以下三个时代。

（1）互联网1.0，门户互联网时代。其特征是以PC电脑为工具，功能是信息展示，基本上是一种单向行为，内容由门户网站提供。时间是从1997年中国互联网正式进入商业领域到2002年左右，代表产品有新浪、搜狐、网易等门户网站。这些互联网产品为用户提供了较多的信息资源。

（2）互联网2.0，移动互联网时代。这是基于物联网、大数据和云计算的智能生活时代。随着智能手机的普及、4G网络的通行天下，移动互联网得到了很快的发展。人们接触信息也变得"短平快""碎片化"。

（3）互联网3.0，内容互联网时代。其特征是用户拥有自媒体账号，自己生产内容，实现了人与人之间的双向互动。自方兴东创造博客中国以来，开启了用户生成内容的先河，使得人人成为自媒体，典型产品有新浪微博、抖音、快手、今日头条等。

那么，传统营销思维和互联网营销思维有何不同？张晓总结出以下六点。

① 传统营销思维重产品，互联网营销思维重用户和体验。

② 传统营销思维重广告，互联网营销思维重内容和传播。

③ 传统营销思维重成交，互联网营销思维重流量和转化。

④ 传统营销思维重竞争，互联网营销思维重资源与合作。

⑤ 传统营销思维重资产，互联网营销思维重概念和模式。

⑥ 传统营销思维重地推，互联网营销思维重线上与线下。

比如做一个传统产品"茶杯"的生意，传统营销思维和互联网营销思维的模式可能完全不同。传统营销思维可能是自己生产茶杯，然后做广告宣传、开实体店、招聘代理商来销售等；因为茶杯是购买频率不高的产品，客户黏性会相对不足，传统销售效果不会太好。而互联网思维就不一样了，可以通过渠道找到多家有特色的茶杯供应商，再找几个茶叶供应商，几个雕刻、绘画的合作伙伴，再找个文化 IP 进行合作，互联网茶杯生意就做起来了。首先通过文化 IP 授权，打造文艺茶杯形象，再开设网店，做一个"买茶叶，送茶杯"活动，根据所买茶叶的金额，赠送一款相应价格的茶杯。更厉害的是，提供茶杯定制服务，既可增加客户黏性，还可另外收取定制费用。如果客户想得到某一组喜爱的文艺茶杯，就必须买更多的茶叶。

最早提出互联网思维的是百度公司创始人李彦宏。他在百度的一个大型企业家活动上，首次提到"互联网思维"这个词。他说：我们这些企业家们今后要有互联网思维，可能你做的事情不是互联网，但你要逐渐从互联网的角度去想问题。互联网产业最大的机会在于发挥自身的网络优势、技术优势、管理优势去改造、提升线下的传统产业，改变原有的产业发展节奏，建立起新的游戏规则；美图秀秀创始人蔡文胜说：未来属于那些传统产业中懂互联网的人，而不是那些懂互联网但不懂传统产业的人；金山网络 CEO 傅盛说：产业机会属于敢于用互联网向传统行业发起进攻的互联网人。

当然，并不是说传统营销思维就不如互联网思维。两者相互依存，不可割裂。但总的来说，由于"新零售"时代的到来，市场环境发生了巨大的变化，包括消费者环境、竞争环境、购物环境等，而互联网思维更好地迎合了现在的市场需求和消费升级，比传统营销思维更具变革性。由此可见，未来一定是属于既能深刻理解传统商业本质，也具有互联网思维的人。也就是说，未来一定是这种 O2O "两栖人才"的天下。

未来互联网何去何从？随着人工智能技术的日臻成熟，将带给人类前所未有的生活方式。也许智能互联，将是未来互联网的一个特点。

4.2 品牌思维

很多客户买手机去华为专卖店，买运动鞋跑李宁专卖店，买空调到国美专卖店，这都是因为客户对品牌的信任。

品牌是能够增加企业所销售产品或服务价值的无形资产，除了本身具有可估值的经济价值之外，还可以为其获得稳定客户，带来销售利润，是企业创造经济价值不可缺少的一种资源。消费者愿意为那些优秀的品牌付出更高的价格，而企业为了提高其品牌溢价能力也会加强品牌管理。品牌思维主要包括品牌定位、品牌价值、品牌故事、品牌形象、品牌传播、品牌维护等。品牌不仅是一个符号，更是一个体系。由于环境的变化，品牌思维也经历了以下几个阶段。

（1）传统营销阶段

这个阶段，品牌为王，消费者只认品牌。品牌在市场上赢家通吃，很多企业都是拿着品牌当令箭，在市场上纵横驰骋、攻城略地、战无不胜。品牌让产品更具溢价，让产品更为畅销。

（2）传统互联网阶段

这个阶段，电商发展非常迅速，杂牌异军突起，各个电商平台价格战愈演愈烈。杂牌商家的利润到底有多少？这是一个令人揪心的话题。你买过单价4、5元钱还包邮的商品吗？超低的价格，让品牌受到了冲击，市场份额被分割，客户被掠夺，甚至有些品牌开始一蹶不振。

（3）移动互联网阶段

这个阶段，很多电商每天处理大量订单，仓库堆满了货物，员工整天忙着理货、卖货、发货，当然还有退货！这已经变成电商的四部曲了！但销量大不一定意味着利润高，很多销量仅仅表示为数据，而数据的富丽堂皇并没有让利润赏心悦目，这已经成为电商公开的秘密。严峻的现实，促使诸多商家开始重构品牌，提高产品的附加价值。当然，和传统互联网时代相比，以前的品牌以产品质量为基础，现在的品牌以产品人格化、场景化、个性化为特征。所以，在这个产品泛滥的时代，如果能打造出一个人格化、场景化、个性化的品牌，并借助个人IP的流量，很有可能帮助企业从乱中突围，开拓自己的蓝海市场。

（4）新零售阶段

这个阶段，尽管产品品牌的光环已经褪色，但是品牌的价值依然如日中天。尤其是当人格品牌与产品品牌进行绑定，借助线上线下融合的资源，品牌必将成为一面旗帜，给营销团队指引方向；品牌也必将成为一座丰碑，让众多消费者仰望。

4.3　国际化思维

近年来，很多新零售企业开始把目光转向海外，开展跨境新零售业务，大举向国外扩张，抢占国际市场。小米就是在跨境新零售领域做得很出色的一家公司。2018 年 2 月 19 日，在菲律宾的第一家小米授权店开业，开业当天的场面非常火爆，现场聚集了 2000 多人。这是继 1 月 6 日越南、1 月 21 日印尼、2 月 8 日埃及之后，小米公司于 2018 年在海外开设的第四家品牌授权店。在 2018 年小米年会上，小米公司高级副总裁王翔称，小米的国际化进展非常迅猛，目前已进驻 73 个国家和地区。

张晓知道，自己只是一个国内分厂的营销总监，尽管他们在国内市场把业务做得风生水起，但是虎视眈眈的竞争对手并没有睡着，他们在伺机出击，可能一招就能出奇制胜。当然，"新零售"时代，最可怕的不是竞争对手有多强大，而是你不知道谁是自己的竞争对手。

拥有国际化的思维，开拓国际化的视野，分享国际化的资源，采取国际化的合作，能为企业注射一剂强力预防针，增强风险忧患意识，提升综合竞争实力。

张晓明白，在"新零售"时代，靠电视、电台、杂志做广告，靠搜索引擎做竞价排名的手段已经逐渐失灵，取而代之的是打造内容，抢夺流量，提高转化。这个时代的营销总监，至少有四"重"任务。

任务 5
营销总监的四"重"任务

5.1　重用户

重用户，是指在价值链各个环节中都要"以用户为中心"，要非常重视用户参与、用户评价、用户服务、用户体验等。如果企业做的是大众化产品，就要牢牢抓住"粉丝群体"的需求。只有拥有众多粉丝，才可以在市场竞争中脱颖而出。当你的产品不能让粉丝关注、兴奋、疯狂，你的产品必然是失败的。微信红包、全民 K 歌等产品，就是挟粉丝以令天下的经典案例。如果企业做的是高端产品，就要牢牢抓住小众群体的需求。不要想把产品卖给所有人，要非常清楚小众群体才是你的客户。你要做的就是描绘其特征，满足其需求。

5.2　重流量

流量意味着体量，体量意味着销量。现在的企业，不缺产品，不缺渠道，缺的就是流量。美团外卖为什么那么火？ QuestMobile 数据显示，截至 2019 年 12 月 31 日，美团日活跃用户数已达到 6985.86 万，将突破 7000 万。所以，美团才敢与阿里叫板！

现代企业竞争就是流量的竞争，没有流量入口，就没有销售的渠道。因此，要寻找流量的入口、探索引流的方法、打造引流的工具、创作引流的内容，开发出让流量变现的系统。

5.3　重体验

要以极致的匠心来打造产品，要超越客户的期待，让客户忍不住尖叫。足力健团队不知道磨破了多少双鞋，抚摸了多少双老人的脚，尝试了多少次产品的打磨，才做出了一款爆品老人鞋。足力健从 2016 年 1 月建立第一家门店起，至今已开设门店 3000 多家，2017 年销售金额破 10 亿元。因此，只有用户体验好，他们才能成为你的粉丝。只有成为粉丝后，他们才愿意为你的品牌做免费推广和宣传。

5.4　重创新

一个网络鲜花品牌 RoseOnly，靠着一个简单的创意成为行业翘楚。它的品牌定位是高端人群，买花者需要与收花者身份证号绑定，且每人只能绑定一次，意味着"一生只爱一人"。该项目于 2013 年 2 月上线，8 月一个月做到了月销售额近 1000 万元。

创新是互联网企业的标签，以价值增值为核心，以高颜值、高性能、高技术等为手段，不断对产品进行迭代更新，以适应客户需求变化，体现公司软实力。创新要从小处着手，抓住别人忽视的、不愿碰的、做不到的方面来打造自己的亮点。创新可以采取循序渐进的开发方法，允许试错，但不能犯错；允许不足，但不能满足。要在持续迭代中完善产品，完善体验。当然，重创新，也要求速度；否则，对自己来说是新品，对别人来说可能就是旧货了。在某些时候，不是比谁的产品更创新，而是比谁创新的产品先进入市场。所以，追求创新和追求速度有一些矛盾，太过于完美但速度太慢不行，太过于求快但产品粗糙不行，因此要根据市场需求、竞争情况，找到一个非常契合的点。

任务6　营销总监的战略

在营销部，总监是做正确的事，重战略；主管是正确地做事，重方法；员工是把事做正确，重执行。如果方向错误，方法正确、执行高效，结果也是失败。战略是要讲究方向、格局的。学习战略，先要学习一个非常重要的战略分析工具，即 SWOT 分析工具。

6.1　SWOT 分析

从战略角度来说，SWOT 分析即态势分析，就是将与研究对象密切相关的主要内部优势、劣势和外部的机会与威胁等，通过调查后进行矩阵式排列，然后根据系统分析的思维，对矩阵内各种因素进行合理的匹配。这样就可以对研究对象所处的环境进行本质、全面、系统、科学的分析与研究，从中得出一系列相应的结论，而这些结论通常可以为企业高层的战略决策提供依据，从而制定相应的战略、计划等。

SWOT 可以说是一个万能分析工具，应用范围很广，主要用于企业对环境的分析，以制定战略；也可以用于营销管理、财务管理、项目管理等领域；还可以应用于学习和生活中。

在营销领域，SWOT 分析常常被用于与竞争对手进行项目或产品的比较分析，包括优劣势分析及发展的机会及威胁分析等。通过 SWOT 分析，能更清晰地了解自己和竞争对手的优劣势以及市场机会和威胁情况如何？如何针对现有的优劣势把握机会、避免威胁？如何在威胁中发挥优势，避免劣势，并应对对手的竞争优势？如何根据优势把威胁转化为机会？如何通过自己的优势完胜对手的劣势？如何学习对手的优势抑制其优势？应用 SWOT 分析，有助于营销总监对 S、W、O、T 四个象限的要素进行科学匹配及动态分析，有助于营销总监制定正确的营销战略和策略。

训练　分析　　请对你公司的项目进行 SWOT 分析。

6.2　STP 战略

什么是 STP 战略？ STP 即市场细分（Segmenting）、目标市场（Targeting）和市场定位（Positioning）战略。

市场细分指的是在市场调研的基础上，根据不同的消费需求把一个大市场划分成若干个子市场的过程。市场细分的优势包括最大程度地体现自己的优势、隔离竞争者等。市场细分的因素包括地理因素、人文因素、心理因素、行为因素等。市场细分可以按照单一因素或者多种因素对目标市场进行细分，如图 9-1 所示。

图 9-1　影响市场细分的因素

江南春在 2003 年创办分众传媒，通过对广告媒体进行细分，以电梯广告为主媒体，在激烈的广告市场中大获成功。后获软银等投资公司约 4000 万美元投资。2005 年乘势进军纳斯达克，成为中国广告传媒第一股。2007 年成为首个入选纳斯达克 100 强中国传媒股。截至 2019 年年末，覆盖全国约 170 个城市，广告资讯每天可触达 3 亿白领。2019 年，公司实现营收 128.27 亿元。这就是市场细分的经典案例。

目标市场是通过市场细分后，最适合经营的细分市场或子市场；该细分市场也是公司的精准客户市场。选择目标市场的条件是：市场要足够大、市场是可以把控的、具备进入该市场的资源等。

市场定位是基于细分市场及目标市场的选择、公司的营销资源，而采取的一种区别于竞争对手，体现自我优势或者特色的营销方法。农夫山泉为何可以后来居上对抗当时国内矿泉水龙头企业——娃哈哈矿泉水？就凭差异化定位"水源"这一记重拳，砸出一个大大的市场，农夫山泉已经多年在水饮品牌市场占有率位列第一。

对市场定位后，就是对产品定位。产品定位从属于市场定位，又支持市场定位。农夫山泉的"农夫山泉有点甜"就是绝佳的产品定位。通过这一产品定位，农夫山泉的"大自然生态之水"的观念深入人心，沁人心田。当然，还有公牛插座的"安全专家"、情怡棉袜的"九十九朵新棉花，一双情怡袜"等都是产品定位的经典案例。

产品定位的方式包括功能、款式、技术、服务、感觉、材质或成分、价格定位等。具体如何定位，还需要根据公司自身实力及产品特点、竞争情况来定。

STP 战略可以说是营销战略的核心，是最具影响、最具价值、最具绩效的战略。要成为一个优秀的营销总监，不学会 STP 战略分析是绝对不行的。

| 训练 |

STP战略
分析

1. 请分析华为手机的 STP 战略。

2. 请分析携程旅游的 STP 战略。

6.3　竞合战略

张晓在担任业务主管时，有一次接到上级任务，要求和竞争对手广东某商标公司谈一个合作。当时她有些不理解，因为她总是把竞争对手假想为"敌人"，怎么可以和"敌人"合作呢？当时，她还有些情绪，结果挨了刘总的批评。后来，她终于明白了，这叫竞合战略。

"新零售"时代，已经不是单枪匹马、单打独斗的英雄主义时代，而是讲究竞争与合作并存的竞合时代。作为一个营销总监，必须懂得竞合战略。要学会整合一切资源，利用一切可以利用的流量。前面提到的张晓和竞争者合作就是属于竞合战略。当时，那家商标公司主打高端产品，不能满足中低端客户的需求，而张晓的公司正好可以满足中低端客户的需求。双方合作，可以业务互补，交换客户资源，达到共赢。

实施竞合战略的优势：形成战略联盟，发挥协同优势；减少竞争消耗，提高管理效能；共享私域流量，整合客户资源；共同宣传推广，分摊营销成本。

训练	实施竞合战略，有哪些前提？

思考

6.4 创新战略

创新战略又称"结构性战略"或"分析性战略"，是企业依据多变的环境，积极主动地在经营战略、工艺、技术、产品、组织等方面不断进行创新，从而在激烈竞争中保持独特的优势的战略。

创新战略，强调战略思维的创新。比如拼多多的社交电商战略、盒马鲜生的顶层设计战略等，无一不是充满了创新的亮点。这里用一个实际的案例来说明营销创新战略。

"智帮家"项目创办之初，运营包括智能玩具、智能清洁、智能烹饪等在内的产品。运营之初，智能玩具这个系列一直难以打开销路，因为很多商家都有了固定的玩具供应商，新的玩具供应商很难插足。后来，营销总监在"产品定位创新"上动脑筋，从"玩具"的定位转变为"机器人玩具"。尽管只加了几个字，但是给客户的感觉完全不同。因为当时智能机器人这个概念炒得火热，玩具机器人、学习机器人、扫地机器人、烹饪机器人、迎宾机器人、表演机器人等产品如雨后春笋般涌现出，风靡市场，颇受关注。当营销人员和商家说明主打产品是"机器人玩具"时，商家就感觉到好奇，于是多了一份成交机会。由于机器人玩具有"讲话、跳舞、发光、运动"等功能，吸引了很多客户。这时候，许多之前把大门封闭的商家纷纷把门敞开，机器人玩具就顺势进入各类商超。后来，随着和供应商逐渐熟悉，其他智能玩具如车模、电动玩具也开始上架。说来说去，销售的玩具还是那些，只是主打玩具不同而已。这就是通过定位创新，改变了客户的成见，让产品切入市场，达到了营销目标。

训练

思维拓展　　　　　除了以上"更新定位"的创新战略，你还有什么创新战略来帮助实施营销目标吗？

6.5　张晓的 O2O 战略

O2O 战略就是科学合理地利用线上及线下资源，并进行无缝对接，发挥 1+1>2 的作用。"新零售"时代，线上营销与线下营销已经不可割裂，犹如营销的左膀右臂，是相互协作的。实行 O2O 战略，有助于实现线上线下数据打通、流量共享、商品、价格、服务、促销统一。至于在执行 O2O 战略时，线上与线下如何融合，可以根据企业实际情况、营销资源及产品特点、互联网、大数据、云计算等技术程度进行合理设计。

张晓为了更好地实施 O2O 战略，通过业务外包，开发了一个产品图案设计小程序，让用户随心所欲地设计图案、LOGO，并开通产品商城，主打产品为各类彩印机器。小批量印刷的用户，可以通过小程序的设计，小型印刷机印刷来完成任务，吸收了线上的流量。另外，张晓在很多城市的数码店、办公文具店进行了布局，摆放了她们公司的小型印刷机，很好地方便了客户体验样品。另外，每个线下产品除了有产品介绍的二维码，还有用户社群二维码，方便用户相互认识、相互交流、整合资源，把流量池做得更大。

训练

问答　　　　　你的公司做什么产品呢？你认为如何进行 O2O 的策划并制定战略呢？请写下来。

当然，除了这些战略，还有成本战略、资源整合战略、多元化战略等。

任务 7　营销总监的营销策略

作为营销总监，要掌握的营销策略包括 4P 策略、打造爽品策略、超级 IP 策略等。

项目九　营销人员晋升的必要能力与素质

217

7.1 4P 策略

杰瑞·麦卡锡（Jerry McCarthy）教授在其《营销学》（Marketing，第一版，出版于 1960 年左右）一书中最早提出了 4P 理论。不过早在他取得博士学位前，他的导师理查德·克鲁维（Richard Clewett）就已形成了以"产品（Product）、定价（Price）、分销（Distribution）、促销（Promotion）"为核心的理论雏形。后来，杰瑞为了使理论更容易传播，遂改成"4P"这一名称，而与其他三个格格不入的"分销"（Distribution）就被改名换姓为"地点"（Place），"4P"理论得以顺利诞生。1967 年，菲利普·科特勒在其畅销书《营销管理：分析、规划与控制》第一版进一步确认了以 4P 为核心的营销组合方法。

产品（Product）策略。其强调产品的社会属性与自然属性。社会属性包括产品卖点、定位等；自然属性包括产品颜色、款式、功能、质量等。在产品思维年代，产品策略尤为重要，是营销的核心。

价格（Price）策略。产品定价也是非常重要的一个策略。企业根据不同的细分市场，不同的目标客户，不同的营销目标，制定不同的价格策略。尤其是在产品同质化竞争的时代，价格为王。谁的产品价格低，谁就是市场的王者，谁就能在市场中获取较大的份额。像格兰仕微波炉、拼多多商城都是以价格制胜的典范。当然，当价格遇上品牌，可能品牌会略胜一等。因此，企业可以根据不同因素来定价。比如，根据品牌、质量、需求、竞争等因素来定价。

渠道（Place）策略。很多企业并不会把产品直接销售给消费者，当然做直销模式的企业除外。企业为了把更多的时间用在产品研发上，往往会招募经销商、代理商进行产品的销售。当然，企业销售产品的渠道有很多，有的采用代理制，有的采用经销商制，有的是自营加代理，有的采用网络销售等。渠道有长短、宽窄之说。渠道的长短和宽窄，主要是从销售的层级来说的。销售的层级包括销售的层次和级别。层次指的是销售的类型，比如代理、经销、网络销售等；级别指的是不同的等级。比如代理可以分为：全国代理、省代理、市代理、县区代理等。

渠道长度。其指商品从生产者到终端消费者所经过的同一销售层次的贸易商的级别有多少。同一销售层次的贸易商级别越多，说明渠道越长；级别越少，说明渠道越短。比如 A 企业产品销售实行代理制，包括四个级别：中国总代理、省代理、市代理、县区代理。这样的渠道就比较长。若 B 企业产品销售包括一个级别——专卖店，则渠道就短。所以，渠道长短是一个相对的概念。一般而言，价值低、价格便宜、体积小的商品渠道会比较长，而价值高、体积大的商品一般渠道会比较短。

渠道宽度。其指销售渠道的层次的多少。一般来说，产品从生产者转移到消费者手中经过三个及以上的不同类别贸易商，则销售渠道比较宽；反之，销售渠道就比较窄。渠道宽窄也是一个相对的概念。比如 B 公司的销售层次包括代理商、经销商、网店、专卖店，则该公司的渠道比较宽；而上述 A 公司的销售层次只有代理制，则渠道比较窄。因此，上述 A 公司是渠道比较长，但比较窄，B 公司是渠道比较短，但比较宽。

促销（Promotion）策略。有些营销人士将促销（Promotion）策略片面理解为宣传或者推销，这是不完全正确的。促销（Promotion）策略指的是品牌、产品的符号设计和宣传，品牌、产品的推广，产品推销等一系列营销行为。促销在营销环节中具有非常重要的作用，可以推广品牌、吸引客户、提升体验、清理库存等。

在 4P 策略营销组合中，产品是基础，渠道是重点，价格和促销都是手段。

另外，菲利普·科特勒在 4P 理论的基础上，创立了"大市场营销"理论，即 6P 营销策略。6P 除了原来 4P 中的产品（Product）、价格（Price）、渠道（Place）、促销（Promotion）之外，还增加了公共关系（Public relationship）、政治权力（Political Power）两大要素。与 4P 相比，6P 更具时代性和现实性。现在很多企业都认识到企业公关的重要性。良好的公共关系可以为企业营造良好的营销环境，获取良好的营销资源，比如政府、媒体的支持，社会的关注，粉丝的推崇等；政治权力在行业发展方向、企业市场运作中发挥着巨大的调节和支持作用。

7.2 打造爽品策略

爽品是基于产品与用户两个维度，以及用户与产品之间的三种关系组合来打造产品。三种关系组合包括产品与产品、产品与用户、用户与用户的关系，如图 9-2 所示。

产品与产品的关系。强调产品之间的联系。比如功能互补、质量优化、款式组合等。产品之间的联系必须是基于用户体验的场景，用以满足用户系列场景的需求。比如牙膏，假设生产两款具有不同功能（洁白和护齿）的牙膏，就能更好地满足用户的场景需求。

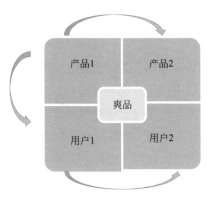

图 9-2　用户与产品的三种关系组合

产品与用户的关系。强调基于用户的需求，促进用户与产品的互动，让用户积极参与产品生产的全过程。包括需求调查、概念提出、产品设计、性能要求、个性特征等，打造让用户体验超爽的产品。

用户与用户的关系。强调以产品为媒介，让用户与用户进行互动，让社交更具价值，让产品得到快速传播。我们卖的是产品，获得的不仅是客户，更是一个客户互动的流量池。

7.3　超级 IP 策略

打造超级 IP，也有两个维度：一个是个人 IP，另一个是产品 IP。另外，两个维度也分为品格、个性和利他三个层面，如图 9-3 所示。

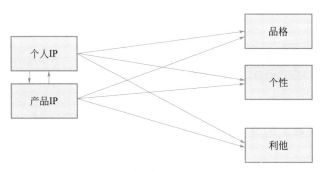

图 9-3　超级 IP 的两个维度

个人 IP 品格指的是做人的素质、品质、格局等；个人 IP 个性指的是性格、气质、魅力、言行等特征；个人 IP 利他指的是带给他人的价值，比如知识价值、资源价值、信息价值等。

产品 IP 品格指的是产品品质、性能；产品 IP 个性指的是产品的人格化、个性化，使产品像人一样有情感，与人互动；产品 IP 利他指的是产品带给用户的价值，比如使用价值、增值价值、文化价值、教育价值、社交价值、娱乐价值等。

超级 IP 打造，从个人 IP 品格开始。个人 IP 品格是起点，是底层，也是基础；没有健全的品格，要打造超级 IP 肯定是枉费心机。退一万步讲，就算打造了 IP，也可能会崩塌。比如我们偶尔会发现媒体曝光一些企业家、明星等 IP 崩塌的消息；IP 崩塌的原因就是 IP 品格出了问题。个人 IP 个性是亮点，是与用户接触的触点。个人 IP 因个性而受到关注。最后，个人 IP 利他是重点，是核心。一个个人 IP，越能提供利他价值，则 IP 辐射范围越大，也越容易获得大量粉丝，从而在流量上独占鳌头。

另外，个人 IP 的品格、个性与利他与产品 IP 的品格、个性与利他是相互绑定、相互影响的。首先，个人 IP 品格不好，就会影响到用户对产品 IP 品格的信任；反过来，产品 IP 的品格不好，也会影响到用户对个人 IP 品格的印象。其次，个人 IP 的个性，会影响到产品 IP 的形象；反过来，产品 IP 的个性，也会让个人 IP 形象在消费者心中定格，比如媒体经常说到的"霸道女总裁"董明珠的好强个性就让人感觉到格力空调的强大功能。最后，个人 IP 的利他价值输出，会影响到产品 IP 对用户的价值；反过来，产品 IP 的价值，也会影响到用户对个人 IP 价值的判断。比如，"匠群会"社群有个做健康枕的企业家会员，50 多岁了，刚学会玩抖音，短短几个月，就通过在抖音平台进行头部健康按摩视频的输出，带来了几十万的粉丝。这些粉丝通过对按摩课程的学习，认可了其个人 IP 的价值，并通过抖音连接的电商平台，向他购买健康枕，从而解决了自己的颈椎问题。这就实现了其产品 IP 的价值。

因此，要成为一个 IP，首先要善于学习、完善自我，健全自己的品格；其次要塑造自己的个性，获得粉丝的喜欢；再次要利他，拥有核心价值，能够输出价值；最后要在与粉丝的互动中，借助产品的人格化、个性化、价值化来牢牢锁住用户、成交用户、裂变用户。

打造了超级 IP，才能导来超级流量，才能打造自己的超级流量池。对于流量池，要利用漏斗工具，精准细分，划分层级。比如一般可以分为四个级别：游客、粉丝、用户、伙伴。

游客是不小心进来的流量。其特点是来去自由，可能今天早上在你的流量池游荡，晚上又在别人的流量池休憩。

粉丝是对你有好感的流量。他打心底认可你、喜欢你，一有时间，就会想起你，关注你，走近你。

用户是对你有忠诚度的流量。粉丝进入流量池后，一部分没有成长，还是那根粉丝，一部分成长了，对你更加信任，最后终于如愿以偿购买了你的产品，成为你的用户。忠诚的用户愿意追随你，陪伴你。

伙伴是愿意与你一起成长的流量。他不仅认可你的产品，还认可你的事业，并与你同频、同道。他会在人脉、资源、技术、资金等方面与你交集，也会在你需要的时候为你提供支持。成功的 IP 背后，是一群活跃的粉丝；成功的 IP 前面，则是一群牵手的伙伴。

只有对流量池进行细分，才能更好地利用流量、发展流量，在留存流量的同时，还能做到裂变流量。

张晓经过勤奋学习、用心领悟，很快就在营销总监的岗位上做出了很大的业绩，使公司产品在国内市场小有名气。

在这个万众创业，万众创新的年代，营销是永不过时的话题，步步为营，销无止境。从营销人员到营销总监，这是张晓走过的路，也是很多营销人员想要走的路。请坚定你的营销之路，让梦想开始启航！

> **营销法则十七**
>
> 对流量池进行细分，
> 才能更好地留存流量和裂变流量，
> 也才能更充分地利用流量。

 ——————— 单元测试

一、判断题（每小题 5 分，共 25 分）

1.张晓没有选择去赵总公司担任营销主管，是因为她觉得赵总提供的平台

太小，无用武之地。 （ ）

2. 李副总认为方平平作为下属，在工作上不服从上级，所以要把他撤职。

（ ）

3. O2O 战略就是企业的线上战略与线下战略的组合。 （ ）

4. 作为一个营销总监，要管业务、管产品、管促销，还要管客户，而关键在于管团队。 （ ）

5. 要打造巅峰营销团队，就需要塑造一种自我"洗脑"的团队文化。

（ ）

二、头脑风暴 (每小题 7 分，共 21 分)

1. 假设你在杭州某中档小区开了一家水果 / 理发 / 零食 / 店，如何用互联网思维提升店铺业绩。

2. 作为一个营销人员，在市场调研时，可以利用哪些方面的大数据来分析客户对公司某款处于诞生期产品的精准需求。

3. 营销人员要想在公司获得晋升还需要了解哪些潜规则？

三、简答题 (每小题 10 分，共 30 分)

1. 苏倩在与张晓竞争营销主管这一岗位时落选，为什么她没有对张晓心存芥蒂，反而对她感激有加。

2. 个人 IP 品格与 IP 个性、IP 利他的关系。

3. 董明珠是如何打造自己的超级 IP 的？

四、分析题（本题共 24 分）

请对你公司的产品做一个 4P 策略分析。

后 记

尽管张晓在营销总监的岗位做出了很大业绩，但是她并不满足于此，她甚至很羡慕李晓倩所从事的职业。也许这样才能体现人生真正的价值。她已经深深知道，自己想要什么，不想要什么。也许，担任营销总监，是她营销生涯的开始，也是她在这家日资企业的终结。

2020年9月3日，她向公司递交了离职申请。她很感谢公司管理层对她的厚爱和栽培，很感谢这几年在公司学到的点点滴滴。当天晚上，她把这个消息告诉家里的时候，老爸第一次在视频里对她竖起了拇指，然后老泪纵横。

李晓倩得知张晓辞职的消息后欣喜若狂，立刻给她打来电话，告知了自己的近况。原来李晓倩利用抖音做直播，已经成了当地的扶农网红，粉丝已有几百万。她说服父母借给她200万元，投资开办了一个农产品直播公司，招聘了几名主播，每个月可为当地农户销售产品数十万元以上。李晓倩很热情地邀请张晓去她的直播公司任职。听到这里，张晓的眼前展开了一幅画卷：大堆大堆的农产品，被装进一节节的火车皮，驶向了远方……

本书内容结束了，但一个个激励人心的营销故事仍在继续，这些故事激励着每个营销人员继续往前走，步步为"营"，"销"无止境。